谨以此书致敬

国枫律师事务所成立三十周年

公司法的offer

邀请你来读点儿公司法

何运晨 / 编著

中国法制出版社
CHINA LEGAL PUBLISHING HOUSE

序

运晨律师的第一本书就要出版了。先出名，后出书，很多人都走了这样一条路。但运晨走的路跟很多人又都不一样。作为颜值和才华同样出众的准一线明星，其实运晨完全可以过得更轻松一些，但他选择了一条挺难、挺累的道路。在我看来，这是一条追求职业理想和专业主义的道路，而这本书是他在这条路上的一座里程碑。

律师这个职业是可以承载理想的。我是半路出家做的律师，之前先后在国家机关、券商和互联网大厂工作。这些工作经历拓宽了我的视野，增长了我的见识，让我结识了很多杰出的人物，也给我带来了安居京城的一点物质基础，但我始终没有从中找到职业的理想或者理想的职业。这当然跟个人有关，我也看到很多我的老领导、老同事在这些职业中完全实现了自我。对我而言，只有在成为一名律师之后，我才开始意识到通过这个职业我个人就可以触碰诸如法治、公平、正义等饱含理想和价值的概念，几乎可以不需要依托于某个单位和其他人。在这个意义上，律师和医生非常像。当医生面对一个病人的时候，他就是自己的主宰。一个医生想成为什么样的医生，基本上完全由自己决定。而最能约束医生的，其实就是医生这个职业本身。当我们为成为一名优秀的律师而自我驱动、自我约束、自我实现，这就是一种职业理想。在运晨律师身上，我看到了这种职业理想，这使得他能够抵制住很多触手可及的诱惑，比如去参加更多的娱乐节目；坚持一些很不容易做到的事情，比如行为艺术般地每天录制视频讲解公司法，把自己跟一部法律紧紧绑定；以及在执业三年的这个阶段走出非诉律师的舒适区，成为一名新手诉讼律师。马克斯·韦伯在他著名的《以政治为业》的演讲中提到，以政治为业有两种方式，一是“为”政治而生存，二是“靠”政治生存。前者从内心里将政治作为他的生命，而后者仅仅将政治作为固定收入来源，“靠”它吃饭。在以律师为业的人群中，也存在两种方式，我想运晨和大多数律师一样，应该都属于“为”律师而生存的。

律师这个职业是极致追求专业主义的。当对一种东西的追求上升到了专业主义，离偏执就很近了。这种偏执不仅是喜欢这么简单，也不仅是“探个究竟”这么直接，而是一种经常会上升到争辩的激情，捍卫的冲动，表达的欲望的状态。都说文无第一、武无第二，其实我觉得“文人相轻”就是一种专业主义的表现。专业主义通常是基于职业的，但也不完全是。我所敬仰的很多法律人，对法律专业的追求也早已超出了职业的范畴。但基于职业的专业主义通常是更加牢靠的，这一点近年来在法律界体现得极为充分。一个新的法律法规的出台，一个新的案例出现，律师的反应通常是最为积极和迅速的，有时候以至于演变成一种律师界的“军备竞赛”。这种“军备竞赛”背后其实就是律师的专业主义现象。我曾经在我的专著《证券法通识》的后记中借用金庸小说中的少林寺来描述这样一种现象。对于金庸的武侠世界中的少林寺，外人敬仰的都是少林寺的武功无人能敌，但少林寺自己最看重的是勤修参禅、研讨佛法，武功只是护持佛法的末节。对于不少律师也是如此，在每一个案件中每一个项目中超越期待固然是这些律师的追求，但深耕法律技术和钻研法律问题才是这些律师骨子里的使命。运晨律师加入我们律师团队，其实受到的是专业主义的感召。“切磋诉讼十八般武艺，求解公司与金融法律难题”是我们共同的追求。成为一个研值很高的商事诉讼团队，更是作为我们团队的口号。运晨超常的语言天赋，独特的文字能力，以及极强的法律悟性，都为他的专业主义道路打下了坚实的基础。

运晨律师的职业理想和专业主义成就了这本书。律师是他的第一份职业，公司法是他打交道最多的法律，这本书可以说是他的法律感悟和律师职业经验的一个记录。在这本书出版之前，运晨律师已经是一个比较有名的在网络上通过短视频传播公司法的法律博主了。他在网络上发起的“共读新公司法”的活动已经有几亿的阅读量，那句“学好公司法，投资创业都不怕”的口号更是深入人心。无论是视频节目，还是这本书，运晨都力求以一种通俗易懂的方式来讲解公司法，探求公司法的逻辑，展现公司治理和利益博弈的规则，从而邀请更多的人能来读一点公司法，这就跟律师职业和业务无关了，而是一种专业主义精神。

在这本书中，运晨以非诉律师和诉讼律师的综合视角，为我们描绘了一个很不一样的公司法世界，在看到书稿目录的那一刻，我就认定这本书是一本难得的好书！在繁忙的律师工作和法律自媒体运营之余，这个年轻人能够静下心来研究写作，用他自己的话来说，这是一个当下非常稀缺的浪漫。他很谦虚，总觉得书还没到出手的时候。我跟他说，写出来就已经很了不起，不必追求完美，要相信所有人都会包容和期待你的作品逐步迭代。

这是运晨编著的第一本书。他跟我说，公司法是商业世界的基本规则，而商业世界里蕴含了人类文明中最宝贵的东西——平等、自治、信义、善良……我们无时无刻不生活在商业之中，享受着商业带给我们的福利，但我们对于商业的规则并不完全了解。作为一个现代人，了解商业文明，尊重商业规律，遵守商业规则，应该是最起码的素养，特别是当下，很多人对企业、企业家、资本等的认知已经偏离了应有的常识。所以，他希望通过这本书邀请更多的人，特别是并非学习法律专业的人来学习公司法。我和我们律师团队完全认同运晨的这些理念，并且全力参与和支持了这本书的出版。我跟运晨开玩笑说，这本书应该成为最佳伴手礼，送给在职场打拼的自己，送给正在创业投资的亲朋，送给所有身处商业社会的每个人，让商业文明之花绽放在更多人的心里。

我们也真诚地希望，有着同样的职业理想和专业精神的法律人能够跟我们一起，通过专业研究切磋法律技术，传播法律文明，于是就有了中国法制出版社这个高研值法律书系的策划。简单地说，我们坚定地认为，对于法律人来说，专业研究和输出的能力是安身立命之本，研值就是生产力。无论你是学者、法官、检察官、公司法务，还是我们的律师同行，或者在校学生，如果对一个法律领域有独到的研究和实务经验，研值足够高，恰好你又善于并乐于分享，我们邀请你成为高研值法律书系的作者，向更多的人展现你的研究洞见。有意者可直接通过电子邮箱（heisalawyer@163.com）跟我们联系。我们将帮助你一起选题、策划和出版一本属于你自己的高研值的书。

是为序。

何海锋

2024 年 5 月

目录

第三章　公司的一生：公司的设立、登记、变更和终止规则

第一章

公司的玩儿法：

公司法的基本原理

道格拉斯·诺斯在《西方世界的兴起》一书中写道："有效率的经济组织是经济增长的关键，一个有效率的经济组织在西欧的发展正是西方兴起的原因所在。"这充分揭示了公司在西方经济蓬勃发展中发挥的重要作用。于我国而言，尽管直到清朝末期，公司的种子才落至我国的土壤中，但在新中国成立后，尤其是改革开放后，这颗种子迅速生根，开枝散叶，呈现出"星火燎原"之态。

透过《公司法》[①]，我们可以快速理解公司的奥秘，了解公司是如何促进经济生活高速发展的。我国《公司法》自1993年出台，如今已过而立之年。恰逢《公司法》修订之际，正是学习公司规则的良好时机。

本章将带大家了解我国《公司法》的基本框架、主要的公司法概念以及公司运营的基本规则，带大家快速走进公司法。第一节将为大家介绍公司以及公司法的前世今生，同时为大家搭建学习公司法的基本逻辑框架。第二节将向大家介绍公司法中的一些基本概念，例如有限责任公司和股份有限公司、子公司和分公司、公司章程、法定代表人等等。通过这一节，大家可以快速进入公司法的话语体系中。第三节将为大家介绍公司运营的基本规则，这些规则现在读起来可能略显晦涩，但当你将整本书读过后，再回到这一节，相信你会有更加准确的理解。

① 本书中涉及法律法规的名称，为了阅读便捷均省略"中华人民共和国"。

第一节　走进公司法

公司，这个词汇对许多人来说可能既熟悉又陌生。我们常常认为，开设和经营公司是企业家们的专属领域，与我们普通人相离甚远。但实际上，公司与我们的日常生活息息相关，它无处不在，影响着我们的工作、消费乃至社交等方方面面。公司法作为规范公司行为的基础性法律，规定了公司从生至死都需要遵守的基本规则。

为适应不断变化的经济环境和市场需求，我国《公司法》从 1993 年出台至今，经历过多次修改，打了不少“补丁”，其体系和结构相对复杂。如果想要真正走进公司法的殿堂，就需要一份清晰的地图和一个准确的指南针。

在本节内容中，我们将一同搭建公司法的框架结构，理解其背后的逻辑和基本原则，深入了解公司法如何平衡各方利益，以及它是如何成为公司稳健运营的基石。通过本节的学习，相信你将对公司法有一个更为清晰和全面的认识，为进一步的探索打下坚实的基础。

一、并不陌生的公司

提到公司，大家是不是感觉很高大上又很陌生？中国有非常悠久的商业历史，历朝历代也都出现过极为繁荣的时期和地区，但历史上中国商业的组织形态基本上都是个人，至多从本质上讲是个人的家庭或作坊。事实上，“公司”孕育于古罗马时期，当时以家庭为单位的经济组织身上就有公司的影子了，在西方国家已经有着悠久的历史，而直到 19 世纪 60 年代洋务运动时期，中国的大地上才出现第一家股份制公司——轮船招商局；1904 年，清政府才颁布中国第一部公司法——《公司律》。可以说，公司制度这颗种子在世界上空飘摇许久，落在我国土壤上也不过200年的时间，从某种程度上来说，它对我们所有人而言都是新鲜且陌生的。

不过，在我们每天的生活中，每个人都少不了有和公司打交道的机会。比如你每天刷的短视频所使用的设备和应用程序（APP），背后都有一家或者多家公司在支持它们正常使用，你曾经还和这些公司进行过买卖交易，或者和它们签署过用户协议。如果你有过炒股的经历，在你持有某只股票的期间，你甚至还担任过某家上市公司的股东。只要你在公司工作，跟公司发生交易，只要你买过公司的股票，你就跟公司法有关。类似的情况不胜枚举。现在你还会觉得公司离我们的生活很遥远吗？

公司其实是一个人或者一群人为了营利而共同依法设立的一个有独立人格地位的组织。公司之所以是“公司”，最独有的特征在于它具有“独立的人格”，本书后续会具体介绍这一特征。公司为经济社会发展带来的主要影响在于：

首先，公司是创业的主要载体。公司是一种集众人之力来实现共同的事业或目标的独立组织形式，很多我们一个人想要完成却无法完成的事情，可以通过开设一家公司来实现。从经济学的角度来看，公司本质上是一种“合同集束”，能够尽可能节省市场交易成本。例如经济学家科斯（Ronald H. Coase）认为，企业就是企业家与各种生产要素供应者之间合同关系的总和，通过企业交易可以使这些合同的成本低于直接市场交易，所以企业由此形成。经济学家汉斯曼（Hansmann）同样认为：“当企业所有权成本低于市场交易成本时，企业就产生了；反之，企业就被市场交易替代。”通俗来讲，甲、乙、丙、丁四人准备一起开餐馆，甲会炒菜、乙会做服务生、丙有购买新鲜食材的渠道、丁会记账。如果通过市场交易的方式，丁开办一家餐馆后，分别和甲、乙、丙签订协议，请他们提供服务，此时各方可能倾向于先签一份短期合同，互相考察，合同到期后任何一方都有解约的可能。并且，由于信息的不对称，丁也无法掌握他签协议的价格是否属于市场的最低价格等。而如果通过甲、乙、丙、丁共同设立公司的方式，各方为了使得公司盈利，都会尽可能让成本最低化，并为餐馆提供更长久的服务。这样一来，成立公司就达到了“节省市场交易成本”的目的。

其次，公司是经济运行的基石。如果说人是社会的细胞，那么公司就是整个现代经济的细胞，也只有公司才能撬动和完成各类大型的工程建设，实业兴盛离不开公司的助力。公司的有限责任特征，让公司得以从公众处募集到大型投资。这是因为，如果股东需要承担无限责任，那投资者会倾向于：第一，投资债券而非股票，避免承担无限责任；第二，只集中投资个别公司而不进行分散投资，因为无限责任制度下，分散投资时，每多投一家公司就会带来更多的风险；第三，投资封闭公司而不投资公众公司，因为封闭公司的监督成本更低，投资者承担的风险更小。由此可见，无限责任下，投资者对投资公司的意愿很低，承担的风险过高，这当然会抑制公司的融资效果，更难以使公司完成更大的事业。因此，现代公司制度对公司和经济社会的发展具有重大意义。

最后，公司也是我们就业的主要依托。数以亿万计的劳动者都能在不同的公司中找到用武之地，从而取得劳动报酬，维系和改善个人生活。所以，公司也关系着千家万户的生计。

我国今天的富强，离不开每一个公司在经济生活中的贡献和打拼，我们今天的生活，也离不开每一家公司的开拓和探索。公司与我们每一个人息息相关。不论你是一名创业者、一名投资家还是一名打工人，你都有可能成为一家公司的股东、管理人员或者债权人。所以，了解和学习公司的规则会带给你很大的帮助，在未来的某一天，这些知识可能就会派上用场，帮你避免麻烦。

二、公司法的前世今生

前文提到，公司最独有的特征在于其具有“独立的人格”。这种独立人格使得公司成为一种法律拟制的“人”。既然是“人”，就会有其生老病死，那么在它的一生中，就需要一部法律作为行为指引，而公司法就承担了这个使命。

我国《公司法》详尽地规定了公司设立、公司组织架构、公司治理、股东权利、公司融资与财务、公司变更、公司终止等方面的内容，这些规则为每个公司在追寻自己独特使命的同时，打造了一个稳定的法律根基，从而保障每一个参与到公司治理和交易中个体的权益。《公司法》第一条就明确了立法的目的：“为了规范公司的组织和行为，保护公司、股东、职工和债权人的合法权益，完善中国特色现代企业制度，弘扬企业家精神，维护社会经济秩序，促进社会主义市场经济的发展，根据宪法，制定本法。”

我国《公司法》出台于1993年。20世纪90年代初，苏联解体、东欧剧变，各种思潮剧烈碰撞。我国原先国有企业体制僵化、经营恶化，面临巨大挑战。1992年，邓小平发表“南方谈话”。党的十四大确立了建立社会主义市场经济体制的改革目标。《公司法》就是在这样的背景下孕育而生的。因此，其主要目标便是建设现代企业制度，并促进社会主义市场经济发展。此外，1990年，上海证券交易所正式成立，这标志着我国证券市场萌芽。当时，国有控股的股份公司是交易所的主力军。这类公司上市可以解决国企资金缺口、“一股独大”、治理结构不合理等诸多问题。但当时国企上市公司数量仍不够，仍需扩张队伍，从而给证券市场带来活力。所以《公司法》当时也承担着规范国企改革的重要使命，并促进更多国有企业进入资本市场。

不过，1993年《公司法》的立法背景决定了它的历史责任比较重，步子迈得不够大，管制的色彩也比较浓重。比如，1993年《公司法》对公司设置了最低的出资额度，并且要求公司必须采取特定的内部组织结构和议事规则，要求公司对外投资其他公司时投资额不得超过净资产的一定比例，管制程度比较高。

1999年和2004年，《公司法》分别迎来了它的第一次和第二次修改，不过这两次修改的变动都比较小，只是对部分条文做了细微调整，所以叫作“修正”。

随着中国2001年加入WTO，市场经济逐步完善，《公司法》有点跟不上形势需要，所以，《公司法》于2005年迎来了第三次修改。由于改动幅度较大，所以这次修改叫作“修订”。修订后的《公司法》更加灵活，允许公司股东自行约定分红、转让股权等事宜；同时完善了公司内部的治理规则，增加了董监高的义务和责任相关规定；还限制了股东滥用公司独立法人地位和有限责任损害债权人利益的行为，明确了股东的清算责任，等等。

2013年，在“大众创业、万众创新”的政策影响下，《公司法》在第四次修改中进一步“松绑”，这次修正正式确立了注册资本认缴制。除了银行业金融机构等实行注册资本实缴登记制，其余行业公司均可自主约定认缴出资额、出资方式、出资期限等，记载于公司章程中。

2018年，《公司法》迎来第五次修改。受2015年、2016年股灾的影响，本次修正主要对公司回购股份的情形、程序等进行了规范要求。

2023年，我们迎来了《公司法》的第六次修改，这次修改是对《公司法》的一次大修。本次公司法修订，历时四年，四经审议，最终在2023年12月29日十四届全国人大常委会第七次会议中审议通过，并将于2024年7月1日起施行。

2023年的这次大修距离《公司法》出台已经三十年了，距上次修订也经过了接近二十年的时间，这期间经济社会早已发生了翻天覆地的变化。所以，这次《公司法》的大修有着改头换面的大变化。对大家来说，这是一次重新学习公司法的好机会。这也是本书向你发出学习公司法的邀请的原因所在。

关联法条

第一条　为了规范公司的组织和行为，保护公司、股东、职工和债权人的合法权益，完善中国特色现代企业制度，弘扬企业家精神，维护社会经济秩序，促进社会主义市场经济的发展，根据宪法，制定本法。

三、公司法长什么样

学习公司法，我们需要先搭建公司法的结构框架。从公司法自身出发，最直接的结构框架就是它的章节体系。

理解我国《公司法》的章节体系，可以从三个角度出发：

首先，是“小”公司和“大”公司的区别。我国公司法上有两种公司，一种是有限责任公司，另一种是股份有限公司。一般来说，前者是“小”公司，后者是“大”公司。两种公司既有共同点，也有不同点。一部公司法中包含对这两种公司的规定。需要注意的是，这里讲的所谓的“小”公司和“大”公司只是为了方便大家理解而抽象归纳的一般情况。实践中，有限责任公司也可能非常大，比如我国大部分央企，都是有限责任公司；而央企旗下，可能再设立“大”公司，即股份有限公司。

其次，公司法上还有几类特殊的公司，比如一人公司、国有公司、上市公司、外国公司。它们都有各自不同的规则。这些公司的规则都要放在一部公司法里。

最后，公司法规定的是公司“生老病死”的全过程，从设立、运行决策、股权转让、合并分立、增资减资到解散清算，这些规则都规定在公司法里。

新《公司法》[①]一共有15个章节，266个条文，相比原《公司法》[②]增加了48个条文。新《公司法》第一章是总则，最后一章是附则。另外，第二章是公司的登记制度，第三章和第四章是有限责任公司的设立和组织机构，以及股权转让，第五章和第六章是股份有限公司的设立和组织机构，以及股份发行和转让，第八章至第十二章分别是公司董事、监事、高级管理人员的资格和义务，公司债券，公司财务、会计，公司合并、分立、增资、减资，公司解散和清算，以上这些章节规定了有限责任公司和股份有限公司从“生”至“死”的全过程。第七章是关于国家出资公司组织机构的特别规定，第十三章是关于外国公司的分支机构的相关规定，这两个章节规定了两类特殊公司的特别规则。第十四章则规定了所有公司在从生至死全过程中，如果违反法律规定则需要承担的相关法律责任。

除了从《公司法》的章节体系来认识公司法，还可以从更加广义与狭义的角度加深对公司法的理解。广义或者说实质意义上的公司法还包含一切调整公司的法律，例如《民法典》和《刑法》当中都有一些与规制公司相关的法律规定。狭义上的公司法则还包括依据《公司法》制定的《市场主体登记管理条例》和公司法的司法解释，甚至还包括公司自己制定的章程。相较于《公司法》本身，公司章程能够做到针对每一家公司进行私人定制，是更加切实可行的“公司法”。

以《公司法》为核心，向外有意识地捕捉其他部门法中关于公司的规定，形成法律对于公司规制的整体印象，再向内逐步深入，由抽象到具象去了解公司实际经营管理的具体规定，如此一来就能在自己的脑海中构建出一个独属于你自己的“公司法”的样貌了。

公司法的结构框架相对复杂，但结合前文所说的理解角度，大家还是可以感受到其中的逻辑体系的。

① 本书新《公司法》统指2023年《公司法》，下文同。
② 本书原《公司法》统指2018年《公司法》，下文同。

四、公司法的补丁

《公司法》出台后，因立法技术不周延以及经济社会发展等原因，仍存在不少需要完善之处。为此，最高人民法院陆续出台了五部司法解释，给公司法打了“补丁”。

《最高人民法院关于适用〈中华人民共和国公司法〉若干问题的规定(一)》(以下简称《公司法司法解释(一)》)施行于2006年，当时2005年《公司法》刚修订出台。所以，该部司法解释主要解决的是2005年《公司法》实施前后案件衔接的问题。现在公司法已经更新到2023年，所以这部司法解释用到的机会自然比较少了。

《最高人民法院关于适用〈中华人民共和国公司法〉若干问题的规定(二)》(以下简称《公司法司法解释(二)》)施行于2008年，其主要解决的是公司终止，或者说投资退出的问题。一个公司的终止主要分为解散和清算两个阶段。在这部司法解释中，你能找到解散和清算的详细规则，比如公司治理陷入僵局时股东要怎样提起诉讼来解散一家公司、公司清算时如何成立清算组、公司清算完毕后债权人如何主张权利等。

《最高人民法院关于适用〈中华人民共和国公司法〉若干问题的规定(三)》(以下简称《公司法司法解释(三)》)施行于2011年，其主要解决的是公司投融资的问题。该司法解释确立了四个方面的裁判规则：第一，公司设立过程中的债务由谁承担；第二，出资人以不同的财产形式出资，如何认定其是否全面履行出资义务；第三，如何认定抽逃出资及相应的救济方式；第四，如何处理股权代持中存在的相关问题。

《最高人民法院关于适用〈中华人民共和国公司法〉若干问题的规定(四)》(以下简称《公司法司法解释(四)》)施行于2017年，其针对的是公司治理和股东权利保护的问题。该司法解释具体有五个方面的核心内容：第一，进一步完善了决议效力瑕疵诉讼制度；第二，进一步明确股东知情权的行使和限制规则；第三，进一步保护股东的利润分配请求权；第四，规范股东优先购买权的行使和损害救济；第五，进一步完善股东代表诉讼制度。

《最高人民法院关于适用〈中华人民共和国公司法〉若干问题的规定（五）》（以下简称《公司法司法解释（五）》）施行于2019年，这部司法解释主要目的是为优化营商环境提供良好的司法保障。世界银行每年都会发布全球国家的营商环境排名，2019年的报告中显示，我国营商环境的整体排居第46位，但少数投资者权益保护排名居第64位[①]，落后于我国营商环境的整体排名。最高人民法院为增强对公司中小股东权益的保护，制定了该解释。该解释主要有四个方面的内容：第一，明确划分了不当关联交易的内外部责任，并完善了相应的救济机制；第二，明确了股东与董事间的法律关系为委托关系，并以此确立了董事职务解除机制和补偿规则；第三，在《公司法司法解释（四）》的基础上完善了利润分配的相关规则；第四，对公司僵局和股东重大矛盾问题作出进一步规定。在2020年世界银行发布的全球营商环境报告中，中国跃居全球第31位，比前一年提升15位[②]。应该说，该部司法解释对于我国营商环境整体排名的进步功不可没。

2020年，伴随着《民法典》的出台，上述司法解释二至司法解释五集体作出修正，部分条文已被调整。因此，如果大家最近想学习这些司法解释，一定要记得看最新版本。

当然，新《公司法》也吸收了很多司法解释当中的规则，并且做了一些较大的调整。司法解释二至司法解释五即将迎来新的一轮修改，未来也可能有更多的司法解释出台。大家在学习公司法的时候，一定要注意学习司法解

① 参见2019年世界银行《营商环境报告》，来源世界银行官网，https://archive.doingbusiness.org/content/dam/doingBusiness/media/Annual-Reports/English/DB2019-report_web-version.pdf，最后访问时间2024年5月10日。

② 参见2020年世界银行《营商环境报告》，来源世界银行官网，https://openknowledge.worldbank.org/server/api/core/bitstreams/75ea67f9-4bcb-5766-ada6-6963a992d64c/content，最后访问时间2024年5月10日。

释，因为司法解释中的问题，都是实务中重点关注的问题。这些司法解释也体现了我国法官解释法律、填补法律漏洞的智慧和勇气，值得点赞。

五、公司法的博弈论

除了前文提到的章节体系，我们还可以以几个利益相关的主体为切入口，搭建理解公司法的结构框架。布莱尔（Blair）所提出的利益相关者理论对“股东利益至上”这一传统理念进行了修正。依据该理论，公司是一个基于各个主体的契约所形成的组织。该组织成员主要包括：物质资本的提供者即股东、人力资本提供者即管理层和雇员、债权人。因此，公司所作出的决策不能只考虑股东的利益，还要兼顾其他主体的利益。根据上述理论，我们可以将公司利益相关的主体再进一步划分，将其分为公司、股东、债权人、内部人（包括董监高和实控人），还有职工。一部公司法，其实就是处理这几个主体之间的博弈关系，平衡各方的利益。这是理解公司法的核心逻辑。

第一个主体是公司自身。公司是最重要的一类法人主体，具有独立的权利能力和行为能力，独立行使权利和承担义务。公司既独立于股东，也独立于董监高，更独立于债权人和职工。这是公司法最伟大的制度设计。公司具有独立的利益。

第二个主体是股东。股东是为公司提供资本的人。股东对公司享有完整的股东权利。但股东的意志只能通过公司的组织机构，经由决议程序而成为公司的意志。股东既不能过度操纵公司，也不能利用公司损害其他股东和债权人的利益，否则就要承担责任。公司法上的公司治理制度、公司资本制度等都是对股东利益的平衡和限制。

第三个主体是债权人。债权人是为公司提供融资支持的人。在公司剩余资产分配时，债权人的顺位在股东之前。由于债权人并不参与公司的管理，其权利容易受到内部股东和董监高的侵害，所以公司法设计了强有力的制度，如法人人格否认制度、清算制度等，来加强对债权人的保护。

第四个主体是内部人（包括董事、监事、高级管理人员和实际控制人）。内部人是公司的实际经营控制人，是受托管理公司的人，对公司负有忠实义务和勤勉义务。内部人享有法定的自主经营决策的权利，但要对公司、股东和债权人负责，不能损害其他各方的利益。

第五个主体是职工。职工为公司提供劳务。公司法上规定了职工代表大会、职工董事、职工监事等制度，来保护职工的合法权益。

一部公司法的形成，其实就是这五方主体相互博弈的结果。其中最经典的一组博弈关系就是股东与内部人之间的关系，也即股东仅享有公司的所有权，公司的管理权仅由董事、高管等内部人享有的“公司所有权与经营权分离”的情形。造成所有权与经营权分离的原因主要在于，股东本身的经营管理能力无法企及职业经理人，庞杂的股东群体召集在一起商议公司具体事宜效率低下，部分股东“搭便车”的思维模式影响公司有效经营等，因此，只有把公司的经营管理权交由职业的经理人对公司的经营才最为有利。但聘请经理人自然需要一定的成本，除了聘用经理人所支付的费用，公司股东还要承担一定的“代理成本”。经济学家詹森（Jensen）和麦克林（Meckling）首次提出“代理成本”理论，其将公司的股东比作委托人，而经理人则是代理人，经理人在代理股东管理公司过程中，各方均要付出一定成本：第一，股东监督经理人所付出的监督成本；第二，经理人为了取信于股东，采取行为留痕、内部管理等付出的自我约束成本；第三，股东为了激励经理人有效管理公司所让渡的公司剩余利益，这被称为剩余利益的损失。针对股东和公司内部人之间关系的研究，推动了现代公司治理的进步。诸如股东权利义务，公司组织机构，董监高、实控人的义务和责任等议题一一出场，成为理论界和实务界的研究热点。平衡公司的所有权和经营权、制约或放大相应的代理成本，成为现代公司法的重要课题。

除此之外，股东与公司债权人、公司内部人与公司债权人、公司与公司职工等之间，也存在复杂的博弈关系，甚至股东内部的大股东与小股东之间、公司内部人里面的董事与监事之间，也存在相互博弈或制约的关系。这也与前文提到的公司是一种“合同集束”的理论相互印证。公司的多种合同关系下，包含股东、债权人、管理者、职工等主体，在如此复杂的合同链条交错中，自然形成了多个链条相互拉扯与制约的结果。任何一项公司法的规定和制度的理解，都可以从这全部或部分主体的利益视角展开。公司法的修订，本质上也是为了更好地平衡这些主体的利益。

各个主体之间的利益博弈也体现为现代社会对于公司的期待不再局限于其能够为股东创造价值，而是希望公司作为市场运行当中的重要单元能够兼顾更多主体的利益，对更多主体负责。我们将这种期待称之为公司的社会责任。近几年大家关注的环境、社会和公司治理（Environmental，Social and Governance，以下简称 ESG）就是公司实现社会责任的一种具体方式，在本书的后文会展开论述。

六、公司法的基石

美国哥伦比亚大学前校长巴特尔（Butler）曾说过：“有限责任是当代最伟大的发明，其产生的意义甚至超过了蒸汽机和电的发明。”[①] 事实上，有限责任制度正是公司法的基石。

有限责任的前提是公司法人的独立地位。公司作为法人，具有独立的人格地位，拥有属于自己的独立财产。如果公司对外负债，公司应当并且只能

① 参见中国人大网，http://www.npc.gov.cn/zgrdw/npc/xinwen/2001-04/28/content_1459920.htm，最后访问时间 2024 年 4 月 9 日。

用自己全部的财产来承担责任。同时，公司还可以独立地签署合同，提起诉讼或者被诉。公司具有独立法人地位的核心意义在于将公司的财产与股东的财产相分隔。公司有了自己独立的财产后，就不再受股东所制约。所谓“铁打的公司，流水的股东”讲的正是这个道理。股东可以不断更迭，但不影响公司的正常存续。所以，理论上，一家公司可以永久存在。

在理解公司独立的人格地位后，我们再来看有限责任。有限责任其实是股东的有限责任，而不是公司的有限责任。公司仍然要以自己全部的财产对外承担责任，但股东只以自己认缴的出资或者认购的股份为限，对公司对外的负债承担责任。《公司法》第四条第一款规定：“有限责任公司的股东以其认缴的出资额为限对公司承担责任；股份有限公司的股东以其认购的股份为限对公司承担责任。”

我们都说，投资时不把全部鸡蛋放在一个篮子里，公司的有限责任制度就可以很好地实现这一目标。比如说你作为一家公司的股东，认缴了 10 万元的出资额，只要你已经实打实地把 10 万元缴给公司，那么后面公司对外的负债就和你都没关系了。即使未来公司经营不善有很多外债，即使你自身还有很多钱，这些债务都应当由公司用自己的责任财产来清偿，而不会再动用你腰包里的一分钱。简而言之，有限责任降低了股东的投资风险。有学者认为，有限责任制度为股东带来的益处主要在于：第一，减少了股东监督管理者的需求和成本；第二，降低了股东之间的监督成本；第三，使得股权可以流通，易于转让；第四，股东可以分散投资，免受无限责任的巨大风险。有了这样的规则，如果你要设立一家公司，把你开一家公司的风险限定在你认缴金额的范围内，是不是更安心了呢？有了有限责任制度，投资者的投资风险被分散，投资的积极性自然被激发。这正是公司的组织制度长久焕发生命力的根本原因之一。

分散投资风险的本质是将风险从股东转嫁到了债权人身上。在前文中我们有提到，公司治理的实质就是平衡各个主体之间的利益，而股东与债权人之间的利益冲突主要体现在交易风险由谁承担。公司法作为组织法，为公司股东提供了特殊的保护，但这不意味着债权人的利益保护不重要，债权人的利益保护规则主要集中在民法典的契约规范当中。此外，将股东的风险转移给债权人能够带来以下好处：第一，股东的风险降低就能吸引个人投资者开公司进行创业，聚拢社会的闲置资本，推动社会的生产力进步；第二，能够形成资本与管理两分的结构，降低创业者的门槛，有限责任使得股东能够在一定程度上愿意放权给管理层进行管理，而不是事必躬亲，也为一部分职业经理人创造了工作岗位；第三，能够促进市场活力，让大家在有限的风险与预期之中进行冒险，创造社会价值，而不是在无限的风险面前望而却步。

当然，有限责任制度的前提是股东不能滥用股东权利。例如股东出资10万元设立一家公司，将自己的财产和公司的财产混在一起，平时随意提取公司账户里的钱，然后又用公司的名义对外借钱拿给自己花，累计好几百万。等到债主追上门，又说他只在出资10万元的范围内承担责任，剩下几百万的债务应该由公司自己来承担。这时，这个躲在公司有限责任后面的股东就会被法律揪出来，和公司一起承担责任，来赔偿债权人的损失。后文会进一步阐释这种“法人人格否认”现象的相关规则。

关联法条

第三条　公司是企业法人，有独立的法人财产，享有法人财产权。公司以其全部财产对公司的债务承担责任。

公司的合法权益受法律保护，不受侵犯。

第四条　有限责任公司的股东以其认缴的出资额为限对公司承担责任；股份有限公司的股东以其认购的股份为限对公司承担责任。

公司股东对公司依法享有资产收益、参与重大决策和选择管理者等权利。

第二节　公司法上的基本概念

在《公司法》的探索之旅中，第二条至第十三条为我们揭示了这部法律的基本概念。这些基本概念构成了理解整部法律的前提。只有深入把握这些术语的真正内涵，我们才能透视每一项规定背后的立法精神与规范目标。

一、有限责任公司与股份有限公司

有限责任公司和股份有限公司之分是公司众多分类中的一种。如果选择不同的标准，就能够做出不同的分类。公司也是一样的，在学理上，如果以财产责任为标准，公司可以分为有限公司、无限公司和两合公司；如果以是否负有信息披露义务、股权股份是否能够上市交易为标准，公司又可以分为公众公司和封闭公司等。因为可以采取的标准众多，所以能够进行的分类也会很多，这里就不再向大家一一列举了。

我国《公司法》将公司基本分为两类，就是有限责任公司和股份有限公司。如果注意看的话会发现，这两种公司的名字里都带了“有限”两个字，这也体现了两类公司最核心的共同点，也就是说他们的股东责任形式都是有限责任。有限责任作为公司法的基石，在两类公司的名称中得以印证。

当然，有限责任公司和股份有限公司还存在很多区别。第一，有限责任公司的人数较少，法律规定有限公司的股东不能超过 50 人；而股份有限公司的发起人可以有 1 人到 200 人，上市以后股东数量更是没有上限，所以有限责任公司的股东抱团取暖，人合性更强，而股份有限公司的股东们相互可能都不认识，就只能拿钱说话，资合性更强。这也是我们前文用小公司和大公司来区别有限责任公司和股份有限公司的原因。

第二，两者的股权表现形式不同，有限责任公司通常用比例的形式来表现股权，比如“持有一家有限责任公司25%的股权”；而股份有限公司常用多少股来表现，比如“持有一家股份有限公司1000股的股份”。

第三，在设立程序和日常运营中，有限责任公司的自由性更强，很多事宜可以靠股东间通过章程来约定；而股份有限公司受到法律法规的限制更多。

第四，两者股权转让的条件限制不同。有限责任公司对股东股权的转让要求较为严格。股东对外人转让股权，应当将股权转让的数量、价格、支付方式和期限等事项书面通知其他股东，并且在相同条件下，公司其他股东享有优先购买权。股份有限公司则不同，转让股权一般没有前述的限制，但公司章程有限制的需按照公司章程的规定进行。任何投资人都可以通过购买股票成为股份有限公司的股东，但公司章程另有规定或者股东会决议决定股东享有优先认购权的除外。

《公司法》将有限责任公司的章节排列在前，股份有限公司的章节排列在后，这是因为，在《公司法》制定初期，我国大部分的公司都是有限责任公司，因此，大家的研究对象和规范对象都聚焦在有限责任公司。在《公司法》的立法逻辑上，也是先构建了有限责任公司的规范，然后以此为模板，构建股份有限公司的规范。因此，《公司法》中有限责任公司和股份有限公司的结构是一一对应的，有些有限责任公司已经规定的内容，在股份有限公司的章节就没有再次规定，而是直接让大家去前面找有限责任公司的法条，股份有限公司章节只对这类公司特别的规则进行了规定。《公司法》中，股份有限公司共有七处规定是适用有限责任公司相关规则的，它们分别是：第一，股份有限公司发起人的出资规则适用有限责任公司的规定。第二，股份有限公司发起人出资的形态以及货币出资的方式适用有限责任公司的规定。第三，股份有限公司股东缴纳出资额的相关规则适用有限责任公司的规定。第四，股份有限公司股东知情权诉讼的相关规则适用有限责任公司的规定。第五，股份有限公司股东会的职权适用有限责任公司的规定。第六，只有一个股东的有限责任公司不设股东会的规定，适用于只有一个股东的股份有限公司。第七，股份有限公司关于董事及董事会的规则适用有限责任公司的规定。

最后还要提示大家，有限责任公司和股份有限公司之间是可以相互转化的。所以大家如果想开公司，可以先从有限责任公司做起，等到形成一定规模后，再变更为股份有限公司，接着再推动公司上市，走向人生巅峰。

关联法条

第二条　本法所称公司，是指依照本法在中华人民共和国境内设立的有限责任公司和股份有限公司。

第十二条　有限责任公司变更为股份有限公司，应当符合本法规定的股份有限公司的条件。股份有限公司变更为有限责任公司，应当符合本法规定的有限责任公司的条件。

有限责任公司变更为股份有限公司的，或者股份有限公司变更为有限责任公司的，公司变更前的债权、债务由变更后的公司承继。

第八十四条　有限责任公司的股东之间可以相互转让其全部或者部分股权。

股东向股东以外的人转让股权的，应当将股权转让的数量、价格、支付方式和期限等事项书面通知其他股东，其他股东在同等条件下有优先购买权。股东自接到书面通知之日起三十日内未答复的，视为放弃优先购买权。两个以上股东行使优先购买权的，协商确定各自的购买比例；协商不成的，按照转让时各自的出资比例行使优先购买权。

公司章程对股权转让另有规定的，从其规定。

二、子公司与分公司

假如你开了一家公司，经营得风生水起，突然有一天你想在其他城市开拓疆土，新设一个经营主体。这时你可以选择设一家分公司，也可以选择设一家子公司，你要怎么选择呢？

两种经营主体最核心的差别在于“独立性”。如果把公司比作一个人，那么分公司可以看作人的四肢，它是公司的一部分，不能完全与公司进行分割；而子公司可以看作这个人的孩子，它是独立于公司的另一个主体，有独立的法人人格地位。基于这个核心区别，你在选择开分公司还是子公司的时候可以主要关注这些方面：

第一，分公司的名称必须是总公司的名称后面加上“分公司”三个字；而子公司的名称不受母公司的限制，想怎么起就怎么起。这里敲黑板划重点，和“分公司”对应的是“总公司”或“本公司”，和“子公司”对应的则是“母公司”。这两组对应关系可不要用错哦。

第二，在资产方面，分公司没有独立的资产，所有的资金和债务都由总公司来提供和承担，对应的在财务上也要和总公司合并计算盈亏；子公司有独立的资产，可以自己运用资金、承担债务，财务上也相应独立。

第三，在责任方面，虽然分公司可以以自己的名义签订合同、从事一些经济活动，但因为分公司没有独立的财产，它是不能独立承担责任的。一旦分公司被其他主体主张承担责任，最后都需要由总公司出面来摆平。需要说明的是，虽然分公司不能独立承担责任，但是在诉讼中还是可以将一家分公司单独列为被告的，只是最后它不需要独立承担责任而已。至于子公司，它是一个完全独立的主体，自己做的事就要自己承担责任。如果子公司真的闯了大祸，自己还不起钱了，母公司也只在其对子公司的出资范围内承担责任，超出的部分，一般母公司也不再管了。

总体而言，设立分公司相对更加便捷，总公司对分公司的掌控力更强，但要对分公司承担的责任也更多；而子公司相对更加独立，给子公司更自主的经营空间，母公司和子公司之间的财产也存在一定的隔离。

关联法条

第十三条　公司可以设立子公司。子公司具有法人资格，依法独立承担民事责任。

公司可以设立分公司。分公司不具有法人资格，其民事责任由公司承担。

三、公司的章程

章程是每家公司在设立时必须有的文件，它相当于公司的“宪法”。公司上上下下所有的成员，不管是公司本身，还是股东、董事、监事、高管，都必须遵守公司的章程，章程对这些人也有着法律上的约束力。但需要说明的是，虽然章程很重要，但是章程不用对外公示，所以在公开渠道一般是查不到一家公司的章程的。

此外，公司章程并不是国家行政机关给每家公司挨个分发的，而是公司股东自己约定，达成一致的。虽然章程可以由股东们自己约定，但也不是想怎么约定就怎么约定的。以有限责任公司为例，《公司法》明确规定有限责任公司的章程有 8 个必须载明的事项，分别是：公司名称和住所；公司经营范围；公司注册资本；股东的姓名或者名称；股东的出资额、出资方式和出资日期；公司的机构及其产生办法、职权、议事规则；公司法定代表人的产生、变更办法。除这些之外，股东会认为有必要记载的事项，也可以写进公司章程，但是只要写进去了，就对公司全体人员有拘束力。股份有限公司也有 13 个必须载明的事项，这里就不向大家一一介绍了，大家可以在《公司法》第九十五条中找到。

公司章程制定好以后，必须以书面形式固定下来。有限责任公司的股东还要在公司章程上签名或者盖章，不过股份有限公司没有这项要求。

《公司法》赋予公司股东自行制定公司章程的权利，并且部分情况下，公司章程还可以改变《公司法》默认的规则，比如有限责任公司的全体股东可以在章程中约定不按照出资比例分红或优先认缴出资、不按照出资比例行使表决权等。这种特别约定给了公司很大的自治空间，但公司股东在进行这种约定的时候也要提前考虑好，尽可能规避未来可能产生的控制权风险。

最后，既然公司章程对全体公司人员都有法律效力，那么违反公司章程会怎么样呢？比如公司股东会、董事会没有按照章程规定的程序进行表决，或者决议的内容违反公司章程的规定，那这个决议是可以被撤销的。再比如公司的董监高违反公司章程，给公司或者公司股东造成损失的，要对相应主体承担赔偿责任。

关联法条

第五条　设立公司应当依法制定公司章程。公司章程对公司、股东、董事、监事、高级管理人员具有约束力。

第四十六条　有限责任公司章程应当载明下列事项：

（一）公司名称和住所；

（二）公司经营范围；

（三）公司注册资本；

（四）股东的姓名或者名称；

（五）股东的出资额、出资方式和出资日期；

（六）公司的机构及其产生办法、职权、议事规则；

（七）公司法定代表人的产生、变更办法；

（八）股东会认为需要规定的其他事项。

股东应当在公司章程上签名或者盖章。

第九十五条　股份有限公司章程应当载明下列事项：

（一）公司名称和住所；

（二）公司经营范围；

（三）公司设立方式；

（四）公司注册资本、已发行的股份数和设立时发行的股份数，面额股的每股金额；

（五）发行类别股的，每一类别股的股份数及其权利和义务；

（六）发起人的姓名或者名称、认购的股份数、出资方式；

（七）董事会的组成、职权和议事规则；

（八）公司法定代表人的产生、变更办法；

（九）监事会的组成、职权和议事规则；

（十）公司利润分配办法；

（十一）公司的解散事由与清算办法；

（十二）公司的通知和公告办法；

（十三）股东会认为需要规定的其他事项。

四、公司的名称

公司有一个好名字很重要。对内而言，公司名称能够体现公司全体人员共同的价值观或者奋斗目标；对外而言，独特的公司名称也能起到区分作用，降低交易过程中因为公司重名带来的识别成本。所以保障公司能够起个好名字，起的好名字不会随便被别的公司抢走，是《公司法》的一大任务。

其实，对公司名称权保护的条款早就散落在《民法典》以及相关行政法规和部门规章当中了。本次《公司法》修订专门规定公司名称权，很可能是为了呼应《公司法》新增的“公司登记”章节。公司名称是公司登记的必要项目，规定公司的“名称权”可以进一步完善整个公司登记制度体系。

不过，虽然公司对它的名称享有权利，但在给公司起名的时候，也不能过于随心所欲。《公司法》第六条明确：“公司名称应当符合国家有关规定”。比如，如果公司没有从事特定行业的资质，它的名称里就不能出现这类特定行业的字样；再比如公司的名称不能过于低俗，不可以产生不良影响。如果某个公司的名称违反国家规定，市场监督管理局会在公司改好名称之前，用统一社会信用代码代替它的名称。所以以后如果你看到一家公司的名称是一长串数字，不要惊讶，很可能就是它之前的名称违法了。此外《公司法》的第七条还规定，有限责任公司的名称中必须有“有限责任公司”或者“有限公司”字样，股份有限公司名称中必须有“股份有限公司”或者“股份公司”字样，这也是公司起名时必须遵守的规则。

只要公司的名称不存在违法的情形，法律就会妥善保障公司的名称权。虽然《公司法》没有对公司名称权的保护作进一步规定，但是《民法典》第一千零一十三条、第一千零一十四条明确规定了，公司作为法人，有权决定、使用、变更、转让或者许可他人使用自己的名称。任何人都不能以干涉、盗用、假冒等方式侵害公司的名称权。也就是说，如果公司的名称权受到侵犯，公司可以根据《民法典》的规定，对侵权人提起侵权之诉，维护自身的权益。

关联法条

第六条　公司应当有自己的名称。公司名称应当符合国家有关规定。

公司的名称权受法律保护。

第七条　依照本法设立的有限责任公司，应当在公司名称中标明有限责任公司或者有限公司字样。

依照本法设立的股份有限公司，应当在公司名称中标明股份有限公司或者股份公司字样。

五、公司的住所

顾名思义，公司住所也就是公司“住在哪里”。它有时要比公司名称更为引人关注。大公司老板关心选址地价，创业者关注住所性价比，打工人则非常关注周围的通勤和外卖。从公司法角度来看，公司住所是设立公司的必备前提，没有住所是无法设立公司的。同时，它还关系着企业资信、交易履行、诉讼管辖和纳税等方方面面的问题。关于公司的住所，有以下几个大家普遍关注的问题。

首先，公司实际经营地址就是公司住所吗？《公司法》明确规定：“公司以其主要办事机构所在地为住所”。结合《民法典》《市场主体登记管理条例》等法律法规，可以归纳出：公司只能登记一个住所，但可以有多个经营场所。住所是指“主要办事机构所在地”，经营场所是指公司“从事经营活动的所在地”。住所和经营场所既可以在同一地址，也可以在不同地址。

其次，没有资金租写字楼办公室的，可不可以在自家的“老破小”住宅注册公司？一个工位可不可以注册公司？事实上，公司法并不要求“公司住所必须是公司自有房产”，这点和民法中自然人的住所一样，法律并不限制公司住所是买下来的还是租下来的，只要是合法使用的即可。而且经过“放管服”改革，登记公司住所现在广泛适用“自主申报承诺制”，不再强制要求提供“住所证明”，申报人自己保证填写场所的安全性和可供经营即可。所以说，一个工位、一个图书馆座位，并不具备法律意义上的经营条件，一般无法成功注册；再比如危房、未进行房屋安全鉴定的自建房，由于不具备安全性，也无法通过。

那么，住宅可否用于注册公司？答案是可行的，早在注册资本登记制度改革推行时，住宅用地就可以登记为经营场所用于注册公司，但这也有一定限制，比如学校周边200米内的住宅不可以注册网吧、城镇住宅不可以注册为餐饮公司等，具体要查阅各地的登记管理办法。

再次，一个地址可不可以注册多家公司？在优化营商环境、降低创业成本的背景下，对公司住所的限制越来越放开了。例如，自然人可以将电子商务平台提供的网络经营场所作为经营场所登记。创业孵化基地、众创空间等主体可以进行“集群登记”，以供一些没有办公实体的企业进行地址挂靠、付费托管。“一址多照”“一照多址”的限制也比从前更加放开：一些地区经房屋所有权人、该地址原注册公司及后续公司三方同意后便将多个公司登记在同一地址，这就是“一址多照”；公司备案省内多个“经营场所”的，可以免于办理分支机构登记，这就是“一照多址”。但实务中，一些挂靠地址、虚拟地址往往并无专人帮忙转递法律文书、无法成为有效联系地址，或在一段时间后被注销，如果企业要启用此类方案，一定要擦亮眼睛，审慎识别。

最后，如果公司登记的和实际办事机构不一致，以哪个为准？这就要回到法定登记的根本用意，即“公示对抗效力”。根据《民法典》《市场主体登记管理条例》及其实施细则，公司住所变更应于30日内办理变更登记。若未办理变更登记，造成“实际情况与登记事项不一致”情形的，则不得对抗善意相对人。公司自身也可能因住所（经营场所）无法联系而被列入经营异常名录，或面临其他行政处罚，影响企业信用和商务评价。尽管“家家有本难念的经”，但实际经营场所与登记的住所还是要尽量保持一致。尤其是在签署合同时，大家可以使用企业信用信息公示系统查询对方公司的住所地，视情况要求相对方及时变更登记地址或补充法律文书送达地址。

发生纠纷时，发现对方公司已经存在实际经营场所与登记住所地不一致的情形，也不需要太过担心。《最高人民法院关于适用〈中华人民共和国民事诉讼法〉的解释》（以下简称《民事诉讼法司法解释》）第三条第二款规定：“法人或者其他组织的主要办事机构所在地不能确定的，法人或者其他组织的注册地或者登记地为住所地”；根据最高人民法院《关于以法院专递方式邮寄送达民事诉讼文书的若干规定》第五条可知，公司依法登记的住所地为送达地址。也就是说，在公司住所产生变更却没有进行相应的变更登记时，按照原登记地址送达，依然具有法律效力。

关联法条

第八条　公司以其主要办事机构所在地为住所。

六、公司的经营范围

经营范围是公司股东对于公司经营活动的一种约定。它能够反映公司业务活动的内容和生产经营方向，同时也是公司业务活动范围的界限。换句话说，假设你和小伙伴一起开一家公司，可以商量下你们开这家公司后都要干什么，而商量的结果就是经营范围。你们商量好以后，这家公司以后干的事情一般就不能超出你们约定的这个范围了。

既然经营范围是你和小伙伴之间的约定，那这个约定就应该有个载体。而你们作为公司的股东，达成约定最有效的载体就是公司章程。因此，《公司法》规定，公司的经营范围由公司章程来规定。如果你们在后来经营公司的过程中发现，最开始定的经营范围有点窄，或者你们想转战其他业务，你们只需要通过修改章程的方式，就能变更公司的经营范围。

但是你们约定好经营范围后，也不能只有自己知道，其他公司在和你们做交易的时候，也需要了解你们的经营范围是什么，看看你们的公司能不能做相关的交易。因此，《公司法》规定公司的经营范围必须登记，这样交易相对方在信息公示平台可以轻松、准确地查到你们公司的经营范围，从而节省了交易过程中了解你们公司的成本，还能避免被骗。

不过公司的经营范围也不能随随便便选择，有些涉及国家命脉、社会稳定的领域，如果你想参与经营，必须取得相关部门的审批，比如金融、烟草、教培、出版、烟花爆竹等。

如果公司超出经营范围开展经营行为，会有什么影响呢？民事上，该行为未必会被认定无效，主要是看公司超越的是哪种类型的经营范围，如果是普通的经营范围，一般不会影响经营行为的效力；但如果超越的是刚刚提到的需要经过审批的限制经营或特许经营范围，那么这个行为很可能会被认定为无效。而在行政责任上，公司超越经营范围的行为可能会被登记主管机关处以警告、没收非法所得或罚款的处罚。此外，如果公司超越经营范围的行为涉及特定领域，还有可能构成犯罪。因此，公司在经营时，要尽可能避免超出经营范围。

那是不是经营范围设置得越宽泛越好呢？答案是否定的。最核心的原因是，税务机关会根据公司的经营范围核对税种，而不同的税种对应的税率是不同的。如果设置过多的经营范围，其中的某几种经营范围很可能会影响公司享受的税收优惠，那可就得不偿失了。

关联法条

第九条　公司的经营范围由公司章程规定。公司可以修改公司章程，变更经营范围。

公司的经营范围中属于法律、行政法规规定须经批准的项目，应当依法经过批准。

七、公司的法定代表人

公司是一个拟制的“人”，但如果跟公司打交道，我们还是需要跟具体的人接触。例如，公司在跟法院打交道时，法院有时候甚至不认公司的公章，只认公司的法定代表人签字。

根据《民法典》第六十一条的规定，法定代表人是依照法律或公司章程的规定，代表公司从事民事活动的负责人。顾名思义，法定代表人以公司名义从事的民事活动，其后果要由公司来承受。换句话说，法定代表人就是一个公司的化身。公司是一个组织，它在对外签订合同或者从事民事法律行为时，肯定不能全公司上上下下所有的管理人员、财务人员、业务人员一起出面。这时一个能够代表公司的、具体的个人就显得十分重要。合同相对方能够确信，只要和这名法定代表人签订合同，就相当于和公司签了合同，不用再跑到这家公司去找其他人核实。这极大提高了商事交易的效率。当然，法定代表人不是凡事都要亲力亲为，他可以授权其他公司员工去代表公司开展一些工作，比如签订协议、参与诉讼等。

法定代表人不仅要代表公司开展相应的业务，在公司经营存在问题时，作为公司的化身对外也要承担一定的责任。在民事责任方面，如果公司被法院判决还钱，但公司迟迟没有还钱，法院可能会对公司的法定代表人采取限制出境、限制高消费的措施；如果公司进入破产程序，法定代表人未经许可是不可以离开他的住所地的。在行政责任方面，如公司欠缴税款时，税务机关可能会限制法定代表人出境。在刑事责任方面，如果公司构成单位犯罪，且法定代表人是该犯罪行为的直接负责主管人员，则法定代表人可能会承担刑事责任。

原《公司法》规定，一家公司只能由它唯一的董事长、执行董事或者经理担任法定代表人。但在2023年修订后，新《公司法》允许所有执行公司事务的董事或者经理担任法定代表人，进一步扩大了可以担任法定代表人的人员范围。

那么如果有一家公司想找你去当法定代表人，你要不要去呢？结合前文分析的法定代表人的对外责任可知，如果这是一家你能控制并且能够信任的公司，你可以保证公司合法、诚信经营，那你作为法定代表人的风险相对可控，你当然可以接受。相反，如果是一家你完全不了解的公司请你去挂名当法定代表人，那一定要慎之又慎，千万不要轻易同意，以免哪天天降横祸，因这家公司的不诚信行为导致你个人受到牵连。

法定代表人做的事公司都得认账吗？这个答案当然是否定的。比如说你为了给自己买房去银行贷款，这时还银行贷款的主体肯定是你而不是公司。总结起来，法定代表人只有以公司名义从事的民事活动，才能让公司来买单。

不过，有的公司也会担心法定代表人以公司的名义在外面乱签合同，开展交易，于是通过公司章程或者股东会决议的方式，明确限制法定代表人不能开展特定活动或者从事特定行为前必须经过公司内部的特定程序。但如果法定代表人还是不顾这些限制，对外从事了特定行为会怎么样呢？那这个时候就要看和法定代表人开展交易的相对方，是否了解这家公司内部对法定代表人的限制了。

如果相对人不知道这个限制，那他在法律上叫作善意相对人。此时他基于对法定代表人身份的信赖，相信法定代表人有权代表公司开展一切交易行为。在相对人的视角里，他是在和这家公司达成交易，因此法律保护这位相对人的信赖，这桩交易即便根据公司内部的章程或决议不应该开展，但是公司还是要承受这桩交易的法律效果。但如果相对方知道公司内部对法定代表人的限制，那法律就不再保护他的信赖，这桩交易也无需由公司来承受。

除了法定代表人对外开展的交易一般由公司来承受，如果法定代表人对外执行职务时对其他人造成损害，这时也要由公司来负责赔偿，而不用法定代表人自掏腰包。不过，根据《公司法》第十一条的规定，如果法定代表人执行职务给别人造成损害时，他对于这个损害存在过错，那公司还是可以在对受害人赔偿后，再来找法定代表人追偿。

这条规则在原《公司法》中没有规定，而是由《民法典》第六十一条、第六十二条具体规定。此外，《最高人民法院关于适用〈中华人民共和国民法典〉合同编通则若干问题的解释》第二十条、第二十二条、第二十三条对法定代表人对外实施的行为是否对公司有效也进行了更加详细的规定。公司的法定代表人对外做出的行为结果一般都要由公司承受。所以也要提醒大家，在成立公司、选任法定代表人时，一定要选择值得信任的人。

如果不想继续担任法定代表人，是否可以辞任呢？《公司法》第十条的第二款、第三款对此予以规定，即担任法定代表人的董事或者经理可以辞去其董事或经理的职务，辞任后，其法定代表人的身份也自动视为被辞去。而法定代表人辞任后，公司应当积极主动地在规定时限内选定新的法定代表人，进行补位。这样规定的现实原因在于，不少公司法定代表人存在退出困境，例如挂名、冒名法定代表人不实际参与公司经营，却要承担公司经营不善带来的罚款、限制高消费等风险。

如果公司怠于或客观不能作出决议选出新的法定代表人，导致本已辞任的法定代表人无法正常进行市场主体登记变更，那么该主体可以通过涤除诉讼来维护自身合法权益。涤除诉讼，简单说就是法定代表人请求法院判决变更市场主体登记，将自己的姓名从市场主体登记事项中去除，不再产生对外公示作用。但司法不能主动干预公司自治事项，因此实践中通常要求提起涤除诉讼至少要满足两个条件，才具有可诉性：第一，法定代表人需要举证证明自身和公司不存在实质联系。如果法定代表人在没有辞去董事或经理前，就提起了涤除诉讼，通常不会被法院支持；第二，法定代表人需要举证证明已经穷尽公司内部救济手段，仍无法正常变更市场主体登记。而法院作出的涤除判决在执行中也很有意思，一般都会要求公司在固定时限内选任出新的法定代表人，并变更市场主体登记，如果公司在限期内未有效执行，那么实践中就会在市场主体登记法定代表人处填写统一社会信用代码或者空着，以达到涤除效果。所以，有的时候我们会看到公司营业执照法定代表人处会存在没有记载的情形。

《公司法》第三十二条规定，法定代表人的姓名是公司登记的必要事项之一。而法定代表人姓名未经登记或者登记不正确，不得对抗善意相对人。这是因为，外部相对人有理由信赖并依据市场主体登记内容，将法定代表人对外行为视为公司行为。所以，市场主体登记不及时变更，对于公司和法定代表人都会是隐患。如果发生了法定代表人辞任的情况，公司和原法定代表人都需要一致努力，将新法定代表人变更登记至公司的工商信息当中。

关联法条

第十条　公司的法定代表人按照公司章程的规定，由代表公司执行公司事务的董事或者经理担任。

担任法定代表人的董事或者经理辞任的，视为同时辞去法定代表人。

法定代表人辞任的，公司应当在法定代表人辞任之日起三十日内确定新的法定代表人。

第十一条　法定代表人以公司名义从事的民事活动，其法律后果由公司承受。

公司章程或者股东会对法定代表人职权的限制，不得对抗善意相对人。

法定代表人因执行职务造成他人损害的，由公司承担民事责任。公司承担民事责任后，依照法律或者公司章程的规定，可以向有过错的法定代表人追偿。

第三节　公司运营的基本规则

《公司法》的总则部分，不仅涵盖了上一节我们讨论过的基本概念，还进一步在第十四条至第二十八条中明确了公司运营的基本规则。这些规则是公司内部管理和外部经营活动的行动指南，对于确保公司的合规性和效率至关重要。它们不仅规范了公司的行为，还体现了公司法中各个主体间权利的制约与平衡。在本节中，我们将探讨公司的投资、担保、用人、社会责任、股东权利等规则。

一、公司的投资规则

《民法典》第一百二十五条规定，民事主体依法享有股权和其他投资性权利。《公司法》更是进一步明确了，公司可以向其他企业投资。毋庸置疑得是，公司作为独立的民事主体享有投资的权利。有疑问的是，此处的“投资”应该如何理解？事实上，有很多公司的股东都不是自然人，而是公司。这里所说的投资，不仅包含我们常说的开公司，也就是新设立一家公司，还包括购买一家已成立公司的股权等。公司对外投资，除了获取收益之外，更可以作为扩大主业，或者实现多元化经营的一种手段。

另外，《公司法》规定的是公司可以投资其他企业，这里用的词语是“企业”而不是“公司”。也就是说，公司除了可以投资公司，还可以投资其他组织形式的企业，比如说合伙企业。这里补充一个概念，企业和公司并不能画等号，企业的概念比公司更广，一般意义上企业包含公司、合伙企业、个人独资企业、外商投资企业等形式，公司仅仅是其中的一种。

那么，公司要投资其他企业时，肯定不能一拍脑门就做出决定。《公司法》规定，公司向其他企业投资时，应当按照公司章程的规定，由董事会或者股东会进行决议，并且公司对外投资还要遵守公司章程对于投资总额和单项金额的限制。

公司对外投资一家公司以后，要怎么承担责任呢？这和我们个人投资一家公司其实是一样的，也就是在公司的出资额范围内承担有限责任。不过，如果公司对外投资的是一家合伙企业，并且公司担任的是这家合伙企业的普通合伙人，那这时就要根据另一部法律，也就是《合伙企业法》的规定，公司要用它名下全部的责任财产，对合伙企业的债务承担无限连带责任。但需要注意的是，这个无限连带责任只存在于公司与合伙企业的债权人之间。举个例子，如果你用 100 万元投资了一家公司，这家公司经过几年经营，名下总共有 500 万元的财产，后来公司又决定对外投资一家合伙企业并作为普通合伙人。但合伙企业经营不善，对外欠了 800 万元债务无法归还，这时公司就要以它名下全部的 500 万元给合伙企业还债。不过，在这个过程中，你要承担责任的范围只是你当初投资公司时的 100 万元，对于剩下无法归还的 300 万元，在公司破产后你也不用再承担责任。简单来说，有限责任是投资者和被投资者之间的一道保护屏障，保护投资者的亏损不会超过其投资的金额；而无限责任是将投资者和被投资者划到一起的藩篱，把投资者和被投资者的信用绑定在一起，共同承担责任。

需要提示的是，法律对于公司对外的投资也有限制。法律规定公司不能投资的企业，公司是不可以去投资的。比如《合伙企业法》第三条规定，国有独资公司、上市公司不能以普通合伙人的身份投资合伙企业。

关联法条

第十四条　公司可以向其他企业投资。

法律规定公司不得成为对所投资企业的债务承担连带责任的出资人的，从其规定。

二、公司的担保规则

担保本身是一种增加信用的措施。如果让你去向银行贷款，银行在综合审查你的资产和收入情况后，可能觉得你的信用情况并不能贷这么多钱。但这时，有一家资力雄厚的公司为你的贷款提供担保，保证在你归还不了贷款时，直接帮你归还或者拍卖、变卖其名下的财产后帮你归还，那银行很可能就批准了这笔款项。在 1993 年《公司法》中，我国禁止公司对外提供担保。2005 年《公司法》出台后，公司担保才被允许，但在实践过程中，因为公司担保所引发的争议仍数不胜数。

《公司法》关于公司提供担保的规则，可以分成为他人担保和为股东或实控人担保两种情况，这两种情况下的规则也不相同。如果公司是为不是股东或实控人的他人提供担保，那么是否担保以及担保金额的多少，可以根据公司章程由股东会或者董事会决议通过。但如果是为公司自己的股东或者实际控制人提供担保，那么只能由股东会来决议，就不能由董事会来表决了。并且，在对为股东或实控人提供担保的事项进行表决的过程中，被提供担保的股东，或者受被提供担保的实控人所支配的股东，不能参与该次表决，而由出席会议的其他股东所持表决权的过半数通过。可以看出，为了避免公司实控人或股东滥用权利，让公司为自己的债务提供担保，《公司法》对于公司为股东或实控人提供担保的，提出了更高的要求，施加了更多的限制。

如果公司没有按照《公司法》的规定对外提供担保，会有什么法律后果呢？这里就又需要让大家学习一份很重要的法律文件了，那就是《最高人民法院关于适用〈中华人民共和国民法典〉有关担保制度的解释》（以下简称《担保制度解释》），它的第七条至第十一条详细规定了公司不按照《公司法》的规定对外提供担保的法律后果。如果担保合同是由公司法定代表人和相对人签订的，而公司并没有按照《公司法》规定的程序对担保事项进行决议，这种情形我们称之为“法定代表人越权担保”。根据《担保制度解释》第七条，这时判断担保合同效力的基本原则是，如果相对人审查过公司对于担保事项作出的决议，即便这份决议是假的，只要相对人不知道是假的，那这个担保合同就正常发生效力，公司需要向相对人承担担保责任。但如果相对人根本就没有审查过公司作出的决议，或者明知他审查的决议是伪造的，那这时，相对人不属于善意相对人，这个担保合同对公司不发生效力，公司也不用承担担保责任。

除了“法定代表人越权担保”的情形，《担保制度解释》还有很多关于公司担保的规则，比如第八条规定了公司可以不按照《公司法》规定的担保决议程序提供担保的三种例外情形；第九条规定了上市公司提供担保的特别规则；第十条规定了一人有限公司为其股东提供担保的特别规则；第十一条规定了公司分支机构不按照《公司法》规定的担保决议程序提供担保的特别规则。

关联法条

第十五条　公司向其他企业投资或者为他人提供担保，按照公司章程的规定，由董事会或者股东会决议；公司章程对投资或者担保的总额及单项投资或者担保的数额有限额规定的，不得超过规定的限额。

公司为公司股东或者实际控制人提供担保的，应当经股东会决议。

前款规定的股东或者受前款规定的实际控制人支配的股东，不得参加前款规定事项的表决。该项表决由出席会议的其他股东所持表决权的过半数通过。

三、公司的用人规则

根据《公司法》的规定，公司必须依法和职工签订劳动合同，参加社会保险，并且要加强对职工劳动的保护，实现安全生产。同时，公司还应当采取多种形式，加强对职工的职业教育和岗位培训，来提高职工的综合素质。不过这些规定都比较原则，属于倡导性的规定，而保护我们打工人合法权益的具体规则，主要规定在《劳动法》和《劳动合同法》等法律当中。

具体而言，公司作为用人单位，必须和职工签订书面的劳动合同，如果公司没有按照《劳动合同法》的规定与职工订立书面劳动合同，职工有权在一定条件下要求公司支付双倍工资。此外,《劳动法》还规定，用人单位和职工必须依法参加社会保险，缴纳社会保险费，同时鼓励用人单位根据实际情况为职工建立补充保险。关于职工的劳动保护,《劳动法》规定，用人单位必须建立、健全劳动安全卫生制度，必须为职工提供符合国家规定的劳动安全卫生条件和必要的劳动防护用品，对从事有职业危害作业的职工还应当定期进行健康检查。对于职工培训,《劳动法》也有明确规定，公司作为用人单位应当建立职业培训制度，按照国家规定提取和使用职业培训经费。对于从事技术工种的劳动者，上岗前必须经过培训。

此外,《公司法》还要求公司应当按照《工会法》的规定组织工会。《工会法》第二条规定，工会是中国共产党领导的职工自愿结合的工人阶级群众组织。因此，法律并没有强制规定公司必须设立工会，但如果公司职工自愿组建了工会，那么公司负有为工会提供必要活动条件的义务。如果公司的工会组建起来了，工会将代表职工就薪资报酬、工作时间、休假安排、福利事项等以签订集体合同的形式与公司进行磋商，保障职工的基本权利。

职工代表大会是工会组织职工参与本单位的民主选举、民主协商、民主决策、民主管理和民主监督的具体形式之一，也是非常具有中国特色的企业民主管理模式，因此,《公司法》专门将职工代表大会的民主管理制度纳入规定。职工可以通过参与职工代表大会对公司的经营、管理发表意见，公司也有义务听取职工代表大会反馈的员工意见。

当然，除了通过职工代表大会,《公司法》还规定了其他职工参与公司管理的方式。例如《公司法》第六十八条规定，职工人数在 300 人以上的有限责任公司，它的董事会中应当有职工代表，这名职工代表可以通过职工代表大会等形式民主选举产生。如果职工代表成为了董事会成员，那么他将切实参与到公司的日常经营管理当中。《公司法》还规定，如果公司设监事会，那么监事会中至少要有三分之一的成员为职工代表，这些职工代表同样通过职工代表大会等形式民主选举产生。如果职工代表成为监事会成员，那么他将参与监督公司的日常经营管理，保证公司董事、高管不损害公司利益。《公司法》还规定，国有独资公司的董事会，必须有过半数成员为外部董事，其中必须有公司的职工代表，该职工代表同样由职工代表大会选举产生。

以上就是公司职工参与公司经营管理的具体方式。背后体现的主要是两条逻辑：一条是通过公司工会与公司经营者，在上层与上层之间进行谈判协商，确立公司管理制度；另一条是通过职工代表大会的民主管理制度，自下而上地推举职工代表，参与公司的日常经营。

总体而言，国家法律对于我们打工人的基本权益是有充分保障的，公司在雇用我们职工时，必须按照上述法律规定保证我们的人身安全和经济利益，保障我们能够参与公司的经营管理。职工是公司运营的基础能源，只有职工的基本生产生活条件得到满足，公司才能平稳运行。打工人无疑是非常重要的。

关联法条

第十六条　公司应当保护职工的合法权益，依法与职工签订劳动合同，参加社会保险，加强劳动保护，实现安全生产。

公司应当采用多种形式，加强公司职工的职业教育和岗位培训，提高职工素质。

第十七条　公司职工依照《中华人民共和国工会法》组织工会，开展工会活动，维护职工合法权益。公司应当为本公司工会提供必要的活动条件。公司工会代表职工就职工的劳动报酬、工作时间、休息休假、劳动安全卫生和保险福利等事项依法与公司签订集体合同。

公司依照宪法和有关法律的规定，建立健全以职工代表大会为基本形式的民主管理制度，通过职工代表大会或者其他形式，实行民主管理。

公司研究决定改制、解散、申请破产以及经营方面的重大问题、制定重要的规章制度时，应当听取公司工会的意见，并通过职工代表大会或者其他形式听取职工的意见和建议。

四、公司的社会责任规则

近年来，人人都在谈论“ESG”。到底什么是 ESG ？什么又是公司的 ESG 呢？ESG 其实是一种理念和评价体系，这三个英文字母对应了三个英文单词。其中“E”代表 Environmental，也就是环境；“S”代表 Social，也就是社会；“G”代表 Governance，也就是治理。具体到公司法的语境下，所谓的环境，就是关注这家公司在生产过程中，是否控制了温室气体的排放、是否有合理的废弃物污染管理政策、是否有节能减排的政策等。也就是习近平总书记强调的绿水青山就是金山银山。所谓的社会，就是强调这家公司是否参与到产业扶持、乡村振兴等公益慈善事业中，此外，还包括公司是否注重隐私数据保护、员工福利与健康等。所谓的治理，就是强调公司股权结构、道德行为准则等公司治理层面是否健康。

ESG 的兴起，对我们每个人都是有益的。很久以前，我们对公司的评价体系往往是很单一的，评价一家公司好不好，就看公司能赚多少钱。而公司自身定义自己的发展目标时，也常常是“唯赚钱论”。这样的后果就是气候变化、环境污染、劳工压迫等。虽然公司赚到钱了，但整个社会的幸福值未必会提高。

我们国家也意识到了这个问题，所以近年来在积极推动 ESG 理念。比如证监会、国资委、生态环境部等，都发布过相关的指导意见，鼓励和支持上市公司、中央企业等公司履行社会责任，协同做好“碳中和”、乡村振兴等工作。

就公司法而言，公司社会责任原则一直是公司法的核心原则。例如原《公司法》在第五条就规定了："公司从事经营活动时，必须遵守法律、行政法规，遵守社会公德、商业道德，诚实守信，接受政府和社会公众的监督，承担社会责任。"新《公司法》沿用了这一条，并且在第二十条规定了公司从事经营活动，应当充分考虑公司职工、消费者等利益相关者的利益以及生态环境保护等社会公共利益，承担社会责任。国家鼓励公司参与社会公益活动、公布社会责任报告。需要注意的是，这是一条鼓励性质而非强制性的条款。即便如此，该条款仍然意义重大。原因在于，《公司法》在我国的法律体系中处于非常重要的地位，法律位阶极高，在《公司法》中出现这一条款，可以看到国家对公司贯彻 ESG 理念的高度重视。并且，《公司法》也会影响到其他部门法，相信在《公司法》出现这一条款后，未来会有更多的配套规章制度出台。

此外，在公司治理上，《公司法》还特别规定要保障党的活动，要求公司根据中国共产党章程的规定，设立中国共产党的组织，开展党的活动；公司应当为党组织的活动提供必要条件等。

公司最大的社会责任其实还是对股东负责，对员工负责。正如亚当·斯密所说："商业是最大的慈善"。现在，ESG 成为一种备受认可的评价体系。如果公司的 ESG 数值高，就会得到更多正面的评价，甚至可以更容易进行融资和贸易。所以，我相信，在这样的正向循环下，越来越多的公司会在商业和 ESG 中间找到平衡点。

关联法条

第十八条　在公司中，根据中国共产党章程的规定，设立中国共产党的组织，开展党的活动。公司应当为党组织的活动提供必要条件。

第十九条 公司从事经营活动，应当遵守法律法规，遵守社会公德、商业道德，诚实守信，接受政府和社会公众的监督。

第二十条 公司从事经营活动，应当充分考虑公司职工、消费者等利益相关者的利益以及生态环境保护等社会公共利益，承担社会责任。

国家鼓励公司参与社会公益活动，公布社会责任报告。

五、公司的股东权利规则

公司股东的权利在理论上可以分为两大类，分别是自益权和共益权。

自益权是股东专门为自己利益行使的权利，共有五种，分别是利润分配请求权、新股优先认购权、发给股票或其他股权证明请求权、股权（股份）转让权、公司剩余财产分配权。大家有没有发现一个特征，自益权往往跟钱有关，是一种财产性的权利。

股东权利的另一个大类叫共益权，这是指股东为了自己利益，同时也为公司的利益而行使的权利。这类权利包括：第一，股东会临时召集请求权，代表十分之一以上表决权的股东是可以请求召开临时股东会的；第二，表决权，就是参与公司的重大决策，选择公司的管理者；第三，对公司财务的监督检查权；第四，对公司章程、决议的查阅权和复制权（尽管有观点认为相关知情权属于自益权或兼具自益权与共益权的特征，但我国目前的主流观点仍认为以查阅、复制为代表的知情权属于共益权）；第五，权利损害救济权，股东代表诉讼权；第六，对公司经营的建议与质询权等。

“权利之行使不得损害他人利益”。对此，《公司法》明确规定，公司股东应当遵守法律、行政法规和公司章程，依法行使股东权利，不得滥用股东权利损害公司或者其他股东的利益。

一家公司中，大股东享有的决策权往往比小股东多，对公司的控制力也会更强，此时，大股东可能会存在滥用公司权利的行为。笔者将介绍几个典型的情形，比如公司的大股东操控公司的决策过程，使公司丧失了独立性，沦为大股东的工具，这就构成了“公司法人人格否认”的一种情形；再比如，公司大股东利用自己的控制地位，让公司跟自己或者自己的关联方进行交易，明明很便宜的产品，公司却要用很高的价格在大股东手里购买，那公司的资产就被掏空了。这时，小股东和债权人的利益就会受到侵害。除此之外，还有大股东压制小股东，使公司不分配利润；小股东无法行使对公司的知情权，等等。

面对公司股东滥用权利，有什么救济渠道呢？新《公司法》第二十一条第二款规定了：“公司股东滥用股东权利给公司或者其他股东造成损失的，应当承担赔偿责任。”这一条其实维持了原《公司法》第二十条的规定，属于股东滥用权利的一般性、原则性、兜底性救济措施。受到损失的公司和股东都可以通过诉讼的方式维护自己的权益。至于具体的股东滥用权利的情形，《公司法》还会有专门的规定。

关联法条

第二十一条　公司股东应当遵守法律、行政法规和公司章程，依法行使股东权利，不得滥用股东权利损害公司或者其他股东的利益。

公司股东滥用股东权利给公司或者其他股东造成损失的，应当承担赔偿责任。

六、公司的关联关系规则

公司法对“关系”很看重。《公司法》附则对“关联关系”的定义进行了介绍：“公司控股股东、实际控制人、董事、监事、高级管理人员与其直接或者间接控制的企业之间的关系，以及可能导致公司利益转移的其他关系。”

那像中国银行和中国农业银行存在关联关系吗？这里，就引出了附则这一条款的但书：“但是，国家控股的企业之间不仅因为同受国家控股而具有关联关系。”也就说，虽然国企都是国家控股，但不能仅据此认定两公司存在关联关系。在沪深交易所的上市规则中，如果两家国企的法定代表人、总经理或者半数以上的董事兼任另一公司的董监高，这时，这两家公司才被视为存在关联关系。

《公司法》第二十二条规定：“公司的控股股东、实际控制人、董事、监事、高级管理人员不得利用关联关系损害公司利益。违反前款规定，给公司造成损失的，应当承担赔偿责任。”从这条可以看出，《公司法》并非一概禁止关联交易，而是禁止损害公司利益的关联交易。因为事实上，关联交易是无法完全避免的。于是，法律需要采用一定的方法进行规范，只有在相关方利用关联关系损害公司利益时，相关方才需要承担赔偿责任。

实务当中，最常见的损害公司利益的情形就是利用关联交易掏空公司资产。以某影视网为例，其实际控制人为贾某，而某影视网交易的上游和下游均是贾老板的关联公司。在 2016 年，某影视网向贾某控制的上游关联方采购智能终端设备、电影网络版权等金额合计约 75 亿元。同时，某影视网还向下游贾某控制的关联方销售商品服务等金额多达约 129 亿元。上游公司的利润高，某影视网付钱还很爽快，贾老板从某影视网手中收到了大额资金。但下游公司的付款很漫长，某影视网空有应收款，实际上公司已经被掏空。

在出现关联交易损害公司利益时，我们可以提起关联交易损害责任纠纷诉讼。此时，公司作为原告有权直接提起诉讼。但很多时候，侵权人往往能够牢牢把控公司，即侵权人是公司的董监高或者他们的内线，他们可没有动力起诉自己。在这种情形下，股东代表诉讼就成了小股东手中的“长矛”。股东经过相应的前置程序，如监事会、董事会等收到股东书面请求后拒绝提起诉讼的，或者不立即提起诉讼会使公司利益受到难以弥补的损害的，股东有权进行代位诉讼，即为了公司的利益以自己的名义直接向法院起诉。

关联法条

第二十二条　公司的控股股东、实际控制人、董事、监事、高级管理人员不得利用关联关系损害公司利益。

违反前款规定，给公司造成损失的，应当承担赔偿责任。

第二百六十五条　本法下列用语的含义：

……

（四）关联关系，是指公司控股股东、实际控制人、董事、监事、高级管理人员与其直接或者间接控制的企业之间的关系，以及可能导致公司利益转移的其他关系。但是，国家控股的企业之间不仅因为同受国家控股而具有关联关系。

七、公司的法人人格否认规则

有限责任作为公司法的基石，为公司经营带来了很多便利。但在股东滥用有限责任时，法人人格否认制度就是对有限责任制度的一个补充。此种情形下，公司债权人可以向股东直接求偿。

《公司法》第二十三条第一款规定：“公司股东滥用公司法人独立地位和

股东有限责任，逃避债务，严重损害公司债权人利益的，应当对公司债务承担连带责任。”这里提到的“滥用”行为，包括三种典型的情形。

第一种是人格混同。典型的表现是财产混同，即公司的财产和股东个人的财产混同无法区别。例如股东无偿使用公司的资金，并且不记录在财务账簿上，股东自身的收益和公司的盈利不加区分，导致双方的利益不清。此时，公司是不具有独立意思和独立财产的。

第二种是过度支配和控制。即控股股东可以操控公司的决策过程，使公司完全丧失独立性，成为控股股东的工具。例如，母子公司之间进行利益输送，再比如先解散旧公司，再用旧公司的场地、人员、设备另外设立相同经营范围的新公司，相当于换个牌子，其他都不变。

第三种是资本显著不足。这一般指股东实际投入到公司的资本数额与公司经营所隐含的风险相比明显不匹配。

以上这几种情形，都需要在个案中具体、严格认定，不能在一个案件中认定公司有人格否认的情形，就彻底否认了公司的独立人格。

新《公司法》较原《公司法》对人格否认制度还进行了两点完善。第一点完善是新《公司法》第二十三条第二款规定：“股东利用其控制的两个以上公司实施前款规定行为的，各公司应当对任一公司的债务承担连带责任。”这点完善其实来源于一个经典的案例，那就是某工贸公司拖欠某集团货款的案子。某工贸公司与某机械公司、某路公司是关联公司。这三家公司的人员是混同的，三个公司的经理、财务负责人、出纳会计、工商手续经办人均相同。三个公司都经营类似的业务，对外进行宣传时信息混同。此外，三个公司财产混同，使用共同账号，对其中的资金及支配无法证明已作区分。三个公司与某机械公司之间的债权债务、业绩、账务及返利均计算在某工贸公司名下。因此，最高法院认定了这三家公司人格混同，判决某机械公司、某路公司应当对某工贸公司的债务承担连带清偿责任。这一制度被称为法人人格的横向否认制度，与之相对的是纵向人格否认制度。

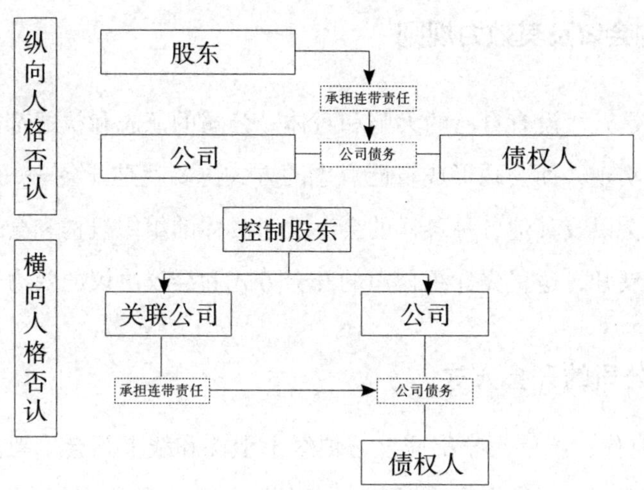

纵向、横向人格否认制度示意图

新《公司法》的第二点完善是删除了“一人有限责任公司的特别规定”一节，将之前该节的内容进行了扩展。新《公司法》第二十三条第三款规定“只有一个股东的公司，股东不能证明公司财产独立于股东自己的财产的，应当对公司债务承担连带责任。”之前，这一规定仅适用于一人有限责任公司，按照新规，所有只有一个股东的公司都将适用该规定。

关联法条

第二十三条　公司股东滥用公司法人独立地位和股东有限责任，逃避债务，严重损害公司债权人利益的，应当对公司债务承担连带责任。

股东利用其控制的两个以上公司实施前款规定行为的，各公司应当对任一公司的债务承担连带责任。

只有一个股东的公司，股东不能证明公司财产独立于股东自己的财产的，应当对公司债务承担连带责任。

八、公司的会议及其效力规则

公司不是人，没有自己的大脑和身体。公司的意志和执行都需要通过公司的机构来实现，而公司形成自己意志的方式主要就是开会——股东会、董事会、监事会以及其他各种各样的会。关于具体的组织机构和会议规则，会在后面详细展开，这里先介绍公司的开会方式和会议决议的效力规则。

（一）公司的开会方式

在5G时代，相信大家都应该习惯线上上课和线上开会了吧。但十多年前，大家刚从2G时代慢慢过渡到3G时代，那个时候网速还没有这么快，公司法也没有规定电子通信方式的相关规则。

《公司法》的第二十四条顺应了信息化和数字化的时代变化，规定公司相关会议的召开和表决可以采用电子通讯方式。不过，该条还有个除外情形，就是“公司章程另有规定的除外”。在线开会的方式包括腾讯会议、微信语音、钉钉等，在线方式可以让公司的治理更方便，提高公司的治理效率，同时也降低了公司董监高的代理成本。

当然，在线开会也有一些缺点，比如在线的方式更容易被录音录像，可能会被有心之人利用。再比如，在线开会偶尔会有一些技术障碍，反而导致会议议程耽误。最重要的是，在线开会无法取代人与人见面的亲切感。公司是一种“资合性”与“人合性”相结合的组织形态，人和人之间要和谐，还是要多线下见见面、唠唠嗑，大家沟通的误解和摩擦才会小一点，理解和包容才会多一点。

需要提示的是，《公司法》还有一个规定：“股东以书面形式一致表示同意的，可以不召开股东会会议，直接作出决定，并由全体股东在决定文件上签名、盖章。”也就是说，大家要注意区分在线开会跟书面决议，如果确定了在线开会，那会议还是必须要召开的。不过，如果决定书面决议，就可以豁免开会的程序了。

关联法条

第二十四条　公司股东会、董事会、监事会召开会议和表决可以采用电子通信方式，公司章程另有规定的除外。

（二）公司会议决议的效力

一般情况下，如果公司股东会和董事会的召开程序、决议内容不存在任何违反法律或公司章程的情形，那么这些会议决议就属于有效决议。不过，如果这些会议存在违反法律或章程的情形，那作出的决议的效力也可能存在一定瑕疵，对此，《公司法》第二十五条至第二十七条进行了体系性规定。具体而言，存在效力瑕疵的决议可以分为无效的决议、可撤销的决议和不成立的决议三种情况。

1. 无效的决议

《公司法》第二十五条规定了无效决议的情形，公司股东会、董事会的决议内容违反法律、行政法规的无效。不过该条规定得比较概括，实务中常见的有以下几种具体情形。

情形一是决议侵害股东权利。比如，侵害股东对公司增资的优先认缴权，侵害股东的分红权，违法解除股东资格，非法变更股东出资额或持股比例等。

情形二是决议侵害公司利益。比如，否定公司的独立人格和财产，将公司财产混同于股东的个人财产；再比如，未经公司的财务核算，直接将公司的资产进行分红，这同时侵害了债权人的权益。

情形三是不具有资格。具体而言，包括作出决议的主体不具有股东（董事）资格，选举的董事、监事、高管不具有任职资格。

情形四是决议所依据的基础不存在。比如决议所依据的合同被认定为是违法的，那决议自然也会无效。

2. 可撤销的决议

《公司法》第二十六条规定了可撤销的决议的三种情形：一是作出决议的程序违法，二是作出决议的程序违反章程，三是决议的内容违反章程。大家能够观察到，可撤销的决议，违法的程度要更低点。这些决议主要是程序上存在问题，或者内容上违反章程这种效力层级较低的文件。

当然，并不是所有存在程序问题的决议都可撤销。如果股东会、董事会会议的召集程序或者表决方式仅有轻微瑕疵，对决议未产生实质影响，则该决议就不是可撤销的决议。例如，公司章程规定股东会要提前 15 天召开，但实际上只是提前 14 天才通知到公司股东陈某。严格意义上，股东会的召集程序确实存在瑕疵。但是，通常情况下提前 14 天通知股东，其实也给股东留足了充足时间，足以让其获取足够的信息并形成意思表示。所以，这一瑕疵就属于轻微瑕疵，不足以影响股东的表决权，如果对决议未产生实质影响，该决议不是可撤销的决议。

3. 不成立的决议

《公司法》第二十七条规定了决议不成立的情形，主要是公司会议的召集程序或者决议方法存在重大明显的瑕疵。这种瑕疵过于严重，以至于决议本身是否存在都无法得到认可。《公司法》主要规定了四种决议不成立的情形：第一，未召开股东会、董事会会议作出决议。这种情形也有例外，如果公司章程规定可以不召开股东会而直接作出决定，全体股东又在决议上签字了，那决议还是成立的。第二，股东会、董事会会议未对决议事项进行表决。比如选举董事的这份决议大家都知悉并讨论了，但是大家对议题争执不下，最后会议没有表决，那决议自然也不成立。第三，出席会议的人数或者所持表决权数未达到公司法或者公司章程规定的人数或者所持表决权数。第四，同意决议事项的人数或者所持表决权数未达到公司法或者公司章程规定的人数或者所持表决权数。例如，股东会决议至少需要股东所持表决权的半数以上同意，如果不满足这一条件，决议就不能成立。不难看出，公司决议不成立和公司决议可撤销的情形比较类似，都是召集程序上存在问题，只是“决议不成立”涉及的程序问题更严重。

关联法条

第二十五条　公司股东会、董事会的决议内容违反法律、行政法规的无效。

第二十六条　公司股东会、董事会的会议召集程序、表决方式违反法律、行政法规或者公司章程，或者决议内容违反公司章程的，股东自决议作出之日起六十日内，可以请求人民法院撤销。但是，股东会、董事会的会议召集程序或者表决方式仅有轻微瑕疵，对决议未产生实质影响的除外。

未被通知参加股东会会议的股东自知道或者应当知道股东会决议作出之日起六十日内，可以请求人民法院撤销；自决议作出之日起一年内没有行使撤销权的，撤销权消灭。

第二十七条　有下列情形之一的，公司股东会、董事会的决议不成立：

（一）未召开股东会、董事会会议作出决议；

（二）股东会、董事会会议未对决议事项进行表决；

（三）出席会议的人数或者所持表决权数未达到本法或者公司章程规定的人数或者所持表决权数；

（四）同意决议事项的人数或者所持表决权数未达到本法或者公司章程规定的人数或者所持表决权数。

第二十八条　公司股东会、董事会决议被人民法院宣告无效、撤销或者确认不成立的，公司应当向公司登记机关申请撤销根据该决议已办理的登记。

股东会、董事会决议被人民法院宣告无效、撤销或者确认不成立的，公司根据该决议与善意相对人形成的民事法律关系不受影响。

（三）公司会议决议效力之诉

那么，如果一个决议存在无效、可撤销、不成立的情形，要如何通过法院确认该决议的效力呢?

首先，对于无效的决议而言，申请法院确认决议无效的主体主要是股东、董事和监事，可以申请确认为无效的决议包括董事会决议和股东会决议。需要提醒大家的是，股东不仅可以申请股东会决议无效，还可以申请董事会的决议无效。同理，董事也可以申请股东会和董事会的决议无效。在诉讼中则是将公司列为被告，其他主体可以列为第三人，便于查明案件事实。

其次，对于可撤销的决议，可以请求撤销决议的只有股东，而不包括董事、监事及其他主体。并且，公司决议撤销之诉不以决议时是否具备股东资格为适格原告资格要件，且不受表决权有无、会议出席情况、表决情况及持股数量差异的限制。只要在提起诉讼时具有股东资格，即满足原告适格的要求。股东提起决议撤销之诉的，人民法院可以应公司请求要求股东提供担保。需要注意的是，股东请求法院撤销决议是有除斥期间的。根据《公司法》第二十六条的规定，股东自决议作出之日起六十日内，未被通知参加股东会的股东自知道或者应当知道股东会决议作出之日起六十日内，可以请求人民法院撤销。《公司法》第二十六条第二款还对股东会决议撤销权可行使的最长期限进行了规定，即自决议作出之日起一年内没有行使撤销权的，撤销权消灭。这一规定，是为了保护公司治理的安定性。如果一个公司股东，在一年时间都未发现该决议，足以说明这个决议对股东的影响其实很小，或者说股东未充分参与公司的治理过程，此时更应当保护公司决议的稳定性。

最后，对于不成立的决议，其程序与确认决议无效的诉讼比较类似。原告可以是股东、董事和监事，但是，法律也不排除其他有利害关系的人充当原告。确认决议不成立诉讼的被告则是公司。此外，与决议撤销之诉不同，《公司法》没有对提起决议不成立诉讼作出期限限制。

一旦法院作出确认无效、撤销或者确认不成立的裁判，这一判决就会发生对世的效力。股东会、董事会决议被人民法院宣告无效、撤销或者确认不成立的，公司应当向公司登记机关申请撤销根据该决议已办理的登记。但比较麻烦的是判决的溯及力问题。如果认可溯及力的话，可能会影响利害关系人的权益；如果不认可溯及力的话，那判决就不存在任何意义。对此，法律区别内部和外部。就内部而言，判决具有溯及力。比如，董监高的报酬、股利分配等的决议，如果不使其具有溯及力，则依违法决议所获得的利益仍然得不到纠正，将会侵害公司和股东的利益。对于外部人而言，判决的溯及力会有条件地被限制，这主要是针对善意第三人和善意相对人。《公司法》第二十八条第二款规定："股东会、董事会决议被人民法院宣告无效、撤销或者确认不成立的，公司根据该决议与善意相对人形成的民事法律关系不受影响。"此外，因决议的无效，给公司、股东、债权人造成损失的，公司内部还可以追责。

关联法条

第二十八条 公司股东会、董事会决议被人民法院宣告无效、撤销或者确认不成立的，公司应当向公司登记机关申请撤销根据该决议已办理的登记。

股东会、董事会决议被人民法院宣告无效、撤销或者确认不成立的，公司根据该决议与善意相对人形成的民事法律关系不受影响。

第二章

新公司法来了：

公司法大修划重点

2023年12月29日，十四届全国人大常委会第七次会议审议通过了新修订的《公司法》，新《公司法》于2024年7月1日正式施行。

我国《公司法》自1993年颁布，如今已到而立之年。本次公司法大修距离公司法出台已有三十年，距2005年的大修也有将近二十年时间。这期间，经济社会早已发生了翻天覆地的变化。本次修订，历经三年多时间，是公司法历史上一次系统性、根本性的重大修订，让公司法有了改头换面的大变化，因此修订后的《公司法》被称为新《公司法》。

在本章中，我们将带大家一探新《公司法》的修订精华，深入了解立法的最新动态，迅速把握新《公司法》的关键变革，理解其在新的历史条件下的立法理念和价值追求。让我们共同深入新《公司法》的世界，挖掘其丰富内涵，探索其在新时代的应用与实践。

一、认缴制的进退

1993年《公司法》出台之时，我国的立法政策更偏向对企业的管制和干预。此时，我国有限责任公司资本制度采取了完全的实缴制，也即要求公司设立时股东应当把自己认缴的注册资本一次性全部缴足，并且还要请法定的验资机构验资。只有如此，公司才能在登记机关申请设立。

2013年修正《公司法》时，我国政府正在简政放权，立法政策转向了放松政府对市场准入的管制。因此，在该版《公司法》中，有限责任公司资本制度进行了180度大转弯——确立了完全的认缴制。简而言之，就是股东认购公司出资额后，有一个出资期限，在股东出资期限到期之前，都可以先不缴纳出资。可以说，2013年《公司法》极大地放宽了公司设立的法定条件。

但完全认缴制的规则运行十年以来，出现了一系列问题。比如实践中出现了大量的“无赖公司”“空壳公司”。公司动不动就是几千万元乃至上亿元的巨额注册资本，同时出资期限设置了漫长的六七十年。股东认缴出资额而长期不缴纳，如果公司外部的债权人基于对公司明面上的巨额注册资本的信赖而与这类公司发生交易，那么债权人的权益就极容易受到损害和威胁。

正因如此，新《公司法》对公司资本制度进行了修正。新的规则介于1993年和2013年公司法规则之间。新《公司法》第四十七条规定：“全体股东认缴的出资额由股东按照公司章程的规定自公司成立之日起五年内缴足。”这就意味着，有限公司股东的出资期限有了五年的最长出资期限限制，无论认缴注册资本多少，都应在五年内缴足。此外，第四十七条第二款规定，“法律、行政法规以及国务院决定对有限责任公司注册资本实缴、注册资本最低限额、股东出资期限另有规定的，从其规定。”根据这款规定，未来有限责任公司的认缴期限也可能短于五年。

究其原因，可能在于五年是我国有限公司的平均生命周期。原国家工商总局在2013年曾发布《全国内资企业生存时间分析报告》，通过综合分析2000年以来全国新设企业、注吊销企业生存时间等数据，发现多数地区企业成立后第三年死亡数量最多，死亡率达到最高；而寿命在五年以内的接近六成。在企业“死亡”前使股东实缴出资，自然是合情合理，也是保护债权人的一大利器①。

除有限责任公司五年内缴足注册资本的规定外，新《公司法》第九十八条第一款规定：“发起人应当在公司成立前按照其认购的股份全额缴纳股款。”即对于股份有限公司的发起人，在公司成立前要适用实缴制的规则，一夜回到了十年前。

---

① 参见“工商总局近日发布全国内资企业生存时间分析报告”，来源中央政府网，https://www.gov.cn/gzdt/2013-07/30/content_2458145.htm，最后访问日期2024年5月5日。

认缴制的进退，是本轮《公司法》修订的最大讨论焦点。反对的意见认为，限期认缴制会伤害民众的创业热情，对经济发展产生负面的影响。并且即使规定股东必须五年内缴足出资，或者实缴出资，也不能完全杜绝股东通过垫资、过桥资金等方式形式性地履行出资义务。特别是，在当前的市场较为低迷的大环境下，对于出资期限的严苛要求，究竟是会影响到企业家投资创业的热情？还是真能够给市场树立诚信经营的信心？这些都有待于市场的检验。目前，市场监督管理总局已经起草了《国务院关于实施〈中华人民共和国公司法〉注册资本登记管理制度的规定（征求意见稿）》（以下简称《征求意见稿》）。[①]《征求意见稿》针对五年认缴期限设置了三年的过渡期，《公司法》施行前设立的有限责任公司自 2027 年 7 月 1 日起剩余出资期限不足五年的，无须调整出资期限；剩余出资期限超过五年的，应当在过渡期内将剩余出资期限调整至五年内。调整后股东的出资期限应当记载于公司章程，并依法在国家企业信用信息公示系统上向社会公示。对于股份有限公司，则应当在三年过渡期内缴足认购股份的股款。

无论如何，与 2019 年《证券法》修订时通过“注册制”释放出来的市场化姿态相比，此次新《公司法》修订所传达的似乎是另一种方向。

二、股份公司授权资本制的引入

纵观我国公司法立法，无论是 1993 年、2005 年还是 2013 年《公司法》，股份公司的资本形成制度均是法定资本制，即要求资本或股份在公司成立时一次发行、全部认足。只不过，在认缴期限上，我国逐步取消了缴纳

① 参见国家市场监督管理总局官网，https://www.samr.gov.cn/hd/zjdc/art/2024/art_f9f3f2d431474f0aa453786a9e5dd5cb.html，最后访问时间 2024 年 5 月 12 日。

首次出资的比例和最长缴纳期限的限制。虽然采取此种资本形成制度可以有效防止股东的出资欺诈行为，保护公司债权人的交易安全，但法定资本制要求股东一次性认足资本，且公司资本原则上不会轻易改变，极易造成公司资金的浪费、增资程序烦琐等多重负担。

新《公司法》第一百五十二条新增了股份有限公司的授权资本制。该条第一款规定："公司章程或者股东会可以授权董事会在三年内决定发行不超过已发行股份百分之五十的股份。但以非货币财产作价出资的应当经股东会决议。"这是我国《公司法》首次引入授权资本制。简而言之，就是在股份公司设立时，不需要一次性发行并由股东认足全部资本，而是把后续继续发行资本的权利交给负责日常经营的董事会自行决定。这不仅减轻了公司和股东的压力，而且后续不需要经过股东会决议就可以变更公司章程，使得增资程序更加便捷灵活。于资金利用而言，这也避免了资金的闲置，提高了资金使用的效率。

但是，授权资本制也可能会造成公司资本与公司实际经营实力的脱节，对债权人造成风险。为了防范此种风险，新《公司法》第一百五十二条对董事会发行的股份比例也作出了限制，以防止董事滥用新股发行权。

需要注意的是，目前我国只在股份公司引入了授权资本制，有限公司还是法定资本制，只是在缴纳期限上可以有所宽限。

其实，法定资本制和授权资本制有一点是相同的，就是背后的资本信用的逻辑，把注册资本视作公司信用的基础。而事实上，一个公司真正的信用基础应该是资产，特别是净资产，而不仅仅是资本，因为资本是静态的，而资产是动态的，是真正意义上清偿债务的保障。股东在完成出资的那一刻，资本就进入了资产，并随着公司的经营而波动起伏。

三、法定代表人制度的优化

长期以来，我国法定代表人的权力大而集中，甚至被怀疑突破了公司的独立人格限制，因此造成了一系列理论与实务的问题。

例如，公司法定代表人选任的范围过窄，原《公司法》第十三条规定，公司法定代表人由公司董事长、执行董事或经理担任。而对于像华为这种实行轮值董事长制度的公司，董事长不断轮换，法定代表人的任命便成为一个明显的技术问题。另外，法定代表人还会导致公司董事地位动摇，如果法定代表人由公司经理担任，则董事会就极容易被弱化乃至架空，从而增加公司的治理成本。

正因为法定代表人制度存在诸多问题，新《公司法》作出了一系列改革。首先，新《公司法》扩大了法定代表人的选任范围。第十条规定："公司的法定代表人按照公司章程的规定，由代表公司执行公司事务的董事或者经理担任"，也就是说，现在所有执行公司事务的董事或者经理都有权担任公司的法定代表人。

其次，新《公司法》优化了法定代表人的选任机制。原《公司法》规定法定代表人的选任由章程决定，并规定公司法定代表人应于公司章程、营业执照中载明。而新《公司法》第四十六条规定："有限责任公司章程应当载明下列事项：……（七）公司法定代表人的产生、变更办法……"该条文并未要求章程载明法定代表人，而只是说章程可以载明法定代表人的变更办法。这就将法定代表人的选任机制下放到了公司内部，公司可以自行决定选任方法，而后将其记载到章程中即可。

最后，新《公司法》还对法定代表人的变更机制进行了详细规定。新《公司法》第三十五条第三款规定："公司变更法定代表人的，变更登记申请书由变更后的法定代表人签署。"这条规则明确了法定代表人的变更程序由变更后的法定代表人签署变更登记申请书即可，解决了实务中究竟由谁去登记新的法定代表人的问题。

四、对抗股东权利滥用的武器

现实中，公司的各个股东通常因持有的股权比例不同而在公司中处于不同的地位。持有多数股权的大股东，可能基于其对公司的控制力而滥用股东权利。这就是人们常说的“股东压迫”现象。《公司法》为了维护中小股东的利益，保证一定程度上平等，出台了一系列的措施“武装”小股东。

其中，异议股东回购权就属于保护中小股东的利器。这是指，对重大事项的股东会决议有异议的股东，可以要求公司回购他们的股权（份）从而退出公司。通俗而言就是“惹不起，躲得起”。

原《公司法》第七十四条规定了三种情形下有限责任公司异议股东有权回购：一是公司连续五年盈利但不分红的；二是公司合并、分立、转让主要财产的；三是公司本来已经存续期届满要解散的，股东会又修改了章程让公司“续命”的。在这几种情况下，如果有股东觉得不满，就可以要求公司回购其股权。

由前述规定可知，我国《公司法》对异议股东回购权采取了“原则禁止，例外许可”的政策，这使得异议股东行使权利所受的限制较多。为了进一步保护中小股东的权益，新《公司法》新增了有限公司控股股东滥用权利的回购请求权。新《公司法》第八十九条第三款在原《公司法》的基础上进一步规定：“公司的控股股东滥用股东权利，严重损害公司或者其他股东利益的，其他股东有权请求公司按照合理的价格收购其股权。”这使得小股东在面临大股东压迫的时候，有了一条至关重要的救济手段。

其中，该条的“控股股东”指的是出资额占公司资本总额超过百分之五十，或其享有的表决权已足以对股东会的决议产生重大影响的股东。“严重损害”指控股股东过分滥用权利，使得中小股东难以再与其合作共办公司，再给予他们损害赔偿也难以弥补损失，还不如让中小股东一走了之。有了这一款新规，中小股东面临大股东的欺负时，就有了挺直腰板的勇气。

此外，原《公司法》仅规定了有限责任公司异议股东回购的情形，并未针对股份有限公司进行规定。但新《公司法》第一百六十一条明确规定了股份有限公司异议股东回购的三种情形：“（一）公司连续五年不向股东分配利润，而公司该五年连续盈利，并且符合本法规定的分配利润条件；（二）公司转让主要财产；（三）公司章程规定的营业期限届满或者章程规定的其他解散事由出现，股东会通过决议修改章程使公司存续。”股份有限公司的股东也有权利要求公司对其股份进行回购了。

五、法人人格否认制度的扩张

现代公司制度的魅力之处很大程度上在于公司的有限责任和独立责任。但如果一个公司的有限责任被股东用来当作逃避债务的工具，公司的独立人格和独立责任就没有再坚持的必要了。新《公司法》第二十三条第一款规定：“公司股东滥用公司法人独立地位和股东有限责任，逃避债务，严重损害公司债权人利益的，应当对公司债务承担连带责任。”此时，公司的独立人格会被纵向否认，躲在公司背后的股东也要与公司承担连带责任，也即“刺破公司面纱”。

前述第一款的规定其实是延续了旧法的规定，在实践中，法人人格否认的情形在不断“创新”。例如，股东可能控制多家公司，滥用多个公司的独立责任，使得资金和债务在多个自己控制的公司之间流动，比如将多个公司的债务都转移到 A 公司，又将多个公司的利润转移到 B 公司，进而达到逃避债务的目的。此时，如果仅单独否定这些公司中个别公司的法人人格，将对其他未被否定法人人格的关联公司的债权人不公平。

正因如此，新《公司法》第二十三条第二款扩张了法人人格否认制度的范围：“股东利用其控制的两个以上公司实施前款规定行为的，各公司应当对任一公司的债务承担连带责任。”这条规定其实在《全国法院民商事审判工作会议纪要》（以下简称《九民纪要》）中已经初具雏形，新《公司法》将其正式纳入了公司法体系中。这条规定使得法人人格否认制度从单纯的纵向否认走向了横向否认，不只是股东和公司承担连带责任，现在其他的姊妹公司也需要承担连带责任了，这更好地保护了公司债权人的利益，使得那些玩转公司的幕后黑手无处遁形。

六、公司决议效力制度的完善

在公司内，股东会决议是按照“资本多数决”的原则，通过少数股份服从多数股份的方式作出；而董事会决议则采取每个董事一人一票的形式，按照“人头多数决”原则进行表决。公司决议事关整个公司的运转，因此公司决议有着严格的程序性规定，以此保障决议程序合法、内容公正。一般而言，公司通过正规程序作出的决议，在不存在内容瑕疵的情况下应当认定为有效。但在实践中，并不是每次决议都是合法有效的，从而形成了决议的不同效力形态。

新《公司法》吸收了《公司法司法解释（四）》第五条的规则，在第二十五条、第二十六条、第二十七条分别规定了股东会、董事会决议无效、可撤销和不成立三种决议的效力样态，进而正式确定了我国公司决议效力体系上的“三分法”。

首先，公司决议内容违反法律、行政法规的无效。简单而言，决议无效是对决议最彻底的否认。决议的违法性质比较严重，一般也会对社会公益等其他利益产生消极影响，因此对其直接认定无效具有合理性。

其次，公司决议召集程序、表决方式违反法律、行政法规或公司章程，或者决议内容违反公司章程的，可以被股东撤销。这就是可撤销的公司决议。需要注意的是，可撤销的公司决议在撤销前可是有效的。因为违反决议召开的程序性规定，其违法性没有无效的决议那么严重，并且如果决议的程序仅有轻微瑕疵，甚至不可以被撤销。

最后，如果决议根本没召开，或者是决议召开了但没表决，或者是出席决议的人数不够，再或者决议未获得通过，以上几种情形都属于严重的决议程序瑕疵，在这种情况下，就构成了决议的不成立。这与决议的无效和可撤销存在本质区别，决议的无效和可撤销的前提均是已经作出决议，只不过因为决议内容或相关程序违反法律法规或存在瑕疵，但决议的不成立相当于认定公司股东会或董事会自始并未作出过决议，从而不能对任何人产生影响。

七、董监高维护资本充实的新义务

如果把公司比作一辆汽车，公司资本就是公司的“油箱”，而公司里面的董监高这些管理人员，就是公司的“驾驶员”。公司的良好运营既需要“油箱”的支持，又需要“驾驶员”的高超技艺。而他们二者“梦幻联动”的最集中体现，就是公司董监高的维护公司资本充实的义务。简单而言，就是保护“油箱”，让公司这辆汽车能够一直有着充足的动力向前飞驰。

董监高作为公司的治理核心，负有维护公司资本充实的义务。本轮《公司法》修改在全面强化董事会权力的同时，也同步强化了各类董事的信义义务和法律责任。只有董事责任匹配其权力，有多大的权力就承担多大的责任，这样才能让整个公司正常运营而不至于“翻车”。

简单来说，新《公司法》对董监高维护资本充实义务的规定具体包括五个方面:（1）股东出资金额显著不足时;（2）股东抽逃出资时;（3）公司违法分配利润时;（4）公司违法减资时;（5）公司违法财务资助时的董监高义务。这五个方面分别规定在新《公司法》第五十一条、第五十三条、

第二百一十一条、第二百二十六条和第一百六十三条。

具体而言，第一，在股东出资价额明显不够的时候，董事会应该向这个股东发出书面催缴通知，如果董事没有履行这个义务给公司造成了损失，就要承担相应的赔偿责任。第二，董监高也不能配合股东抽逃出资，这既是公司资本充实的要求，更是其自身信义义务的体现。第三，我国《公司法》一直坚持着“无盈不分”的原则，即公司当年无盈利时，原则上不得分配股利，而如果违法分配给公司造成损失，股东及负有责任的董事、监事、高级管理人员应当承担赔偿责任。第四，董监高也不能违法减资，违法减资好比“油箱”被戳破一个大洞，公司这辆汽车还怎么跑远呢？第五，在一般情况下公司也不能为他人提供财务上的资助，如果董监高违法资助，则应承担责任，这也是董监高维护资本充实义务的体现。

这是新《公司法》给董监高的新义务。在公司董事会中心主义强化的趋势下，经营权与所有权逐渐分离，董事高管地位在公司制度发展中得到强化。为规范董事高管行为，实现权与责相匹配，增加确立董监高的资本充实责任应该说是题中之义。

八、类别股的突破

一直以来，我国《公司法》坚持的都是“同股同权”原则，简单地说，公司发行的所有股份都是相同的，没有差别；每一股的权利也是相同的，也没有区别。股份越多，在股东会中的分量就越重，对公司的决定权就越大。

然而，“同股同权”并不能满足公司治理的需要。比如，公司创始人在一轮轮的融资过程中，其股份占比会不断被稀释，但公司的经营发展又极大依赖于创始人的个人及其团队的判断。从开放式人工智能（OpenAI）的CEO 奥尔特曼（Altman）被解雇事件中可以看出，CEO Altman 作为公司最具号召力的人物，如其无法控制公司，可能会造成公司的严重危机。

国外司法实践中常通过“类别股”来解决这一问题。“类别股”与普通股迥然有别，其可以让公司容纳对财产收益权或者是控制权有不同偏好的投资者，让各个股东在公司里获得差异化的表决权，从而能够自得其乐、各司其职。正如刘强东所说：“如果我丧失京东的实际控制权，我会毫不犹豫卖掉京东，没那工夫陪投资人玩游戏！”在京东的股权结构中，普通股东持有 A 类股票，每一股有 1 票投票权，刘强东持有 B 类股票，每一股拥有 20 票投票权，刘强东由此获得了对京东的绝对控制权。有类似设计的还包括小米、美团等企业。

本轮修改，新《公司法》终于新增了股份公司类别股的规定。新《公司法》第一百四十四条第一款规定：“公司可以按照公司章程的规定发行下列与普通股权利不同的类别股：（一）优先或者劣后分配利润或者剩余财产的股份；（二）每一股的表决权数多于或者少于普通股的股份；（三）转让须经公司同意等转让受限的股份；（四）国务院规定的其他类别股。”

总结来看，股份有限公司有权发行的类别股种类有且仅有优先股与劣后股、特别表决权股、转让受限股及国务院规定的其他类别股四种。除此之外，公司就无权再创设新的类别股了。并且，新《公司法》还规定，如果公司决定发行类别股，必须将类别股的相关事项记载于公司章程以达到对外公示的效果，告诉外界公司发行类别股的种类和权利分配模式，避免损害投资人或债权人利益。

九、董事会职权的强化

我国公司上有两个最重要的机构，一个是“股东会”，另一个是“董事会”。传统公司法认为，公司架构是以三权相互制约为基础的，股东会是公司的权力机关，董事会作为公司的执行机关，由股东会产生，受其监督并对其负责。然而在我国，这种分权制却有着一个相当大的困惑：股东会和董事会到底管什么？它们的职权范围究竟是什么？

比如，原《公司法》规定："股东会决定经营方针和投资计划，董事会决定公司的经营计划和投资方案。"但是，经营方针和经营计划如何区分？投资计划和投资方案又如何区分？再比如原《公司法》对股东会和董事会的职权都采取了列举式的方法，但是对于公司法没有规定的事项呢？究竟是由董事会负责还是股东会负责呢？这些都是原《公司法》以及现如今中国公司治理的难题。

本轮《公司法》的修订要点之一，就是董事会职权的强化，即向"董事会中心主义"的转变。简单而言，就是公司董事会地位的逐步提升，使董事会处于公司治理的核心地位，公司自治得到强化，使得公司的经营管理权回归董事会。

公司董事会一般都由职业经理人和专业人士构成，他们较股东会而言对公司的经营管理更为熟悉。由董事会掌握公司治理，使得现代企业制度中的"所有权和经营权分离"的原则得以落实。并且，现今的公司特别是公众公司股权高度分散，股东对公司经营事务消极冷漠，导致事实上的股东会其实处于一个非常尴尬的"甩手掌柜"的地步，公司权力自然就会向董事会逐渐转移和集中，最终使董事会在公司治理中处于核心和枢纽地位。

具体到新《公司法》条文，第五十九条股东会的职权中删除了原《公司法》中"决定公司的经营方针和投资计划"和"审议批准公司的年度财务预算、决算方案"两项职权，这意味着股东会在经营管理中的权力被减弱，与之相对，董事会在实际经营中的职权得到加强。而且，在董事会职权的表述上，新《公司法》删除了董事会对股东会负责的表述，从公司法文义上强化了董事会的独立地位。此外，新《公司法》第六十九条还规定，公司可以设置由董事组成的审计委员会，行使监事会职权，进一步加强了董事的监督职能，加强董事会地位。经过此轮修法，“董事会中心主义”会在我国公司实务中得到进一步的强化。

十、单层制与双层制的并立

在传统大陆法系的国家中，公司架构是以三权相互制约为基础的。即股东会是公司的权力机关，董事会作为公司的执行机关，而监事会就是公司的监督机关，董事会和监事会都是由股东会选任出来的。这也是原《公司法》规定的公司权力结构，无论是有限公司还是股份公司都统一实行。而此种制度在学理上就叫作“双层制公司治理架构”，简单而言，就是股东会下有董事会和监事会两层机构。

与之相对，英美法系国家中，主要采取的公司治理结构是单层制架构。在单层制下，股东会下只设董事会而不设监事会，监督的功能由董事会中的审计委员会来完成。可以说在单层之下，公司董事会拥有极大的权力。

比较而言，两种制度不能说谁更好，它们各有优劣之处，只能说谁更适合。比如双层制中的单设监事会，监事会和董事会相互分离，比较具有独立性，不容易受到公司其他机关的影响，可以更好地对公司经营作出客观的评价。而单层制中不设监事会，监督功能由参与公司治理的部分董事来承担，他们每天切实参与公司经营，对公司的状况更为熟悉，这在很大程度上也减少了监督者信息不对称的情况，可以说也有其独特优势。

我国目前的双层制架构中，监事会的作用并不能令人满意。不管是大股东对小股东的压迫，还是被新闻爆料的财务丑闻，都很难看到监事会发挥其作用。这是因为，我国公司无论何种类型，都存在股权集中的情况，很多时候的公司大股东“一权独揽”，监事会被控制，缺少了独立性。让他们又当球员又当裁判，想公平公正可谓是难上加难。监事会经常成为花瓶摆设。

有鉴于此，新《公司法》引入了单层制的公司治理结构。第六十九条规定："有限责任公司可以按照公司章程的规定在董事会中设置由董事组成的审计委员会，行使本法规定的监事会的职权，不设监事会或者监事。"股份公司也有类似的规定。需要注意的是，这里是"可以"，而不是"必须"或者"应当"，这就赋予了公司在单层制和双层制中的选择权，而不是一股脑地规定某一种类型制度，这大大拓展了公司经营者的选择空间，让他们去选择最适合自己的道路。

此外，单层制直接取消了监事会而让董事会自行监督，这一方面突出了"董事会中心主义"，另一方面也直接回避了监事会独立性的问题，将监督机制的选择权交给公司实践，让大家自己闯出一条路来。单层制与双层制的并立，实际上是提供了一种选择权。有选择就有各种可能性，就有希望。

十一、影子董事和影子高管的规制

有些公司的实际控制人因为各种各样的原因，很喜欢躲在暗处，通过遥控、指挥其他人来操控公司。在股权上表现为股权代持，也就是隐名股东和显名股东；而在公司治理中就表现为实质上的董事、高管和明面上的董事、高管。

我国目前的"躲在暗处"的"董事""高管"主要分为两类，需要注意的是，这边的"董事""高管"都是打了引号的，他们在明面上并不是公司的董事、高管，但却是切切实实地在公司运营中发挥了董事和高管的作用。

第一种是公司控股股东或者实际控制人，通过指示公司明面上的董事、高管来达到操控公司的目的，此种类型规定在新《公司法》第一百九十二条。这种股东或者实际控制人就像公司董高的"影子"一样，在他们的背后进行控制，学理上称作"影子董事""影子高管"。第二种是公司控股股东或者实际控制人，虽然不担任公司的董事，但他们却实际在执行公司的事务，此种类型规定在新《公司法》第一百八十条第三款。我们说他们虽然不是董事，却做着董事的事情，在学理上称作“事实董事”，就是在事实上作为董事。

而“影子董事”“影子高管”和“事实董事”“事实高管”，一同构建了我国的“实质董事”和“实质高管”制度。新《公司法》规定，“实质董事”和“实质高管”应与明面上的公司董事和高管有着相同的义务，如果违反自身应承担的义务从事了损害公司或者股东利益的行为，就要承担相应的责任。

《公司法》的此轮修订，用立法将董事高管背后的人揪了出来，不能让他们有了好处自己占，闯了祸就往明面上的董事高管身后一躲，让明面上的董事高管当替罪羊。这既是对我国公司治理权力集中问题的解决路径，又能维护公司和债权人的合法权益，可以说是本轮《公司法》修订的一大要点。

十二、公司利润分配制度的调整

对于投资人而言，投资一家公司的主要收益来源于两部分，一部分是转让股权获得的溢价款项，另一部分则来源于公司的利润分配。大部分公司都是封闭公司，公司股权的流动性比较差，不像上市公司的股权可以在证券市场上自由交易。所以，对于大部分投资人而言，长期持有公司股权并获得利润分配是他们投资收益的主要来源。新《公司法》对利润分配制度的调整，可以从对“小股东”“债权人”等利益保护的角度上去理解。

第一，从小股东的利益角度考虑，新《公司法》缩短了利润分配的期限。在实践中，有很多“铁公鸡”公司，不愿意分配公司利润，小股东长年看不到投资收益。近年来，监管部门就在大力推动上市公司进行现金分红，从而增加投资者的回报。新《公司法》的修订顺应了这一趋势。《公司法司法解释（五）》规定，公司最迟应在分配决议作出之日起的一年内完成利润分配。新《公司法》第二百一十二条规定："股东会作出分配利润的决议的，董事会应当在股东会决议作出之日起六个月内进行分配。"也就是说，利润分配完成的最长期限从一年缩短到了半年。尽管这一规定属于程序性的规定，但也体现了鼓励公司分配利润的立法思想。

第二，从债权人的利益角度考虑，新《公司法》增加了违法分配利润的责任主体。公司利润不能不分，但也不能乱分。例如，某公司上市以来累计分红 734 亿元，其中某高管夫妇就获得 503 亿元的分红，赚得盆满钵满，可谓是"老板吃肉、高管喝汤"，大量员工财务自由。但事实上，该公司负债规模 2.4 万亿元，大量上下游的供应商追债无门，随意分配利润严重损害了债权人的利益。按照原《公司法》的规定，股东违规分配利润的，需要承担返还义务。但是，新《公司法》更进一步：一方面，股东除了返还利润，还需要承担赔偿责任；另一方面，责任主体从股东扩展到了董监高。

第三，从公司自身的角度考虑，与原《公司法》禁止以资本公积金补亏相反，新《公司法》准许公司动用资本公积金弥补亏损。资本公积金来源于企业的日常经营之外，大部分属于股东的投资。原《公司法》的立法思想是，如果将资本公积金用来弥补亏损，会造成资本和收益的界限混淆，进而无法反映公司的真实经营情况。近年来，随着会计制度的发展，计入资本公积金的内容逐渐减少，对资本公积金进行限制的必要性也相应减少。因此，新《公司法》顺应世界各国的通行做法，允许使用资本公积金进行补亏。

十三、减资制度的革新

按照传统的公司法理念，公司成立后应当维持公司资本不变。但公司在实际经营的过程中，可能因公司经营情况变化，导致公司资产和资本差距过大，此时就可以采取减资措施，平衡各方的利益。除此之外，新《公司法》出台后，有限责任公司注册资本五年实缴制度便引发了一轮减资潮。如何正确减资也是实务界备受关注的话题。

新《公司法》对减资制度有以下两点修改：第一，对形式减资的程序进行了简化。新《公司法》将减资区分为实质减资和形式减资，区别点在于公司的净资产是否因为减资而发生变化。实质减资，是指公司有资产从公司实际流向股东；形式减资，是指形式上减少了注册资本，并不发生资产转移。根据新《公司法》第二百二十五条的规定，如果采取形式减资的，公司仅需在股东会作出减少注册资本决议之日起三十日内在报纸上或者国家企业信用信息公示系统公告，无须逐一通知债权人并按债权人要求清偿债务或提供担保。

第二，规定了非等比例减资的表决比例限制。以全体股东是否均按相同的比例减少出资额或股份数为标准，可将减资分为"等比例减资"与"非等比例减资"。前者是指全体股东按相同比例减少其出资额或股份数；后者则包括全体股东均减资，但不按照相同比例减资，以及仅有部分股东减资而其他股东不参与减资这两种情形。新《公司法》明确非等比例减资需由法律规定、股份有限公司章程约定或经有限责任公司全体股东一致同意。

十四、清算规则的改变

公司解散之后，需要进行清算。《公司法》上有清算人和清算义务人两组概念。其中，清算义务人是指在公司解散时，组织清算人启动清算程序的人；而清算人是指清算事务的具体执行人。在过往的规定中，谁是公司的清算义务人一直存在争议。

《公司法司法解释（二）》规定，有限责任公司的股东、股份有限公司的董事和控股股东属于清算义务人。但是《民法典》又规定，“法人的董事、理事等执行机构或者决策机构的成员为清算义务人”。这两处规定存在割裂之处，进而带来了一系列疑问。例如，有限责任公司和股份有限公司是否区分规定清算义务人？清算义务人的具体范围又有哪些？新《公司法》对前述问题进行了回应。

新《公司法》第二百三十二条规定，“董事为公司清算义务人，应当在解散事由出现之日起十五日内组成清算组进行清算”。也就是说，新《公司法》不再区分有限责任公司和股份有限公司，统一规定由董事担任清算义务人。同时，该条第三款规定，董事是清算组的默认成员，如果没有及时履行清算义务，给公司或者债权人造成损失的，需要承担赔偿责任。

此外，新《公司法》还规定了实质董事的规则，也就是实际执行公司事务的控股股东和实际控制人在履行忠实、勤勉义务时，适用《公司法》对董事的相关规定。这一规定对清算义务人的范围进行了拓展：实际执行公司事务的控股股东和公司实际控制人也应当是清算义务人。

在清算相关的规则中，新《公司法》还增设了“简易注销制度”，降低了公司退出的成本。简易注销的构成要件包括：第一，就公司的现状而言，公司在存续期间未产生债务，或者已清偿全部债务。第二，股东需对前述公司现状作出承诺。第三，就程序而言，公司应当通过国家企业信用信息公示系统予以公告，公告期限不少于二十日。此外，为保障债权人利益，如股东的承诺不实，股东应当对注销登记前的债务承担连带责任。

第三章

公司的一生：

公司的设立、登记、变更和终止规则

公司是拟制的“人”。人有生老病死，公司也有自己的生命周期。本章将为大家介绍公司的设立、登记、变更和终止规则。无论是初创企业，还是成熟运营中的公司，了解这些规则对于确保公司合规运营至关重要。

在前三节中，我们将聚焦于公司的“诞生”阶段。如果想要筹办一家公司，应该如何入手？第一节为大家介绍有限公司的设立和股东权利，包括公司可以有多少股东、有限公司章程所必须记载的条款、股东的出资制度等，其中最重要的是股东的出资制度。第二节将转向股份公司的设立和股东权利，涵盖股份公司的章程、注册资本及股东的出资义务等议题。作为“大”公司，股份公司在设立过程中遵循着特有的规则，我们将在这一节中为大家详细解读。第三节则关注公司的登记和信息公示制度，包括公司设立登记、变更登记以及企业信息公示等方面。

第四节和第五节将分别对有限公司的股权转让和股份公司的股份发行与转让进行探讨。虽然股权转让是股东的基本权利，但其可能受到一些限制，我们将在这两节中深入分析这些限制及其背后的法律逻辑。

第六节将讨论公司在运营过程中可能遇到的合并、分立、增资、减资等重大变革，这些变革是公司适应市场变化、优化资源配置的重要手段。

最后，第七节将带大家了解公司的解散和清算程序。解散和清算的到来，意味着公司的生命逐渐走向终点。在这一部分，我们将详细阐述法定解散和自愿解散的条件、程序以及清算的法律规则和操作流程。

通过本章的学习，相信大家能够全面掌握公司从设立到终止的各个阶段的法律规定和操作要点。让我们一起探索公司的一生，确保每一步都稳健合规。

第一节　有限公司的设立和股东的权利

设立一家有限公司，首先要回答的问题是：股东的人数上限是什么？同时，设立过程中需要准备哪些法律文件？前者涉及公司股东数量的问题，后者涉及有限公司的设立协议和章程。接下来，我们将探讨公司在设立阶段需要满足的条件，并明确在设立过程中可能产生的责任，以及这些法律后果的承担主体。

无论是设立还是经营公司，都需要资本作为基础。那么，公司资本是如何形成的？股东出资有哪些要求？新《公司法》对资本制度有哪些新规定？这些都是本节要讨论的问题。

此外，本节还将重点介绍对股东极为重要的股东身份认定和知情权。

一、公司股东的数量

在设立公司时，股东是否有人数上限呢？《公司法》第四十二条规定："有限责任公司由一个以上五十个以下股东出资设立。"实务中，对有限公司股东超过五十人的，公司登记机关将根据《市场主体登记管理条例》不予登记，出资人有无法获得股东身份的风险。但是，有限公司股东人数多于五十人的情况并不少见。如果想要使超过五十人的出资人都成为股东，还可以考虑以下方式：

第一，可以通过股权代持——也就是由实际出资人出资，但是股权登记在名义股东的名下，由名义股东行使股权，实际出资人享有股权收益。但代持股权存在较大的法律风险，比如隐名股东要想成为显名股东，须符合股权转让的条件，且隐名股东无法直接行使优先购买权、分红权、表决权等权利。因此，对于隐名出资的方式，应权衡利弊，谨慎选择。

第二，可以设立持股平台——也就是在公司外部建立一个有限合伙企业或关联公司作为持股平台，然后由持股平台持有公司股权，员工通过持有持股平台的股权进而间接成为公司的股东，此时股东人数就可以突破五十人的上限。

当然，也可以考虑设立股份公司。根据《公司法》规定，设立股份有限公司，应当有一人以上二百人以下为发起人。股份公司发起人既可以是自然人，也可以是法人。不过《公司法》还规定，股份公司须有过半数的发起人在中国境内有住所。对中国公民来说，是指其户籍或经常居住地在中国境内；对外国公民而言，是指其经常居住地在中国境内；对法人而言，是指其主要办事机构在中国境内。

同样要注意，《公司法》对股份公司明确规定的二百人的限制是针对设立时的股东或发起人，并非总的股东人数，上市公司拥有上百万股民是常态。之所以把股份公司发起人人数的上限设定二百人，是因为当发起人过多时，其设立已经具有了公众性，具有募集设立的特征，不应再适用发起设立的规定。《证券法》规定，向特定对象发行证券累计超过二百人的即为公开发行证券，公开发行需向证监会注册。如果发起人超过了二百人，那么很可能被认定为存在非法发行的情形。因此，如果出现发起人人数超二百人的情况，需根据《证券法》及相关规定尽快进行调整，避免影响公司治理和正常经营。

关联法条

第四十二条　有限责任公司由一个以上五十个以下股东出资设立。

第九十二条　设立股份有限公司，应当有一人以上二百人以下为发起人，其中应当有半数以上的发起人在中华人民共和国境内有住所。

二、有限公司的设立协议和章程

设立一家有限公司，有两份至关重要的文件需要准备——设立协议和公司章程。设立协议在公司设立阶段发挥作用，公司章程是公司成立后的重要文件。二者既存在紧密的联系，又在适用对象、时间效力等方面有着较大的区别。总的来说，二者相互衔接，在有限公司的设立和运行中发挥着不可或缺的作用。

（一）设立协议

公司在正式设立前的阶段称为公司筹备阶段，这一阶段公司还没有正式设立，自然也就没有股东、三会、董监高等名分，公司法上把有限公司这一阶段的股东称为“公司设立时的股东”，股份公司则称为“发起人”。公司的股东或发起人为筹办设立公司可以签署相关的协议，这一协议在有限公司叫设立协议，在股份公司则叫发起人协议。我们先说设立协议。

设立协议，顾名思义，是公司设立时的股东为设立公司而在公司设立阶段所签订的协议，目的是明确各自在公司设立过程中的权利和义务。可见，从立法者的本意来看，设立协议体现的是设立时股东内部的合同关系。设立中的公司的行为是设立时的股东意思的总和，设立时的股东之间的关系本质上是合伙关系，设立协议的性质也是合伙协议。

公司章程是与设立协议密切相关的另一概念。公司章程是公司自治的依据，被称作公司的“宪章”。二者的目标高度一致，均是为了设立公司而制定；二者的内容也存在某些重合之处，如公司名称、注册资本、出资方式等。

公司章程的制定意味着组织体的框架已经基本形成，是公司“组织性”的体现，与体现合同关系的设立协议在性质与功能等方面存在不同，进而产生诸多差异。从时间效力来看，设立协议的生效时间早于公司章程，设立协议生效期间公司尚未成立，而当公司经过登记成立之时，公司章程才会生效。从对人的效力来看，设立协议只约束作为合伙协议当事人的股东，而公司章程约束公司、股东和董监高。

设立协议如此重要，但法律并没有强制性要求有限公司设立时的股东必须签订设立协议。我国《公司法》第四十三条规定，有限责任公司设立时的股东可以签订设立协议。第九十三条规定，股份有限公司发起人应当签订发起人协议。“可以”与“应当”两词体现出立法者对于有限公司与股份公司的不同态度。有限公司多是小型公司，往往具有设立周期短、发起人人数少的特点，若法律对有限公司强加订立设立协议的要求，可能会变相提高公司设立的门槛。

（二）公司章程

公司章程是股东共同一致意思表示的体现，载明了公司组织和活动的基本准则，是公司的“宪法”。因此，公司章程对公司的成立及运营具有十分重要的作用，是确保公司正常运行、规范公司治理、防止公司僵局和保障股东权利的基础。根据《公司法》规定，有限责任公司章程由股东共同制定，股东在公司章程上签名、盖章；有限责任公司修改公司章程，必须经代表三分之二以上表决权的股东通过。

法律赋予股东通过公司章程自主决定公司诸多事项的权利。虽然实务中公司章程往往会使用制式版本，但这并不意味着股东可以忽视参与制定章程的机会。相反，股东应当充分利用这一机会，制定和审核章程内容。根据股东共同意见制定的公司章程将会更有助于准确反映公司治理的实际需求。

章程可以自由约定的事项包括但不限于公司名称、经营范围、注册资本、股权结构、治理结构、公司转让和解散等。在制定章程时，股东应当根据具体情况灵活调整公司章程。结合商事实务经验，制定章程可以考虑以下几个方面：一是考虑到对外投资或担保均可能对股东权益造成重大影响，因此交由股东会决定比较稳妥。二是应在章程中明确未履行当期出资义务的股东责任的计算和承担方式。三是股东可以约定红利分配和增资时认缴出资的规则。四是建议在章程中明确规定定期股东会会议的次数，确保公司正常运行。五是建议明确召开股东会会议通知的时间要求和通知方式。六是可以在章程中增加需经代表三分之二以上表决权的股东通过的事项；对某些特殊的投资者，可以规定按人数比例表决或对某些事项的一票否决权。七是明确董事会的任期，制定具体、明确的董事会议事方式和表决程序。

此外，一旦章程制定完成，所有股东都应当签名或盖章。这不仅是一种法定义务，更是对公司治理的信任和承诺。签字后，股东之间将形成一种共同遵循章程的约束关系，有助于减少潜在纠纷，维护公司内部秩序的稳定。

还需注意，公司章程与设立协议有一定的联系，但却是两个独立的法律文件。设立协议主要涉及公司成立初期的事务，例如认缴出资、公司经营范围、董事和监事的任职等。而章程更侧重于公司的整体治理架构和日常运作规则。尽管有些内容可能有交叉，但两者是不可混淆的。

关联法条

第四十三条　有限责任公司设立时的股东可以签订设立协议，明确各自在公司设立过程中的权利和义务。

第四十五条　设立有限责任公司，应当由股东共同制定公司章程。

第四十六条　有限责任公司章程应当载明下列事项：

（一）公司名称和住所；

（二）公司经营范围；

（三）公司注册资本；

（四）股东的姓名或者名称；
（五）股东的出资额、出资方式和出资日期；
（六）公司的机构及其产生办法、职权、议事规则；
（七）公司法定代表人的产生、变更办法；
（八）股东会认为需要规定的其他事项。
股东应当在公司章程上签名或者盖章。

三、有限公司的设立及责任承担

公司设立是个复杂的过程，通常包括订立设立协议、制定公司章程、确定股东、认缴出资、确定公司内部组织机构及登记。公司设立完成需要满足的条件包括主体条件、财产条件与组织条件。公司设立完成，公司才能成立。

主体条件方面，自然人作为发起人必须是完全民事行为能力人，法人作为发起人应当是法律上不受特别限制的法人。有限公司的股东人数通常不得超过五十人，股份公司的发起人数应为二百人以下。

财产条件方面，过去很长一段时间内，我国《公司法》都设置了公司最低注册资本。1993 年《公司法》对有限公司分类设置了十万元到五十万元不等的最低注册资本，并要求股份公司注册资本不得少于一千万元。2005 年《公司法》大幅度降低了对公司最低注册资本的要求。2013 年《公司法》进而废除了最低注册资本限额，并规定全体发起人认缴出资即可，不必实际缴纳，该项规定一直沿用至今。但新《公司法》新增关于有限公司股东认缴的出资额必须自公司成立之日起五年内缴足的规定，这在一定程度上是“完全认缴制”向“限期实缴制”转换的体现。此外，有限公司不必划分股份，也无法发行股票。而股份公司的资本应当划分为股份，且每股金额相同。通常情况下，我们会以“股权”反映有限公司的股东权利，以“股份”反映股份公司的股东权利。

组织条件方面，公司章程为公司设立的必备项，其中应当规定公司的名称、住所、经营范围、股东出资以及公司的组织机构等内容。

只要满足了这些设立条件，公司正式成立，公司就成为独立的责任主体。有限公司设立时的股东为设立公司从事的民事活动，原则上法律后果由公司承受。设立时的股东为设立公司以自己的名义从事民事活动产生的民事责任，第三人有权选择请求公司或者公司设立时的股东承担。设立时的股东因履行公司设立职责造成他人损害的，公司或者无过错的股东承担赔偿责任后，可以向有过错的股东追偿。

相反，如果不履行上述设立程序或者不满足上述设立条件，均会造成公司设立失败，即公司未成立。此时原则上需要由全体设立时的股东对发起公司过程中产生的费用和债务承担连带责任。

在公司设立成与败之外，还存在公司设立瑕疵的情况。这是指公司在设立过程中虚报注册资本或实施其他欺诈行为取得公司登记，根据《公司法》第二百五十条的规定，上述行为将被处以罚款，情节严重的，行政机关还会撤销公司登记或者吊销营业执照。

关联法条

第四十四条　有限责任公司设立时的股东为设立公司从事的民事活动，其法律后果由公司承受。

公司未成立的，其法律后果由公司设立时的股东承受；设立时的股东为二人以上的，享有连带债权，承担连带债务。

设立时的股东为设立公司以自己的名义从事民事活动产生的民事责任，第三人有权选择请求公司或者公司设立时的股东承担。

设立时的股东因履行公司设立职责造成他人损害的，公司或者无过错的股东承担赔偿责任后，可以向有过错的股东追偿。

第二百五十条　违反本法规定，虚报注册资本、提交虚假材料或者采取其他欺诈手段隐瞒重要事实取得公司登记的，由公司登记机关责令改正，对虚报注册资本的公司，处以虚报注册资本金额百分之五以上百分之十五以下的罚款；对提交虚假材料或者采取其他欺诈手段隐瞒重要事实的公司，处以五万元以上二百万元以下的罚款；情节严重的，吊销营业执照；对直接负责的主管人员和其他直接责任人员处以三万元以上三十万元以下的罚款。

四、有限公司的资本制度

资本是一个敏感话题，但如果抛开很多附加的意义，资本其实就是股东的出资。无论是在公司设立阶段还是公司成立后的运营过程中，公司资本都是公司的基础与前提。具体而言，根据原《公司法》，有限公司注册资本采认缴制，但新《公司法》对认缴制进行了一定的限制。在资本形成阶段，股东出资义务是股东最重要的义务之一,一旦违反即构成瑕疵出资，应承担相应责任。缴纳出资后，股东还可能抽逃出资，也需要承担对应的法律后果。此次《公司法》修订中，还增加规定了董事催缴义务、股东除名制度、股东出资加速到期制度。其中，董事催缴义务通过向董事施压的方式促进股东出资义务的履行；股东除名制度旨在剥夺未履行出资义务或者抽逃全部出资的股东的根本权利，是对司法解释规定的进一步细化与明确；股东出资加速到期制度是对认缴制的另一限制，兼顾了债权人利益保护的立法目的。总而言之，上述制度从不同的角度出发，均有助于公司资本制度的健全和完善。

（一）认缴制与最长认缴期限

有限公司的股东以认缴的出资额为限，对公司承担有限责任。根据原《公司法》第二十六条规定，有限责任公司的注册资本为在公司登记机关登记的全体股东认缴的出资额。所谓注册资本的认缴制，指的就是除特殊类型的公司外，公司在设立时，由股东自行决定公司注册资本的金额和出资期限。认缴制的好处是多方面的：对于股东而言，认缴制让股东对于出资额享有了期限利益。在注册资本认缴制下，如果股东的出资期限尚未届至，任何人都不得要求股东进行实缴出资。与此同时，认缴制也大力回应了“大众创业、万众创新”的经济政策。注册资本认缴制大大降低了投资者对公司进行投资的门槛，促进了投资的积极性，使公司融资变得更加便利。

新《公司法》对于认缴制度则有收紧的趋势。新《公司法》第四十七条增加了股东出资期限的限制，即“全体股东认缴的出资额由股东按照公司章程的规定自公司成立之日起五年内缴足”。自此，股东对有限公司出资不再是根据公司需要和股东自身情况任意约定出资期限，而是必须在公司成立之日起五年内实缴完毕。这样的修改实际上是考虑到实践中在认缴制度下产生的“注册资本注水”的现象。股东往往选择认缴公司巨额资本，但是约定较长的实缴期限，甚至有公司设立时对于注册资本随意填写一个天文数字。这样的做法不仅没能充分发挥资本认缴制的优势，反而不利于对公司债权人的保护。新《公司法》对有限公司设置的五年最长认缴期限规则，可以促使股东更加理性地评估公司未来的经营状况以及投资风险，从而确定其自身的出资义务，同时也能够更加合理地对债权人进行保护。

除了最长认缴期限的限制，新《公司法》还增加规定了出资加速到期制度，进一步强化了股东的出资缴纳义务。新《公司法》第五十四条规定："公司不能清偿到期债务的，公司或者已到期债权的债权人有权要求已认缴出资但未届出资期限的股东提前缴纳出资。"在公司中，股东认缴但未届期限的出资可以作为公司未到期债权。公司不能对外清偿到期债务意味着公司资产已经不能满足公司的正常经营需要，因此出于弥补公司经营资金缺口以及保护债权人的需要，要求股东提前缴纳出资是非常有必要的。

最长认缴期限的限制和出资加速到期制度都对原《公司法》确立的资本认缴制作出了限制，增加了公司设立时注册资本的规范性，公司不能再随意填写天价注册资本。今后设立公司时，股东在认缴出资时也必须量力而行，并及时履行资本实缴义务。

此外，如上文所述，2024 年 2 月 6 日，市场监管总局发布了《国务院关于实施〈中华人民共和国公司法〉注册资本登记管理制度的规定（征求意见稿）》，对存量公司的注册资本登记管理制度给出了三年过渡期的制度安排。根据该征求意见稿的规定："依照公司法第二百六十六条规定，设置三年过渡期，自 2024 年 7 月 1 日至 2027 年 6 月 30 日。公司法施行前设立的公司出资期限超过公司法规定期限的，应当在过渡期内进行调整……公司法施行前设立的股份有限公司应当在三年过渡期内，缴足认购股份的股款。"也就是说，新《公司法》施行前设立的有限责任公司可以在三年过渡期后，再设置五年的实缴期限。也即，对于股东认缴出资期限超过五年的存量有限责任公司，其出资期限最迟应调整至 2032 年 6 月 30 日之前，即过渡期满后五年。而对于存量股份公司，无论目前出资期限为多长，都应在过渡期满之前即 2027 年 6 月 30 日之前缴足出资。

关联法条

第四十七条　有限责任公司的注册资本为在公司登记机关登记的全体股东认缴的出资额。全体股东认缴的出资额由股东按照公司章程的规定自公司成立之日起五年内缴足。

法律、行政法规以及国务院决定对有限责任公司注册资本实缴、注册资本最低限额、股东出资期限另有规定的，从其规定。

（二）股东的出资义务及瑕疵出资的责任

公司具有独立的法人人格，以其全部财产对债务承担责任，而股东对公司承担有限责任，其仅以出资额为限对公司债务承担责任。出资就是股东为了获得股东资格，向公司认缴及交付用于出资的财产的行为。股东的出资额就是其对公司债务承担责任的基础。由于资本是公司资合性的基础，也是公司对外担保和信用的基础，因此股东一旦对公司出资，就不能随意撤资。只有出现法定或约定的事由，股东才能收回出资。

股东不得随意撤回出资的规定源自“资本三原则”。“资本三原则”包括资本确定原则、资本维持原则以及资本不变原则。资本确定原则，指的是公司成立时必须在章程中确定公司资本的总额，并由发起人认足或募足，否则公司不能成立。资本确定原则的目的在于确保公司股东出资的到位。资本维持原则，是指公司在成立后的存续过程中，应当维持与其资本额相当的财产，其目的是防止公司资本的实质性减少，保护债权人的利益，同时确保公司业务活动的正常进行。资本不变原则，是指公司资本额一经确定，非经法定程序不能随意变更。如果公司资本任意减少，将会造成公司清偿能力的降低，从而损害债权人的利益。相应地，如果公司任意增加资本，则会使股东承担过多的风险，以至于损害股东的利益。

关于出资形式的要求，原《公司法》第二十七条第一款采用了不完全列举的规定方式。该条规定，股东可以用货币出资，也可以用实物、知识产权、土地使用权等可以用货币估价并可以依法转让的非货币财产作价出资；但是，法律、行政法规规定不得作为出资的财产除外。新《公司法》则增加了股权和债权作为法定的出资形式。总的来说，新《公司法》对于非货币出资形式的要求还是维持了旧的标准。首先，出资必须能用货币估价，这是基于计算出资额以及公司注册资本的考虑。其次，出资还需要能够依法转让，这是法人独立人格的体现与要求。基于这一规定，劳务、信用、自然人姓名、商誉、特许经营权、设定担保的财产等都是法律所禁止的出资形式。

新《公司法》还规定了非货币出资的评估作价。非货币财产的评估作价由专业的资产评估机构完成。新《公司法》第四十八条第二款规定："对作为出资的非货币财产应当评估作价，核实财产，不得高估或者低估作价。法律、行政法规对评估作价有规定的，从其规定。"对于公司来说，非货币财产的评估作价并非强制性要求，但是如果公司、股东或债权人请求认定出资人未履行出资义务，可以由法院启动评估程序。评估确定的价额显著低于公司章程所定价额的，法院应当认定出资人未依法全面履行出资义务。

股东对公司不仅享有权利，还应承担许多义务。其中最基本，也是最重要的一项就是股东的出资义务。股东在认缴公司注册资本后，应当在约定的出资缴纳期限内，进行实缴出资。新《公司法》第四十九条第一款对股东的出资义务进行了概括性规定，股东应当按期足额缴纳公司章程规定的各自所认缴的出资额。该条第二款进一步细化了股东对于货币出资以及非货币出资的出资义务。股东以货币出资的，应当将货币出资足额存入有限责任公司在银行开设的账户；以非货币财产出资的，应当依法办理其财产权的转移手续。

如果股东未按照章程规定履行出资义务，就构成了瑕疵出资。新《公司法》采取资本认缴制，股东的出资额、出资方式和出资日期均属于公司章程应当载明的事项。在瑕疵出资的情况下，股东应当承担相应责任。瑕疵出资的表现方式有三种，包括出资不足、出资不实以及抽逃出资。抽逃出资后文专门来讲。出资不足，指的是股东未按期足额缴纳其在公司认缴的出资额。出资不实，则是指公司成立后，发现作为设立公司出资的非货币财产的实际价额显著低于公司章程所定的价额。出资不实仅限于股东已交付的非货币财产出资。新《公司法》第五十条规定，有限责任公司设立时，股东未按照公司章程规定实际缴纳出资，或者实际出资的非货币财产的实际价额显著低于所认缴的出资额的，设立时的其他股东与该股东在出资不足的范围内承担连带责任。这一条一改原《公司法》的规定，在同一条文中对出资不足和出资不实进行了规定。这里的连带责任指的是对公司的足额缴纳出资责任。承担责任的主体是设立时的股东，从字面上看并不包括后续加入的股东，这点十分值得关注。

新《公司法》第四十九条第三款还增加规定了股东未履行出资义务应对公司承担的赔偿责任。根据这一款的规定，股东未按期足额缴纳出资给公司造成损失的，应当承担赔偿责任。股东未按期足额缴纳出资意味着其行为侵害了公司独立的财产权。股东出资义务的履行是公司合法经营的重要保障，对公司的利益产生重大影响，因此《公司法》规定未履行出资义务的股东应对公司受到的损失承担相应的责任。

关联法条

第四十八条　股东可以用货币出资，也可以用实物、知识产权、土地使用权、股权、债权等可以用货币估价并可以依法转让的非货币财产作价出资；但是，法律、行政法规规定不得作为出资的财产除外。

对作为出资的非货币财产应当评估作价，核实财产，不得高估或者低估作价。法律、行政法规对评估作价有规定的，从其规定。

第四十九条　股东应当按期足额缴纳公司章程规定的各自所认缴的出资额。

股东以货币出资的，应当将货币出资足额存入有限责任公司在银行开设的账户；以非货币财产出资的，应当依法办理其财产权的转移手续。

股东未按期足额缴纳出资的，除应当向公司足额缴纳外，还应当对给公司造成的损失承担赔偿责任。

第五十条　有限责任公司设立时，股东未按照公司章程规定实际缴纳出资，或者实际出资的非货币财产的实际价额显著低于所认缴的出资额的，设立时的其他股东与该股东在出资不足的范围内承担连带责任。

（三）抽逃出资及法律后果

公司的注册资本是公司从事对外经营的物质基础，也是公司信誉的担保。如果抽逃出资，会损害债权人的信赖，并可能最终导致其经济利益受损。因此，《公司法》禁止抽逃出资。

原《公司法》对抽逃出资的规定是非常简单的，仅在第三十五条规定："公司成立后，股东不得抽逃出资。"当然，对该条的补充主要在《公司法司法解释（三）》中，该解释补充规定了抽逃出资的方式以及责任承担的方式。

《公司法司法解释（三）》对抽逃出资的方式作出了规定，其第十二条规定："公司成立后，公司、股东或者公司债权人以相关股东的行为符合下列情形之一且损害公司权益为由，请求认定该股东抽逃出资的，人民法院应予支持：（一）制作虚假财务会计报表虚增利润进行分配；（二）通过虚构债权债务关系将其出资转出；（三）利用关联交易将出资转出；（四）其他未经法定程序将出资抽回的行为。”

《公司法司法解释（三）》也对抽逃出资的责任承担方式作出了规定。其第十四条规定：“股东抽逃出资，公司或者其他股东请求其向公司返还出资本息、协助抽逃出资的其他股东、董事、高级管理人员或者实际控制人对此承担连带责任的，人民法院应予支持。公司债权人请求抽逃出资的股东在抽逃出资本息范围内对公司债务不能清偿的部分承担补充赔偿责任、协助抽逃出资的其他股东、董事、高级管理人员或者实际控制人对此承担连带责任的，人民法院应予支持；抽逃出资的股东已经承担上述责任，其他债权人提出相同请求的，人民法院不予支持。”由该条可知，可以主张权利的主体有三个，分别是公司自身、其他股东和公司的债权人。返还出资的第一责任主体是抽逃出资的股东，返还的金额为本金加利息。其他股东、董事、高级管理人员或者实际控制人如果存在协助抽逃出资行为的，则需要承担连带责任。

新《公司法》结合司法解释的内容，增加规定了抽逃出资的法律后果，让规则真正长出了“锋利的牙齿”。新《公司法》第五十三条第二款规定：“违反前款规定的，股东应当返还抽逃的出资；给公司造成损失的，负有责任的董事、监事、高级管理人员应当与该股东承担连带赔偿责任。”根据该条规定，责任主体应当返还抽逃的出资。关于责任主体的范围，除了股东，还有公司的董事、监事与高级管理人员。该条对抽逃出资之追缴主体的规定也更加明确，强调了对公司财产的保护。

关联法条

第五十三条　公司成立后，股东不得抽逃出资。

违反前款规定的，股东应当返还抽逃的出资；给公司造成损失的，负有责任的董事、监事、高级管理人员应当与该股东承担连带赔偿责任。

（四）董事会催缴义务

如上文所述，公司法上有“资本三原则”，即资本确定原则、资本维持原则和资本不变原则。这三项原则贯穿公司设立、运营及管理，是确保公司资本真实、安全的最重要的原则。其中，资本维持原则是为了防止资本的实质性减少，进而损害债权人的利益。股东是公司资本充实义务的承担者，当股东不履行该项义务，如股东未按时出资、出资不实、抽逃出资时，董事会具有催缴义务。董事会催缴出资义务来源于董事会对公司业务经营和事务管理的职能定位。这在表面上是对董事义务的加重，但实际上也赋予了董事制衡股东的权力，符合本次《公司法》修订加强董事会权能的构建思路。

其实早在2011年颁布的《公司法司法解释（三）》中就间接规定了董事在公司增资时的催缴义务。第十三条第四款明确了未尽信义义务的董事、高级管理人员应承担相应的责任，承担责任后，可以向相关股东追偿。但是该条款规定的董事的催缴义务仅存在于公司的增资阶段，且对未履行催缴义务的董事的责任承担方式规定不明确。本次新《公司法》首次在立法层面确定了董事的催缴义务，将该义务的履行阶段从《公司法司法解释（三）》规定的增资阶段扩展至股东出资、公司增资乃至授权资本的缴纳，覆盖了公司设立后的所有阶段。

新《公司法》增加的第五十一条明确董事会是公司的催缴机关并明确了董事会不履行催缴职责的法律后果。让作为公司内部机构的董事会承担催缴义务，有助于加强公司的资本话语权，弱化认缴制下资本维持完全依靠股东出资义务履行的现象。

新《公司法》增加的第五十二条详细规定了催缴义务的履行方式以及股东失权制度，较《公司法司法解释（三）》有了更加细致的规定。新《公司法》明确规定董事会催缴义务的履行分为以下三个部分：

一是在公司成立后，董事会应当对股东的出资情况进行核查。新《公司法》明确规定：股东未按期足额缴纳公司章程规定的出资的，董事会应当催缴出资。值得强调的是，此处的“按期”并非仅仅指股东的出资期限，《公司法》第五十四条规定公司有权为保护债权人利益，要求已认缴出资但未届出资期限的股东提前缴纳出资。根据体系解释原则，第五十一条规定的董事催缴出资的义务应当适用于第五十四条。也就是说，董事履行催缴义务并不必然以股东出资期限届满为前提。

二是董事会应当以书面方式履行催缴义务，可以载明缴纳出资的宽限期。宽限期自公司发出催缴书之日起，不得少于六十日。书面方式催缴有助于在责任追究阶段明确董事是否履行过催缴义务。至于六十日的最低宽限期的设置，可能是考虑到给股东合理的筹资时间，过于严苛的宽限期设置可能造成宽限期制度效益的降低。

三是责任追究。对于董事会未履行前述规定的义务，给公司造成损失的，负有责任的董事应当承担赔偿责任。立法在此处仍未明确董事承担的责任的性质，在既往的司法实践中，未履行催缴出资义务的董事多承担补充责任或不真正连带责任。

关联法条

第五十一条　有限责任公司成立后，董事会应当对股东的出资情况进行核查，发现股东未按期足额缴纳公司章程规定的出资的，应当由公司向该股东发出书面催缴书，催缴出资。

未及时履行前款规定的义务，给公司造成损失的，负有责任的董事应当承担赔偿责任。

第五十二条　股东未按照公司章程规定的出资日期缴纳出资，公司依照前条第一款规定发出书面催缴书催缴出资的，可以载明缴纳出资的宽限期；宽限期自公司发出催缴书之日起，不得少于六十日。宽限期届满，股东仍未履行出资义务的，公司经董事会决议可以向该股东发出失权通知，通知应当以书面形式发出。自通知发出之日起，该股东丧失其未缴纳出资的股权。

依照前款规定丧失的股权应当依法转让，或者相应减少注册资本并注销该股权；六个月内未转让或者注销的，由公司其他股东按照其出资比例足额缴纳相应出资。

股东对失权有异议的，应当自接到失权通知之日起三十日内，向人民法院提起诉讼。

（五）股东失权制度

作为股东最为重要的义务，《公司法》以及相关司法解释中运用大量篇幅对出资义务进行了规制。《公司法司法解释（三）》第十六条规定，股东未履行或未全面履行出资义务、抽逃出资，公司可以对其利润分配请求权、新股优先认购权、剩余财产分配请求权等股东权利作出相应的合理限制。在保留股东权利的基础上，该条仅仅对股东权利作出限制，并且强调限权程度要与股东义务的不履行程度相匹配。而紧接着的《公司法司法解释（三）》第十七条则是对股东权利的剥夺，该条规定的是股东的除名制度，即股东资格的剥夺。

新《公司法》新增的第五十二条就有限公司的股东失权规则进行了补充，第一百零七条规定股份有限公司同样适用股东失权规则。结合本次修订以及《公司法司法解释（三）》，股东失权规则的具体规定如下：

首先，股东失权程序有其独特的“前置程序”。股东与公司之间的法律关系可以界定为以出资为标的的合同关系，股东不履行缴纳出资的义务会危及公司的资本维持，因此公司可以与该股东解除合同关系，此时需要以合同解除的通知程序作为前置要件。落实到具体操作中，即股东经公司书面催告缴纳或者返还，在合理期间内仍未缴纳或者返还出资的，公司可以股东会决议解除该股东的股东资格。催缴书可以载明缴纳出资的宽限期，宽限期自公司发出催缴书之日起，不得少于六十日。

其次，作为一种极端的股东失权，股东除名制度仅适用于有限公司的股东未履行出资义务或者抽逃全部出资的情形。由于股东除名制度是对股东权利的根本性剥夺，因此适用条件比《公司法司法解释（三）》第十六条规定的限权措施更为严格。若股东仅为“未完全履行出资义务”，则不得适用股东除名制度。另外，由于股份公司以资合性为主要特点，股东流动性很强，因此股东除名制度在股份公司中并没有适用空间，而仅适用于有限公司。

最后，对公司而言，将未履行出资义务或抽逃全部出资的股东除名后并非就“万事大吉”了。根据资本不变原则，公司资本并非维持永恒不变，而是不得随意增资、减资，股东除名后相当于减少了该股东的出资，所以公司首先应当履行相应的减资程序。其次是公司减资可能会危及债权人利益，所以债权人保护也是股东除名后公司应当考虑的事项。具体而言，法院在判决解除股东资格时应当释明：公司应当及时办理法定减资程序或者由其他股东或第三人缴纳相应的出资，在办理法定减资程序或者其他股东或第三人缴纳相应的出资之前，相关当事人应当对公司债权人承担相应责任。

关联法条

第五十二条　股东未按照公司章程规定的出资日期缴纳出资，公司依照前条第一款规定发出书面催缴书催缴出资的，可以载明缴纳出资的宽限期；宽限期自公司发出催缴书之日起，不得少于六十日。宽限期届满，股东仍未履行出资义务的，公司经董事会决议可以向该股东发出失权通知，通知应当以书面形式发出。自通知发出之日起，该股东丧失其未缴纳出资的股权。

依照前款规定丧失的股权应当依法转让，或者相应减少注册资本并注销该股权；六个月内未转让或者注销的，由公司其他股东按照其出资比例足额缴纳相应出资。

股东对失权有异议的，应当自接到失权通知之日起三十日内，向人民法院提起诉讼。

（六）股东出资加速到期制度

自 2013 年我国实行全面认缴制以来，“长期认缴”“天价认缴”现象频生，引发了实际缴资难的问题。原因在于，在股东认缴出资的前提下，股东的出资义务原则上不能被加速到期。但公司对此并非束手无策，在兼顾股东出资的期限利益与公司正常经营的需要以及债权人利益保护的前提下，我国在实务中建立了较为完善的股东出资加速到期制度，并在本次《公司法》修订中回应现实需要，进一步加强了对债权人利益的保护。

需要明确的是，出资加速到期制度并非为了弥补认缴制的不足而量身定制的法律规则，2013 年认缴制改革前，加速到期制度就已经存在。在认缴制确立的初期，各学者就“认缴制背景下能否适用加速到期制度”的问题一直争议不断。虽然 2019 年出台的《九民纪要》从法律角度肯定了加速到期制度在认缴制中的有条件适用，但这并未止息学界的纷争，反而为辩论的展开提供了批驳的靶子。而关于股东出资加速到期的相关规则散见于各个文件中，且适用情形与具体规则各不相同，概括而言包括两种情况：

第一种为公司存续期间股东出资的加速到期。根据《九民纪要》第六条规定，公司作为被执行人的案件，人民法院穷尽执行措施无财产可供执行，已具备破产原因，但不申请破产的，或者在公司债务产生后，公司股东（大）会决议或以其他方式延长股东出资期限的，债权人可以请求未届出资期限的股东在未出资范围内对公司不能清偿的债务承担补充赔偿责任。《九民纪要》并非法律，效力位阶低，因此其虽为官方立场但并没有得到法律界的广泛认可。并且《九民纪要》的规定鲜明地体现了股东利益至上的价值取向，对债权人利益的保护力度不够。

在本次《公司法》修订中，《公司法》新增第五十四条规定：“公司不能清偿到期债务的，公司或者已到期债权的债权人有权要求已认缴出资但未届出资期限的股东提前缴纳出资。”此次修订首次从立法层面明确了认缴制下可以适用出资加速到期规则，并兼顾了债权人利益保护。实际上，公司不能清偿到期债务不仅会损害债权人利益，也会影响公司的正常经营活动。此时的出资加速到期能够扩大公司现有资产规模，使公司摆脱经营困境。允许债权人进行催缴也能够防止公司内部股东与董事的责任推诿，避免出资加速到期规则成为一纸空谈。

第二种为公司破产或解散情况下的股东出资加速到期。《破产法》第三十五条和《公司法司法解释（二）》第二十二条分别规定了公司破产情况下以及公司解散情况下的加速到期规则。根据《破产法》第三十五条的规定，在法院受理破产申请后，债务人的出资人尚未完全履行出资义务，管理人要求出资人缴纳所认缴的出资的，不受出资期限的限制。《公司法司法解释（二）》第二十二条规定，公司解散时，股东尚未缴纳的出资均应作为清算财产，包括到期应缴未缴的出资和认缴制下分期缴纳尚未届满缴纳期限的出资。

关联法条

第五十四条　公司不能清偿到期债务的，公司或者已到期债权的债权人有权要求已认缴出资但未届出资期限的股东提前缴纳出资。

五、有限公司股东的“身份证”

有限公司股东身份的认定，主要依赖两份法律文件：出资证明书与股东名册。二者从不同角度发挥着证明股东身份的作用。

（一）出资证明书

出资证明书是证明投资人已经依法履行缴付出资义务的法律文件。出资证明书应当记载股东认缴和实缴的出资额、出资方式和出资日期。股东如果分期缴纳出资，公司应当就其每一期出资向其出具出资证明书。出资证明书是与股份公司的股票相对应的一种概念，是有限公司股东对公司享有权利、承担责任的重要依据。有限公司股东所拥有的对公司的出资通常不称作股份，而称作“出资额”。因此，用于记载股东出资的法律文件也不称作股票，而是“出资证明书”。

可以说，出资证明书是证明股东资格的重要文件，但通常容易被公司和股东忽视，有些企业甚至从未向股东发放过出资证明书。公司及股东更关注市场主体登记及对外公示系统中的相关股东登记，并以此作为证明身份的重要依据，但事实上，出资证明书也有其自身存在的意义和价值。

《公司法》明确了出资证明书及股东名册的记载事项，规定有限公司成立后，应当向股东签发出资证明书，并在其中记载公司名称、成立日期、注册资本、股东的姓名或者名称、认缴和实缴的出资额、出资方式和出资日期，还有出资证明书的编号和核发日期。

与原《公司法》相比较，新《公司法》的规定有一些细节上的差异。例如，新《公司法》要求出资证明书由公司盖章，同时要求公司法定代表人签名，原《公司法》则仅要求公司加盖公章。因此，如果未来签发新的出资证明书，或更换出资证明书，应当关注这些细节变化，避免产生纠纷。

出资证明书的作用在于，股东可以自行持有并证明自己的股东身份。通常情况下，当公司成立时，所有股东都会经过市场主体登记，因此他们对自己的股东身份并不太关注。然而，随着公司业务的发展，股权转让和增资扩股等情况随时有可能发生。尤其是一些缺乏投资经验的小股东，在受让股权或通过增资成为公司股东后，并没有依法获得或要求公司出具相关的出资证明文件，直到公司经营出现问题，或者小股东想要转让股权时，才发现连自己是否真正拥有公司股东身份都不确定。

因此，在公司成立后，投资者通过受让股权或增资方式成为公司股东时，应在相关的转让或增资协议中明确规定公司应该签发合法的出资证明书，以确保股东身份的清晰可查。这样一来，股东就可以自行持有出资证明书并证明自己的股东身份，确保在需要时能够有效地处理股权。

根据《公司法司法解释（三）》第二十三条的规定，当事人依法履行出资义务或者依法继受取得股权后，公司未根据《公司法》的规定签发出资证明书、记载于股东名册并办理公司登记机关登记，当事人请求公司履行上述义务的，人民法院应予支持。因此，当公司怠于办理市场主体变更登记和出具出资证明书时，股东们也可以积极维护自身权益。

此外，在股东资格确认纠纷中，出资证明书也是确认股东资格的重要依据之一。实际出资人持有出资证明书，如果可以证明市场主体登记的股东名册存在错误是由于登记申请人的过错导致的，可以推翻市场主体登记，确认实际出资人的股东资格。

关联法条

第五十五条　有限责任公司成立后，应当向股东签发出资证明书，记载下列事项：

（一）公司名称；

（二）公司成立日期；

（三）公司注册资本；

（四）股东的姓名或者名称、认缴和实缴的出资额、出资方式和出资日期；

（五）出资证明书的编号和核发日期。

出资证明书由法定代表人签名，并由公司盖章。

（二）股东名册

股东名册是指公司依照法律要求记载股东及其所持股份等信息的一本簿册。《公司法》第五十六条第二款规定："记载于股东名册的股东，可以依股东名册主张行使股东权利。"也就是说，我们可以将在股东名册上记载的股东推定为股东。但是值得注意的是，股东之所以能成为股东，不是因为该股东被记载在股东名册上，而是因为该股东以某种方式取得了股权，比如认缴新增注册资本或者受让老股东的股权。

股东名册除了会记载股东的姓名或名称，还会记录出资额等信息，根据原《公司法》第三十二条第一款的规定，有限责任公司的股东名册需记载下列事项：（1）股东的姓名或者名称及住所；（2）股东的出资额；（3）出资证明书编号。新《公司法》第五十六条第一款新增了一些需在股东名册中记载的事项，分别是：（1）认缴和实缴的出资额、出资方式和出资日期；（2）取得和丧失股东资格的日期。之所以会增加上述事项，是因为这样更有利于公司的债权人和投资者了解公司资产的具体情况。新增这些事项之前，可能只能了解某个股东的出资额是多少，但是不知道具体实缴了多少，以什么方式出资，以及什么时候出资的。投资者在充分了解公司之后，才能更好地对公司进行投资、交易以及监督管理。

记载上述法定内容的股东名册主要具备两种效力，一种是对内的，叫作“推定效力”，一种是对外的，叫作“对抗效力”。对内的“推定效力”是什么意思呢？也就是我们上面提到过的，公司的某个股东如果想要证明自己是公司的股东，只要把记载有他姓名或名称的“股东名册”拿出来，那么我们就认为他是公司的股东，不需要他再额外证明些什么。当然，如果有人认为他不是股东，只要有实质性证据能够证明的，就能推翻他的股东身份，所以我们说这是一种基于形式依据推定出来的股东身份。对外的“对抗效力”则是指，如果某个第三人已经实质上受让取得了公司的股权，但是还没有进行登记的，如果该第三人向公司主张行使股东权利，比如要求公司分红的，公司可以股东名册对该主张进行对抗。

关联法条

第五十六条　有限责任公司应当置备股东名册，记载下列事项：

（一）股东的姓名或者名称及住所；

（二）股东认缴和实缴的出资额、出资方式和出资日期；

（三）出资证明书编号；

（四）取得和丧失股东资格的日期。

记载于股东名册的股东，可以依股东名册主张行使股东权利。

六、有限公司股东的知情权

股东权利是股东出资取得股东资格后，享有的在公司获取经济利益和参加公司管理的权利。股东的权利大致可以分为财产权利与公司经营管理权利。一般来说，对于财务投资者而言，其更关心股东的财产权利，如股权的价值、股权分红；对于大股东或创始人团队而言，公司的控制权更重要，其更关注表决权等参与公司决策的权利。但是无论是哪类股东，知情权都是其达成目标的必要手段之一。股东通过查阅会计账簿，知道公司的经济状况，才能够更好地促进分红权的实现；通过实时了解股东名册的变更，才能够更好地参与公司治理、行使控制权。

可见，知情权是股东的重要权利。股东知情权，又称股东的查阅权。学理上认为，股东知情权是一系列其他权利的行使基础，是唯一无争议的固有权。《公司法司法解释（四）》第九条规定，公司章程、股东之间的协议等不得实质性剥夺股东知情权。股东的知情权通常通过查阅公司相关的资料实现。

作为公司的股东，大家是不是天然觉得股东可以查阅公司的资料？其实，实践中，查阅公司资料并没有想象中容易。例如，甲、乙共同设立了一家A公司，甲作为大股东，掌握了A公司的相关资料，其中包含了A公司的核心商业机密。甲可能认为，任意让小股东乙翻阅资料可能存在泄密风险；但小股东乙觉得，公司有自己的一份，查阅公司资料是股东权利的一部分。如何平衡这两者的关系？让我们看看《公司法》是如何“端好这碗水”的。

股东作为公司的投资者，有权参与到公司的决策过程中。只有充分理解公司的情况，股东才能高效地作出投资决策，行使自己的股东权益。此外，股东的知情权可以确保公司管理层向股东传递准确信息，避免公司管理层隐瞒信息，加强股东对公司的监督，这是股东知情权的意义所在。

原《公司法》第三十三条第一款规定：“股东有权查阅、复制公司章程、股东会会议记录、董事会会议决议、监事会会议决议和财务会计报告。”从这一规定可以看出，有限公司的股东既可以查阅，也可以复制上述资料。其中，所谓的财务会计报告，是指公司的资产负债表、财务情况说明书等，这个报告是财务数据的总结，并不反映公司具体的经营情况。

区别于较为粗略的财务会计报告，公司还有一本会计账簿，账簿里面包含着公司的财务细账，可以直观地反映公司的经营情况。对于这本细账，股东也有查阅的权利，但是有些限制。原《公司法》第三十三条第二款规定：“股东可以要求查阅公司会计账簿。股东要求查阅公司会计账簿的，应当向公司提出书面请求，说明目的。公司有合理根据认为股东查阅会计账簿有不正当目的，可能损害公司合法利益的，可以拒绝提供查阅，并应当自股东提出书面请求之日起十五日内书面答复股东并说明理由。公司拒绝提供查阅的，股东可以请求人民法院要求公司提供查阅。”

那如何定义这个不正当目的呢？《公司法司法解释（四）》第八条规定：“有限责任公司有证据证明股东存在下列情形之一的，人民法院应当认定股东有公司法第三十三条第二款[①]规定的‘不正当目的’：（一）股东自营或者为他人经营与公司主营业务有实质性竞争关系业务的，但公司章程另有规定或者全体股东另有约定的除外；（二）股东为了向他人通报有关信息查阅公司会计账簿，可能损害公司合法利益的；（三）股东在向公司提出查阅请求

① 相关内容现规定于新《公司法》第五十七条。

之日前的三年内，曾通过查阅公司会计账簿，向他人通报有关信息损害公司合法利益的；（四）股东有不正当目的的其他情形。”

新《公司法》则对股东知情权的范围进行了扩大。新《公司法》第五十七条中，将有限公司股东可以查阅、复制的材料，在原来的基础上增加了“股东名册”。如上部分所言，所谓的股东名册，是指公司依法设置的记载股东及其所持股份的簿册，其属于“形式上资格的根据”。此外，将有限公司股东可以查阅的材料，在原来的基础上增加了“会计凭证”。所谓的会计凭证，是指登记会计账簿的依据，包括发票、收据等，这些材料可以更加直接地反映公司动态的经济业务情况。

需要注意的是，《公司法》第五十七条第一款规定的材料，是可以查阅并复制；但是第二款规定的材料，只能查阅，并不能复制。毕竟，会计账簿和会计凭证中，包含着更多的公司秘密。

新《公司法》第五十七条还在司法解释基础上增加了一个新制度，就是股东委托第三方中介机构的权利。第五十七条第三款、第四款规定：“股东查阅前款规定的材料，可以委托会计师事务所、律师事务所等中介机构进行。股东及其委托的会计师事务所、律师事务所等中介机构查阅、复制有关材料，应当遵守有关保护国家秘密、商业秘密、个人隐私、个人信息等法律、行政法规的规定。”另外，第五十七条第五款规定，股东还可以查阅、复制公司全资子公司的上述相关材料，属于本次《公司法》修订对股东知情权范围的扩张。

如果公司拒绝提供查阅的，股东可以请求法院要求公司提供查阅。需要注意的是，原告在起诉时，需要有股东资格。如果在起诉时没有股东资格，那原告需要有初步的证据证明，其在“持股期间”的合法权益受到损害。

关联法条

第五十六条　有限责任公司应当置备股东名册，记载下列事项：

（一）股东的姓名或者名称及住所；

（二）股东认缴和实缴的出资额、出资方式和出资日期；

（三）出资证明书编号；

（四）取得和丧失股东资格的日期。

记载于股东名册的股东，可以依股东名册主张行使股东权利。

第五十七条　股东有权查阅、复制公司章程、股东名册、股东会会议记录、董事会会议决议、监事会会议决议和财务会计报告。

股东可以要求查阅公司会计账簿、会计凭证。股东要求查阅公司会计账簿、会计凭证的，应当向公司提出书面请求，说明目的。公司有合理根据认为股东查阅会计账簿、会计凭证有不正当目的，可能损害公司合法利益的，可以拒绝提供查阅，并应当自股东提出书面请求之日起十五日内书面答复股东并说明理由。公司拒绝提供查阅的，股东可以向人民法院提起诉讼。

股东查阅前款规定的材料，可以委托会计师事务所、律师事务所等中介机构进行。

股东及其委托的会计师事务所、律师事务所等中介机构查阅、复制有关材料，应当遵守有关保护国家秘密、商业秘密、个人隐私、个人信息等法律、行政法规的规定。

股东要求查阅、复制公司全资子公司相关材料的，适用前四款的规定。

第二节　股份公司的设立和股东的权利

相较于有限公司，股份公司规模更大，设立和运营规则也更为特殊。

在本节的探讨中，我们将首先深入介绍股份有限公司的设立过程。这不仅包括对股份有限公司设立的总体概述，还将详细解读具体的设立步骤，如公司章程的制定、成立大会的召开以及股权改制等关键环节。

接着，我们将转向股份公司的资本制度，详细阐述注册资本的相关规定、发起人的出资义务等核心要素。

在本节最后部分，我们将聚焦于股东权利。与有限公司相同，该部分主要介绍股东身份的认定与股东的知情权两部分内容。

一、股份公司的设立过程

股份公司的设立和有限公司在章程、出资形式等许多方面存在相似之处，但也有差别。比如，股份公司的设立需要经过成立大会，还可以由有限公司改制为股份公司。了解这些不同的规则和背后的原理，有助于我们更好地理解股份公司和有限公司。

（一）股份公司设立概述

我们曾反复提到，有限公司具有很强的人合性，更重视股东之间的信任关系。这导致有限公司具有封闭性，它的股东有着最多为五十人的数量限制。与之相反，股份公司是资合性公司，不特别强调股东间的信任关系，而是更认可资本。股份公司规模大，具有开放性，由于股东人数众多，所以股东之间可以不认识，或者不需要认识。人合性与资合性的差异，造就了二者不同的规则设计及制度优势。比如，在股权转让方面，根据《公司法》第八十四条的规定，有限公司的股东向外部人员转让股权的，应当将股权转让的数量、价格、支付方式和期限等事项书面通知公司其他股东，其他股东在同等条件下有优先购买权；但股份公司则不存在此种规定，其股东对外可以任意转让其所持有的股份。在股份制度上，在有限公司中，股东按照认缴的出资比例持有股权。股份公司则将公司资本划分为等额股份，根据《公司法》第一百四十四条的规定，股份公司可以按照公司章程的规定发行普通股与类别股，类别股可以在利润分配、表决权、股权转让等方面作出特殊安排。这种自治性安排，有利于激励投资者的股权投资实践，便于公司开展股权融资，进而有助于激发我国公司及资本市场的活力。

有限公司 vs 股份公司

公司类型	设立方式	资本形式	主体条件	财产条件
有限公司	发起设立	资本不划分为股份	1 人以上 50 人以下的设立股东	认缴 + 五年最长认缴期限
股份公司	发起设立 / 募集设立	资本应划分为等额股份	1 人以上 200 人以下的发起人	实缴

既然股份公司具有这样的优势，那么我们应该怎么设立一家股份公司呢？

根据《公司法》第九十一条第一款的规定，“设立股份有限公司，可以采取发起设立或者募集设立的方式”。这其实是从资本来源角度所作的分类。从这一角度来看，股份公司在设立时筹集资金有两种途径：一是全部由发起人认购或缴纳，即发起设立；二是部分由发起人认购或缴纳，其余部分则面向特定对象或社会公众公开募集，即募集设立。与以募集方式设立公司相比，发起设立股份有限公司比较简便。而设立规模较大的股份有限公司，仅凭发起人的财力往往是很难实现的。以募集方式设立公司，能够从社会上聚集大量资金，也能够招徕机构投资者参与公司运营。这里需要注意的是，有限公司只能发起设立，不能募集设立。

尽管法律为股份公司的设立提供了发起设立和募集设立两种方式，但实践中，最常为投资者采用的是发起设立。尤其是在1998年以后，采取募集方式设立股份公司的路径基本被堵死，除非得到国务院批准。原因在于，1998年以来，按照中国证监会的要求，在股票发行工作中都实行“先改制运行，后发行上市”的做法。2006年5月，中国证监会发布了《首次公开发行股票并上市管理办法》(已失效)，第九条明确规定，“发行人自股份有限公司成立后，持续经营时间应当在3年以上，但经国务院批准的除外”。《首次公开发行股票并上市管理办法》虽然在后来几经修正，甚至在2023年2月施行注册制后，被《首次公开发行股票注册管理办法》所取代，但新规第十条依然要求，“发行人是依法设立且持续经营三年以上的股份有限公司”。这意味着，通过公开募集设立股份公司的路径在实务中已经被堵死。投资人若想向社会公众募集资本设立公司并上市，要么选择先采取发起设立方式，在公司经营满三年且符合证监会规定的条件后再向社会公众发行股票募集资金；要么则是对有限公司进行股份制改造，而后谋求上市。这种首次向社会公众公开募资，由封闭型公司走向开放型公司的过程，就是人们所熟知的首次公开幕股(IPO)。

既然募集设立在实践中几乎是绝路，其实早在2005年《公司法》的修订中，中国证监会就主张删去《公司法》中对公开募集设立方式的规定。但经反复讨论，全国人大法律委员会认为，允许股份公司采用公开募集和定向募集方式设立，有利于投资者选择不同方式进行投资，提高创业热情，所以继续保留。由此可见，以募集方式设立股份公司在《公司法》规定下是可行的。新《公司法》继续保留募集设立，可以说是作为一个历史的遗迹存在。

为了避免混淆，除非特殊说明，后续我们要说的，都是实务中真实存在的发起设立的股份公司。

新《公司法》第九十二条规定："设立股份有限公司，应当有一人以上二百人以下为发起人，其中应当有半数以上的发起人在中华人民共和国境内有住所。"1993 年《公司法》为股份公司的发起人设置了五人的人数下限，2018 年《公司法》保持了两人的人数下限，但考虑到商事法的自治法品格，最终新《公司法》对此作出修改，将最低人数下调为一人。此外，为了防止非法集资，同时保证发起人能够就公司设立事务及时达成一致意见并采取一致行动，新《公司法》将两百人设定为人数上限。对发起人住所的要求，一方面，是便于发起人具体办理设立股份有限公司的各种手续；另一方面，则是便于有关部门对发起人进行管理，防止发起人利用设立股份公司来损害社会公共利益。

根据新《公司法》第九十三条第一款的规定，发起人负责公司的筹办事务。所谓"筹办事务"，包括但不限于制定公司章程、召开创立大会、申请设立登记等。在此期间，发起人需要与市场监督管理部门打好交道。如果在设立期间对外发生债务，则应区分债务产生的名义、债务产生的目的、公司是否成功设立、发起人间是否有特殊约定等进行处理，有着复杂的规则。对于这一问题，我们在前面已有专门的讲解。

根据《公司法》第九十三条第二款，"发起人应当签订发起人协议，明确各自在公司设立过程中的权利和义务"。需要注意的是，不同于有限公司的"可以签订设立协议"，这里规定的是"应当"。也就是说，发起人之间必须形成书面的协议，不能有例外。签订协议的目的，主要是明确发起人各方在公司设立过程中的权利义务关系，以免日后产生纠纷。比如，发起人各自认购的股份数、发起人的出资方式、不按约定出资的违约责任、发起人在公司设立过程中的分工、公司设立失败时责任的分担等。发起人协议规定得越详细，纠纷产生后就越有清晰的解决方案。这里还需要注意的是，要确保发起人协议与公司章程不存在矛盾冲突。实践中存在着部分公司以发起人协议替代章程的现象，当发起人协议与公司章程发生冲突时，应该如何处理，这就是后话了。

关联法条

第九十一条　设立股份有限公司，可以采取发起设立或者募集设立的方式。

发起设立，是指由发起人认购设立公司时应发行的全部股份而设立公司。

募集设立，是指由发起人认购设立公司时应发行股份的一部分，其余股份向特定对象募集或者向社会公开募集而设立公司。

第九十二条　设立股份有限公司，应当有一人以上二百人以下为发起人，其中应当有半数以上的发起人在中华人民共和国境内有住所。

第九十三条　股份有限公司发起人承担公司筹办事务。

发起人应当签订发起人协议，明确各自在公司设立过程中的权利和义务。

（二）股份公司的章程

公司章程就是公司的“宪法”，是公司日常经营的基本纲领，公司章程中通常会对公司的基本信息、组织结构、权责关系、运营方式等进行明确规定，涉及公司股东、董事、债权人等方方面面的权利义务安排。于公司经营管理而言，公司章程起着举足轻重的作用。有鉴于此，股份公司的章程由发起人共同制定，以保证章程能够最大限度地体现发起人的共同意愿，维护公司和股东的利益。

《公司法》第九十五条对股份公司章程应当载明的事项进行了规定，共十三项，主要包括公司的名称与住所、公司的经营范围、公司的股份总数、类别股等公司核心事项。与有限责任公司相比，股份公司章程应记载的事项多了公司的股份总数，公司设立时发行的股份数，面额股的每股金额，类别股的股份数及其权利义务，董事会的组成、职权和议事规则，监事会的组成、职权和议事规则，公司利润分配方法，公司的解散事由与清算办法，公司的通知和公告办法。之所以对股份公司有了更多的规定，是因为与有限公司相比，股份公司的公开性更强，涉及的社会公共利益更多，并且有很多有限公司没有的独特制度。故对股份公司章程进行更加全面的约束与指引，有利于维护社会广大投资人的交易安全。

之前我们提到过，新《公司法》对股份公司制定了许多新规则，比如新增的授权资本制、类别股、无面额股等特色规则。这些特色规则必须要有落实的途径，否则就是空中楼阁，中看不中用。这些特色规则的落实，就要靠公司章程，在公司章程中进行规定，才能把这些制度运用到公司的实际经营之中。

《公司法》第九十五条对于股份公司章程记载事项的规定与股份公司的新制度相互衔接、交相呼应，比如该条第四项关于公司的股份总数、公司设立时发行的股份数与面额股每股金额的规定，就是对《公司法》第一百五十二条规定的授权资本制与第一百四十二条规定的无面额股制度的衔接适用；第五项对于类别股股份数和类别股权利义务的规定，也回应了《公司法》第一百四十四条新增的类别股制度；第八项还规定了公司法定代表人的产生、变更办法，使得股份公司法定代表人的规则更加完善。

关联法条

第九十四条　设立股份有限公司，应当由发起人共同制订公司章程。

第九十五条　股份有限公司章程应当载明下列事项：

（一）公司名称和住所；

（二）公司经营范围；

（三）公司设立方式；

（四）公司注册资本、已发行的股份数和设立时发行的股份数，面额股的每股金额；

（五）发行类别股的，每一类别股的股份数及其权利和义务；

（六）发起人的姓名或者名称、认购的股份数、出资方式；

（七）董事会的组成、职权和议事规则；

（八）公司法定代表人的产生、变更办法；

（九）监事会的组成、职权和议事规则；

（十）公司利润分配办法；

（十一）公司的解散事由与清算办法；

（十二）公司的通知和公告办法；

（十三）股东会认为需要规定的其他事项。

（三）成立大会

如果说国家是一个超大规模的公司，那么公司也可以被称为一个微型国家。一个国家要想正式建立，前期必然要在人、财、物等方面做好充分准备。同样地，对于股份公司来说，其诞生需要召开成立大会。成立大会是股份公司从无到有的转折点，意味着筹备阶段结束和对外宣布公司的正式成立。接下来我们将重点讨论发起设立的股份公司，剖析召开成立大会面临的各种问题。

首先，成立大会由谁来牵头召开？会议如何表决？《公司法》第一百零三条第二款将成立大会的召开和表决程序，交给了公司章程或者发起人协议自治。

其次，我们来看成立大会的具体职权。第一，在成立大会上，发起人应当提交关于公司筹办情况的报告，说明发起人筹办公司设立的各项事务是如何进行的。成立大会对发起人的报告进行审议，并依法作出决议。这项职权对于以募集方式设立的股份有限公司具有更为重要的意义，原因在于，其他认股人并未参与公司前期筹办活动。第二，成立大会负责通过公司章程。章程是公司的“宪法”，对董监高及公司自身发挥着制约作用。因此，制定好章程就显得尤为重要。《公司法》上经典的“宝万之争”案例中，正是由于万科公司章程在表决基数的规定上存在模糊，才导致了激烈纷争。[①] 第三，成立大会负责选举董事、监事。成立大会的本质就是“股东会”，因此有权选举产生董事和监事，进而组成公司的经营决策机构和监督机构。第四，成立大会负责对公司的设立费用进行审核，其目的是监督和制约发起人，防止发起人滥设债务、滥支费用。第五，对发起人用于抵作股款的非货币财产的作价进行审核。同样地，这一规定对于募集设立的股份有限公司具有重要意义。根据《公司法》第四十八条和第九十八条的规定，非货币财产在满足“可以用货币估价”和“可以依法转让”两个条件时，可以被用来出资。发起人自然能以其自有财产抵作股款。但在成立大会决议通过前，这只得到了发起人的认可，仍需在成立大会中接受其他认股人的监督。第六，当发生不可抗力或者经营条件发生重大变化直接影响公司设立时，成立大会可以作出不设立公司的决议。也就是说，行，就一起干；不行，就一拍两散。如拟设

① 参见华生：《万科模式：控制权之争与公司治理》，东方出版社 2017 年版。

立公司的经营范围被国家列入特许经营范畴，而发起人不能取得行政许可，那么成立大会就可以作出不设立公司的决议。

需要注意的是，对于前面我们说到的六项职能，需要在成立大会上，经出席会议的股东所持表决权过半数通过。

那么，如果公司不成立，发起人投进去的钱怎么办，难道就要打水漂吗？从《公司法》第一百零五条我们可以看出，如果发起人未按期召开成立大会或者成立大会决议不设立公司，发起人可以取回其出资款。换言之，除了公司没有成功设立，发起人都不能抽回股本。

如果已经“过五关，斩六将”，成功地召开了成立大会，那是不是意味着公司就设立了呢？当然不是。还需要最后的一步——设立登记。根据新《公司法》第一百零六条，董事会应当授权代表，在公司成立大会结束后三十日内向公司登记机关申请设立登记。需要注意的是，这里的规定与有限公司略有区别。后者并无召开成立大会的法定要求，一般由法定代表人携带公司登记申请书、公司章程、股东资格证件等资料，至公司登记机关办理设立登记即可。

关联法条

第一百零三条　募集设立股份有限公司的发起人应当自公司设立时应发行股份的股款缴足之日起三十日内召开公司成立大会。发起人应当在成立大会召开十五日前将会议日期通知各认股人或者予以公告。成立大会应当有持有表决权过半数的认股人出席，方可举行。

以发起设立方式设立股份有限公司成立大会的召开和表决程序由公司章程或者发起人协议规定。

第一百零四条　公司成立大会行使下列职权：

（一）审议发起人关于公司筹办情况的报告；

（二）通过公司章程；

（三）选举董事、监事；

（四）对公司的设立费用进行审核；

（五）对发起人非货币财产出资的作价进行审核；

（六）发生不可抗力或者经营条件发生重大变化直接影响公司设立的，可以作出不设立公司的决议。

成立大会对前款所列事项作出决议，应当经出席会议的认股人所持表决权过半数通过。

第一百零五条　公司设立时应发行的股份未募足，或者发行股份的股款缴足后，发起人在三十日内未召开成立大会的，认股人可以按照所缴股款并加算银行同期存款利息，要求发起人返还。

发起人、认股人缴纳股款或者交付非货币财产出资后，除未按期募足股份、发起人未按期召开成立大会或者成立大会决议不设立公司的情形外，不得抽回其股本。

第一百零六条　董事会应当授权代表，于公司成立大会结束后三十日内向公司登记机关申请设立登记。

（四）有限公司转为股份公司的股权改制

我国公司类型沿袭大陆法系传统，分为有限责任公司和股份有限公司，即“二分法”。将公司形式从“有限公司”变更为“股份公司”，并在公司登记机关完成变更登记的行为就是我们常说的公司改制。

公司改制是公司从“小”到“大”的转换过程，改变的仅仅是公司的组织形式，公司仍然是同一个持续经营的公司。在实务中，改制是一个复杂的过程，具体可以分为七步：

第一，董事会制定改制方案。根据《公司法》第六十七条的规定，董事会职权包括“变更公司形式的方案”。

第二，股东会对改制方案进行审议、作出决议。根据《公司法》第五十九条的规定，股东会职权包括对“变更公司形式”作出决议。

第三，进行资产盘点和产权评估界定，并对公司财务会计报告进行审计，以确定公司的净资产额。根据《公司法》第一百零八条的规定，有限责任公司变更为股份有限公司时，折合的实收股本总额不得高于公司净资产额。因此，应当由公司聘请资产评估机构对公司的财务会计报告进行审计，以确定公司的净资产额，并以之作为最终折合的实收股本总额的依据。然后根据经审计的公司净资产额确定各股东所占份额。

第四，股东认缴出资。企业改制后认缴的出资额是企业经评估确认后的净资产的价值。其既包括原企业的资产换算，也包括新认缴注入的资本。

第五，修改公司章程。公司组织形式属于公司章程应当记载的重要事项，在公司组织形式发生改变后，应当作出相应修改，并在变更登记时提交修改后的公司章程。

第六，召开成立大会。在成立大会上，应通过股份公司章程，选举公司董事会成员、监事会成员，对公司的设立费用进行审核，对发起人用于抵作股款的财产的作价进行审核等。

第七，完成变更登记，换发营业执照。此登记既可以是设立登记，也可以是变更登记。营业执照签发的日期为公司成立的日期。

至此，有限公司转为股份公司的股权改制即告完成。在这个过程中，资本维持是《公司法》特别关注的事项。我们可以看到，从股东认缴前的财务审计，到认缴后的验资，以及唯有净资产额才能折合为实收股本总额等规定，充分体现了立法者对于股权改制过程中可能出现的资本不实等问题的重视。

关联法条

第一百零八条　有限责任公司变更为股份有限公司时，折合的实收股本总额不得高于公司净资产额。有限责任公司变更为股份有限公司，为增加注册资本公开发行股份时，应当依法办理。

二、股份公司的资本制度

股份公司涉及的投资者更广泛，因此其资本制度有着更细致的规则，包括注册资本、股份公司发起人出资的义务和责任，以及股份公司股东的资本充实义务等。这些复杂的规则能够督促股东按期足额履行出资义务，保证股份公司的正常运转。

（一）股份公司的注册资本

在实践中，我们常常会听到某某股份公司的注册资本是多少亿。这一般是财力雄厚的上市公司。那么，“注册资本”究竟指的是什么呢？要搞清股份公司的“注册资本”，我们首先要分清三个概念：股份总数、已发行股份数和股本总额。

1. 股份总数。股份总数就是股份公司在设立的时候，发起人决定这个公司一共发行多少股的股份。例如，甲计划成立 A 股份公司，并决定公司将发行总计 1000 万份股份，那么这 1000 万就是公司的股份总数。

2. 已发行股份数。已发行的股份数与我们之前讨论的授权资本制相关。该制度允许公司分阶段发行股份，董事会有权在公司运营中决定发行部分股份。这就使得股份公司在设立初期可能并未发行全部股份，而只发行了部分股份。例如，A 股份公司决定先发行 900 万份股份，剩下的 100 万股留待将来发行，这个 900 万就是已发行的股份数。

3. 股本总额。股本总额是指股份公司发行在外的股票面值总和。例如，A 公司已经发行了 900 万份股份，且每股面值为 1 元，那么 A 股份公司的股本总额就是 900 万元。

搞懂了以上三个概念之后，根据《公司法》第九十六条规定，股份公司的注册资本为在公司登记机关登记的已发行股份的股本总额。以 A 股份公司为例，其注册资本即为已发行 900 万份股份的股本总额，也就是 900 万元。此项规定的原因在于，股份公司可能并未全额发行所有股份，而是部分发行。若将未发行股份对应的资金计入注册资本，将导致公司的名义资本与实际获取的资本不符，这会对公司的投资者和债权人造成不利。

此外，第九十六条还规定，在股份公司发起人认购的股份缴足前，公司不得向他人募集股份。这一规定旨在防范公司通过虚构等手段来吸引投资，避免让不明真相的社会投资者盲目地进行投资。

至于股份公司的最低注册资本限额，《公司法》并未设定具体数额，而是授权其他法律、行政法规或国务院的决定来规定。我国的法律体系可以根据行业需求，对特殊行业的股份公司设定注册资本的最低限额，尤其是银行、保险、信托、证券类金融公司，这样的例外规定是为了维护公共利益与市场秩序。

关联法条

第九十六条　股份有限公司的注册资本为在公司登记机关登记的已发行股份的股本总额。在发起人认购的股份缴足前，不得向他人募集股份。

法律、行政法规以及国务院决定对股份有限公司注册资本最低限额另有规定的，从其规定。

（二）股份公司发起人的出资与资本维持义务

之前我们提到过，公司设立时的股东或者发起人进行“圆满”的出资，是他们的基本义务，也是公司设立的基本要求。众所周知，公司资本是其偿债的基础和存续经营的重要保障，体现了股东承担责任的限度，对交易相对人判断风险具有重要作用。由于股东和公司均以资本为限，承担有限责任，那么他们有义务维持公司资本水准，保证资本充实。《公司法》第一百零七条以引致的立法技术，将有限公司中股东的资本充实义务，扩展到了股份公司。

股份公司的设立方式有两种：发起设立和募集设立。根据《公司法》第九十七条，以发起方式设立的股份公司，发起人应当对于公司章程规定的公司设立时应发行的股份进行全额认足，而不能仅认购其中一部分。这样的规定是为了保证公司设立时的资本充实。在授权资本制的背景下，设立时股份公司的资本维持、资本充实显得更为重要，可避免产生实际资本与记载资本不符的情况，以更好地保护债权人和投资者的利益。

《公司法》第九十八条则进一步规定了股份公司发起人在公司设立过程中的责任，即发起人应当在股份公司成立前按时、足额地缴纳相应的股款，这一规定也明确表明了股份公司资本制度采取实缴制，与有限公司的五年最长认缴期限不同，股份公司完全不存在认缴的问题，想设立股份公司，就得在设立前实际缴纳相应的股款。如果公司发起人没有足额缴纳股款，不仅可能会使得公司在后续经营中产生财务上的困境，还会影响公司债权人和社会投资者对公司的信任感，不利于公司的正常经营活动。

对于出资义务的违反，法律自然设置了相应的法律责任。在这一点上，股份公司与有限公司总体上是一致的。结合《公司法》第四十九条第三款、第五十条和第九十九条可知，股东未按期足额缴纳出资或出资不实的，有三项后果。其一，该股东应当及时向公司缴纳出资或补足差额，而设立时的其他股东在出资不足的范围内承担连带责任。其二，该股东应当按发起人协议的规定，对其他发起人承担违约责任。也即，如果某个发起人没有按照协议认真履行其股款缴纳义务，或者以非货币财产作为出资，但其实际价值明显低于认购的股份，将被视为违约行为，该发起人需要承担相应的法律责任。其三，如果该行为同时还给公司造成了损失，该股东应当对公司承担赔偿责任。

对于出资是否真实，外部第三人难以了解，也并无任何途径予以监督。所以，《公司法》将董事会定位为出资监督者和催缴义务人。根据《公司法》第五十一条的规定，在公司成立后，董事会应当对股东的出资情况进行核查。如果董事会发现股东未按期足额缴纳出资的，应当向该股东发出书面催缴书，催缴出资。同理，如果董事会违反催缴出资义务，给公司造成了损失，负有责任的董事也应当承担赔偿责任。

上述规则设计，可以有效地督促股东及时并且真实地履行出资义务。但问题在于，一些狡猾的股东常常会“先出资，再抽回”。实践中，一些股东会通过制作虚假财务会计报表虚增利润进行分配，通过虚构债权债务关系，或者利用关联交易等方式，将自己的出资转出。我们将这种行为统称为“抽逃出资”。《公司法》第五十三条第一款强调，“公司成立后，股东不得抽逃出资”。第二款则具体规定了抽逃出资的法律后果。抽逃出资的股东，应当返还；如果给公司造成损失，负有责任的董事、监事、高级管理人员应当与该股东承担连带赔偿责任。在上文有限公司的部分，已经对抽逃出资的法律后果进行了详细论述，此处不再赘述。

关联法条

第九十七条　以发起设立方式设立股份有限公司的，发起人应当认足公司章程规定的公司设立时应发行的股份。

以募集设立方式设立股份有限公司的，发起人认购的股份不得少于公司章程规定的公司设立时应发行股份总数的百分之三十五；但是，法律、行政法规另有规定的，从其规定。

第九十八条　发起人应当在公司成立前按照其认购的股份全额缴纳股款。

发起人的出资，适用本法第四十八条、第四十九条第二款关于有限责任公司股东出资的规定。

第九十九条　发起人不按照其认购的股份缴纳股款，或者作为出资的非货币财产的实际价额显著低于所认购的股份的，其他发起人与该发起人在出资不足的范围内承担连带责任。

第一百零七条　本法第四十四条、第四十九条第三款、第五十一条、第五十二条、第五十三条的规定，适用于股份有限公司。

三、股份公司股东的“身份证”

与有限公司的股东一样，股份公司的股东同样需要先依据相关文件认定股东身份，具体包括登记机关的登记内容和股东名册。

新《公司法》第三十二条是关于公司登记的基础性规定。第一款列举了具体的公司登记事项。有限公司和股份公司共通的内容包括：名称、住所、注册资本、经营范围和法定代表人的姓名。结合新《公司法》第三十三条第二款我们可以知道，这些事项也应当被同步记载在公司营业执照上。

除了前面提到的公司的共通登记事项外，在股东方面，有限公司和股份公司的登记存在差异。前者需要登记全部的公司股东，而后者仅需登记其发起人的姓名或者名称即可。为什么立法者要作出这种区别对待呢？原因在于，登记成本不同。根据《公司法》第四十二条的规定，有限公司的股东被限定在一定的规模内，即最少为 1 个，最多为 50 个。而股份公司是通过向社会公众发行股票的方式来筹集资本。尤其是对于上市公司来说，任何投资者只要认购其股票和支付股款，都可成为上市公司的股东。也就是说，只要我今天在股票交易市场上买上一手“京东”或“阿里巴巴”的股票，我就具有了股东身份。我明天又把手里的股票卖出去，随即就丧失了股东身份。从中我们可以看到，股份公司不仅股东众多，而且由于股份转让自由，这导致股东的流动性极强。所以，要想登记所有股东可真是个麻烦事儿！一旦登记以后，为了保证登记信息的真实性和时效性，公司需要马不停蹄地跟着股票交易情况来变更登记，何其麻烦！所以，立法“大手一挥”，规定只用登记发起人即可。

随之而来的问题是，如果公司真的想了解自己的股东情况怎么办？对于有限公司来说，非常简单。《公司法》第五十六条规定，“有限责任公司应当置备股东名册”，并且，“记载于股东名册的股东，可以依股东名册主张行使股东权利”。

对于股份公司来说，新《公司法》第一百零二条亦要求其“制作股东名册并置备于公司”。对比原《公司法》第一百三十条可知，股份公司股东名册应记载的具体事项有了较大的变化。原因在于，新《公司法》引入了类别股制度，取消了公司可以发行无记名股的规定。所以，新《公司法》要求，在股东名册中应登记清楚股东所认购的股份种类和股份数，以及如果发行纸面形式的股票，应当登记股票编号。但问题似乎并没有得到解决，在前面我们已经提到过，上市公司股东众多，不仅制备股东名册麻烦，而且在制作后也难以保证更新的及时性，所以需要另寻其他办法。而中国证券登记结算有限责任公司（以下简称为中证登）就是专门为证券交易提供集中的登记、托管与结算服务的法人组织，其信息的准确度更高。根据中证登发布的《证券持有人名册业务实施细则》的规定，它可以向上市公司提供前 100 名或 200 名持有人名册。

此外，一些大型的股份公司的股份被托管在地方的股权登记机构，即股权交易所，此时应当以股权交易所的登记为准。以上海为例，上海市法定的非上市股份公司的登记托管机构是上海股权托管登记中心。在登记中心官网及公众号上，股东均可以查询持股信息，实时掌握持股情况。如企业有股份变更、股东确权或股份质押等需求，上海股权托管登记中心可以为企业提供清晰、明确、具有公信力的股东名册。截至 2024 年 5 月 10 日，上海股权托管登记中心托管登记企业累计 457 家，托管股数超 1232 亿股，协助托管公司股东实现交易过户累计超 486 亿股，帮助托管公司实现股权融资超 458 亿元[①]。

其实，非上市公司的股东名册，本身就存在着欠缺公示、缺乏公信力的缺陷。从长远来看，为更好地保障交易安全，非上市公司的股东名册应当由权威的第三方，以登记托管的形式予以委托管理。股权登记托管也应当成为非上市股份公司股权规范管理的合理选择，从而规范非上市股份公司的股票交易，明确股权的权属和股东身份，以避免纠纷。这当然也有利于提高公司股份的流动性。未来，区域性股权市场必定会稳步发展，公司登记制度也将会不断完善。让我们拭目以待吧！

① 参见上海股权托管登记中心官网，https://www.sh-sed.com/#/Index，最后访问时间 2024 年 5 月 10 日。

关联法条

第三十二条　公司登记事项包括：

（一）名称；

（二）住所；

（三）注册资本；

（四）经营范围；

（五）法定代表人的姓名；

（六）有限责任公司股东、股份有限公司发起人的姓名或者名称。

公司登记机关应当将前款规定的公司登记事项通过国家企业信用信息公示系统向社会公示。

第三十三条　依法设立的公司，由公司登记机关发给公司营业执照。公司营业执照签发日期为公司成立日期。

公司营业执照应当载明公司的名称、住所、注册资本、经营范围、法定代表人姓名等事项。

公司登记机关可以发给电子营业执照。电子营业执照与纸质营业执照具有同等法律效力。

第一百零二条　股份有限公司应当制作股东名册并置备于公司。股东名册应当记载下列事项：

（一）股东的姓名或者名称及住所；

（二）各股东所认购的股份种类及股份数；

（三）发行纸面形式的股票的，股票的编号；

（四）各股东取得股份的日期。

四、股份公司股东的知情权

股份公司的股东跟有限公司的股东一样，都享有知情权。但股份公司与有限公司性质的差异决定了股东知情权也有所不同。第一，股份公司管理更加规范，股东知情权的基础资料也应该更加充分。因此，股份公司有义务将公司章程、股东名册、股东会会议记录、董事会会议记录、监事会会议记录、财务会计报告、债券持有人名册置备于本公司。第二，股份公司以资合性为显著特点，其股东要想查阅会计账簿、会计凭证需要满足特别条件，持股时间的长短和持股比例的大小都将影响股东知情权的范围。《公司法》第一百一十条新增规定，股份公司的股东连续一百八十日以上单独或者合计持有公司百分之三以上股份的股东可以查阅公司的会计账簿、会计凭证，但公司章程对持股比例可以有较低规定。第三，对于股份公司中的上市公司，由于《证券法》对其在信息披露上已经有非常严格的要求，最大限度地公开是上市公司的基本特征，股东知情权有充分的保障。因此，对于上市公司的股东，其行使知情权主要是通过上市公司的信息披露来实现。

关联法条

第一百零九条　股份有限公司应当将公司章程、股东名册、股东会会议记录、董事会会议记录、监事会会议记录、财务会计报告、债券持有人名册置备于本公司。

第一百一十条　股东有权查阅、复制公司章程、股东名册、股东会会议记录、董事会会议决议、监事会会议决议、财务会计报告，对公司的经营提出建议或者质询。

连续一百八十日以上单独或者合计持有公司百分之三以上股份的股东要求查阅公司的会计账簿、会计凭证的，适用本法第五十七条第二款、第三款、第四款的规定。公司章程对持股比例有较低规定的，从其规定。

股东要求查阅、复制公司全资子公司相关材料的，适用前两款的规定。

上市公司股东查阅、复制相关材料的，应当遵守《中华人民共和国证券法》等法律、行政法规的规定。

第三节　公司的登记与信息公示

公司登记是国家为保障交易安全，对公司这一法律拟制主体进行的必要监管。该制度贯穿于公司的全生命周期，是《公司法》不可或缺的一部分，且衍生出众多相关规则。新《公司法》增设“公司登记”专章，以体现对公司信用信息公示的重视。

一、公司的设立与登记

设立公司要经过一系列的程序，其中公司设立登记是取得公司主体资格的必经程序。然而，公司登记并不仅限于设立登记，而是贯穿于公司“生老病死”的全过程。

（一）公司的设立

开公司，当老板，是很多人的梦想。其实开公司并不难。《公司法》规定的公司设立的方式有准则主义与核准主义两种。这两个主义听起来有点难懂，其实很简单。普通公司的设立适用准则主义，只要符合法定条件和程序，就可以直接向登记机关申请设立登记。而对于一些特殊行业的公司则适用核准主义，包括法律法规规定的商业银行、信托、保险与证券等金融行业，还有公司营业项目中有必须报经审批的项目的公司。这些公司申请设立登记之前需要取得主管机关的行政审批手续。

想要设立一家公司，要先后经历下面这些步骤。

第一步，如本章第一节、第二节所述，公司设立时的股东或发起人应当签订设立协议或发起人协议，就公司设立中发起人之间的权利义务达成合意。发起人协议在法律性质上被视为合伙协议。同时，公司设立主体应制定并签署公司章程，《公司法》规定公司章程应当载明公司名称和住所、经营范围、注册资本等一系列必要记载事项。公司章程对公司以及股东、经营管理人员等公司内部人员都具有约束力，是公司中非常重要、不可或缺的文件。

第二步，在设立有限公司时，公司还需要向公司登记机关申请核准拟设立公司的名称。只有名称核准通过后，才可以进入下一步。关于公司名称的问题，会在本书其他部分另外介绍。

第三步，名称核准通过后，对于那些采取核准主义设立的特殊公司，需要先办理行政审批手续；对于一般公司而言，在认缴出资后，就可以由全体发起人指定的代表或者共同委托的代理人向公司登记机关申请设立登记。

公司设立登记所需要的文件包括公司法定代表人签署的设立登记申请书、公司章程、载明公司董监高姓名及住所的文件、公司法定代表人任职文件等。市场主体登记机关在进行登记后，就会出具《准予设立登记通知书》，并发布公司登记公告。申请人在获准登记并在一定期限后即可以领取营业执照。至此，公司就成立了。

其实，开公司并不难，但具体操作起来可能也还是要费一番心思。如果你不打算费这番心思，也可以找个代办公司来帮你做，只要付一定的费用就可以。

关联法条

第二十九条　设立公司，应当依法向公司登记机关申请设立登记。

法律、行政法规规定设立公司必须报经批准的，应当在公司登记前依法办理批准手续。

第三十条第一款　申请设立公司，应当提交设立登记申请书、公司章程等文件，提交的相关材料应当真实、合法和有效。

第三十一条　申请设立公司，符合本法规定的设立条件的，由公司登记机关分别登记为有限责任公司或者股份有限公司；不符合本法规定的设立条件的，不得登记为有限责任公司或者股份有限公司。

第三十八条　公司设立分公司，应当向公司登记机关申请登记，领取营业执照。

（二）公司登记

为什么公司需要登记呢？事实上，公司登记制度对于维护营商环境发挥着极为关键的作用。公司登记能够确保公司具备市场经济活动的基本能力，与此同时，市场主体登记机关也能够通过公司登记来对它们进行最基本的监督和管理。总而言之，在公司仅承担有限责任的情况下，公司信息的公示可以降低公司的经营风险、保障交易安全。

公司登记贯穿了公司整个出生、存续和消亡的过程。首先是设立登记。当符合《公司法》规定的公司设立条件时，当事人就可以向公司登记机关申请登记为有限公司或股份公司。公司需要设立分公司，也应当向公司登记机关申请登记。

公司登记些什么呢？原《公司法》未规定公司登记事项，新《公司法》将“公司登记”单独设为第二章，增加了对于公司登记事项的规定。根据新《公司法》第三十二条的规定，公司登记事项包括公司的名称、住所、注册资本、经营范围、法定代表人的姓名以及有限责任公司股东、股份有限公司发起人的姓名或者名称。同时，这些登记事项将由公司登记机关在企业信用信息公示系统中进行公示，以便公众查询。从《公司法》（修订草案二次审议稿）（以下简称二审稿）》开始，《公司法》修订草案删除了关于公司章程的公示要求。删除公司章程公示规定的原因主要有两点。首先，公司章程只具有对内效力，对于外部人不发生约束力，因此向外部公示并没有实际意义。其次，公司章程中可能含有公司的商业秘密，法律强制公司公开章程不利于保护公司的商业秘密。

根据原《公司法》第六条第三款，公众向公司登记机关申请查询公司登记事项的，公司登记机关应当提供查询服务。而新《公司法》第四十一条第一款规定：“公司登记机关应当优化公司登记办理流程，提高公司登记效率，加强信息化建设，推行网上办理等便捷方式，提升公司登记便利化水平。”公司登记机关应当主动将公司登记事项通过企业信用信息公示系统向社会公示，登记信息从被动的申请查询转向主动公示，目的在于提高登记信息的透明度，同时也让公司信息的获取更加方便。需要强调的是，新《公司法》从法律层面贯彻了便民原则与效率原则，从《公司法》（修订草案一次审议稿）（以下简称一审稿）开始，即提出了提升公司登记便利化水平的要求。公司登记服务的优化淡化了公司登记中的行政管制色彩，以效率优先为导向，强调公司登记的服务属性，创立公司的便利程度也在逐渐提升，开公司将会更加容易。

关联法条

第三十二条　公司登记事项包括：

（一）名称；

（二）住所；

（三）注册资本；

（四）经营范围；

（五）法定代表人的姓名；

（六）有限责任公司股东、股份有限公司发起人的姓名或者名称。

公司登记机关应当将前款规定的公司登记事项通过国家企业信用信息公示系统向社会公示。

第四十一条　公司登记机关应当优化公司登记办理流程，提高公司登记效率，加强信息化建设，推行网上办理等便捷方式，提升公司登记便利化水平。

国务院市场监督管理部门根据本法和有关法律、行政法规的规定，制定公司登记注册的具体办法。

二、公司的变更登记、终止登记

在公司的"一生"中，除设立登记之外，登记类型还主要包括变更登记与终止登记。对于变更登记，根据《公司法》的规定，公司登记事项包含名称、住所、注册资本、经营范围、法定代表人姓名、有限责任公司股东或股份有限公司发起人姓名或名称。同时，《公司法》第三十四条还规定，只要登记事项发生变更的，就应向登记机关申请变更登记，这是普遍法则，也是一般规定，必须遵循，于是就有了公司的变更登记。

本次《公司法》修订的一大亮点即第三十五条第三款："公司变更法定代表人的，变更登记申请书由变更后的法定代表人签署。"这也就意味着，如果变更法定代表人，应当由变更后的新法定代表人签署申请书，而不是原法定代表人。这样的规定有利于督促各方尽快决断，避免一方有意拖延而导致法定代表人退出陷入僵局。法定代表人是公司对外进行意思表示的机关，其变更会直接影响公司的对外活动。基于此，设置此条规定，也是对公司和相对人利益的保护，具有维护交易安全和稳定的重要意义。

同时，《公司法》规定，公司变更登记事项涉及修改公司章程的，应当提交修改后的公司章程；需要对修改章程作出决议的，还应当提交相关决议；法定代表人还需要在公司章程或章程修正案上签字确认。需要注意的是，现行公司登记制度区分"登记事项"与"备案事项"，章程文本仅属于"备案事项"，而非"登记事项"。此外，公司章程是否需要公示，也是颇具争议的一点。原《公司法》规定，公众可以向公司登记机关申请查询公司登记事项，公司登记机关应当提供查询服务。本次修订，一审稿首次将公司章程纳入强制公示的范围，规定公司登记机关应当将公司章程通过企业信用信息公示系统向社会公示。二审稿与三审稿又删除了此规定，将公司章程从需要公示的事项中删除。关于公司章程是否应当公示，理论与实务中都有多种考虑，我们也期待未来出台进一步的规定加以明确。

《公司法》还规定，公司营业执照记载的事项发生变更的，公司办理变更登记后，由公司登记机关换发营业执照。具体而言，前述变更的情况包括名称、住所、注册资本、经营范围、法定代表人姓名等事项的变更。而股东变更不涉及前述事项变更，所以无需换发营业执照。同时，在实践中，市场监督管理局颁发的营业执照上往往还有一项"公司类型"事项。所以，如果股东性质或数量发生变化导致公司性质发生变化的，也需要换发营业执照。

另外，除变更登记之外，当公司终止时，应当依法向公司登记机关申请注销登记，由公司登记机关公告公司终止。公司终止的情形主要包括解散、被宣告破产或者其他法定事由。从终止登记，或称注销登记之日起，公司即走向消亡。

关联法条

第三十四条　公司登记事项发生变更的，应当依法办理变更登记。

公司登记事项未经登记或者未经变更登记，不得对抗善意相对人。

第三十五条　公司申请变更登记，应当向公司登记机关提交公司法定代表人签署的变更登记申请书、依法作出的变更决议或者决定等文件。

公司变更登记事项涉及修改公司章程的，应当提交修改后的公司章程。

公司变更法定代表人的，变更登记申请书由变更后的法定代表人签署。

第三十六条　公司营业执照记载的事项发生变更的，公司办理变更登记后，由公司登记机关换发营业执照。

第三十七条　公司因解散、被宣告破产或者其他法定事由需要终止的，应当依法向公司登记机关申请注销登记，由公司登记机关公告公司终止。

三、公司的营业执照

营业执照是我国公司从事经营活动的合法凭证，也是我国商事登记制度中特有的现象，并非其他国家和地区法律的通用规定。我国的营业执照制度最初规定于 1987 年颁布的《广告管理条例》，当时我国市场经济体制尚未确立，营业执照是政府管理经济的重要行政手段。此外，营业执照的设置体现了“经营资格”与“主体资格”相分离的理论，是为满足早期被吊销营业执照后的公司仍能够成为诉讼主体的需要。但是后来随着理论研究的不断深入，营业执照的性质逐渐明晰，目前，资格二分的理论已经失去现实意义。随着市场主体登记制度改革的不断推进，越来越多的专家学者质疑营业执照存在的必要性与合理性，但是长久以来的实践使得营业执照对于公司而言具有无法替代的现实意义。这是营业执照的样子：

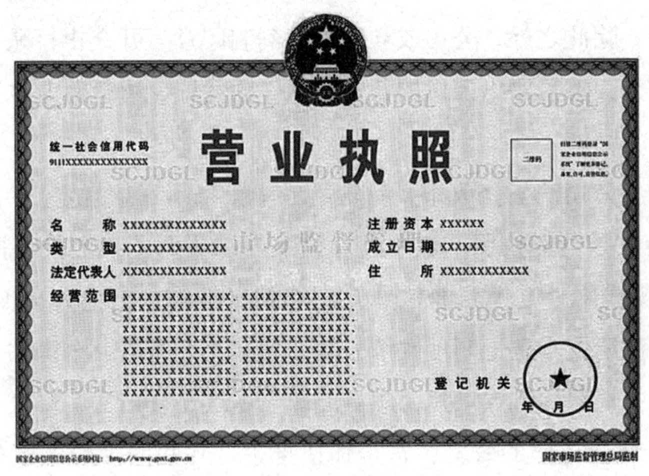

营业执照样图[①]

我们可以发现，营业执照记载了公司的名称、住所、注册资本、经营范围、法定代表人姓名等事项。公司唯有满足设立条件，经公司登记机关核准登记后，才能够领取营业执照。营业执照上记录的日期为公司的成立日期，也是公司取得法人资格的日期，标志着公司的成立。

---

① 图片来源于《市场监管总局办公厅关于调整营业执照照面事项的通知》，国家市场监督管理总局，https://www.samr.gov.cn/zw/zfxxgk/fdzdgknr/djzcj/art/2023/art_9c67139da37a46fc8955d42d130947b2.html，最后访问时间 2024 年 5 月 10 日。

值得一提的是，并非所有领取了营业执照的公司，都具有法人资格。根据《公司法》第十三条以及《市场主体登记管理条例》第二十三条的规定，分公司不具有法人资格，仅仅是本公司的分支机构，其民事责任由本公司承担。但设立分公司，应当向公司登记机关申请登记，领取营业执照，参考已废止的《公司登记管理条例》第四十六条分公司营业执照中记录的登记事项与本公司营业执照内容大致相同，需特别强调，分公司营业执照记载的经营范围不得超出本公司的经营范围。

公司一经取得营业执照，便获得了公司名称的专有权并受法律保护，因此，取得营业执照不仅是公司成立并正常经营的必要条件，也是对公司合法权利的保护。除此之外，公司成立初期的刻制印章、开立银行账户、申请纳税登记等行为，都需要以公司的营业执照作为凭证，可见营业执照对于公司的重要意义。

在本次《公司法》修改中，新增第三十三条第三款规定："公司登记机关可以发给电子营业执照。电子营业执照与纸质营业执照具有同等法律效力。"但在实践中，电子营业执照并不算新兴事物，因为自 2014 年《国务院关于印发注册资本登记制度改革方案的通知》发布后，全国共 9 个省市开展了电子营业执照的试点工作，颇有成效。本次《公司法》修改是在法律层面确认电子营业执照的效力，符合加快推进"互联网 + 政务服务"的工作需要，以及电子营业执照广泛使用的现实状况。

关联法条

第三十三条　依法设立的公司，由公司登记机关发给公司营业执照。公司营业执照签发日期为公司成立日期。

公司营业执照应当载明公司的名称、住所、注册资本、经营范围、法定代表人姓名等事项。

公司登记机关可以发给电子营业执照。电子营业执照与纸质营业执照具有同等法律效力。

四、公司登记的效力

关于公司登记的效力，《公司法》第三十四条第二款有明确的规定：“公司登记事项未经登记或者未经变更登记，不得对抗善意相对人。”这意味着什么呢？

首先，公司登记的核心在于通过公开且法定的程序，使普通民事主体转型并确认为商事主体，公示其各种营业信息。结合公司登记机构和信息公示平台的权威性与公开性的特质，公司登记也应当具有公信效力。

其次，第三十四条第二款中提及“不得对抗善意相对人”，这就又明确了公司登记的另一效力——对抗效力。因为公司的登记对社会具有公信效力，国家公权力机关为其背书或担保，善意第三人有理由信赖公司登记机关的登记文件。因此，公司登记表现的权利外观应当是确认各项权利归属的依据。

但是，需要进一步追问的是：例如在转让股权的情况下，如果已经签好合同并支付了价款，但没有登记，按照前述逻辑，确实没有对抗善意相对人的效力，但股权本身到底有没有转让呢？

这个时候就引发了生效主义和对抗主义的观念对立。生效主义把公司登记作为公司设立、变更、终止的生效要件。而对抗主义认为，不进行公司登记，并不影响公司设立、变更、终止在当事人之间发生效力，只不过效力不能及于第三人。只有经过公司登记程序，公司的上述事项才能获得对抗第三人的效力。

《公司法》将公司登记单列一章，明确列举了公司登记事项包括名称，住所，注册资本，经营范围，法定代表人姓名，有限公司股东、股份公司发起人的姓名或者名称六项。目前法律确定的也是这六项登记事项的对抗效力。至于生效效力，也就是登记是否具有使相关法律事实生效的效力，我国现行法律并未作出规定。也有学者认为，至少其中的一部分事项（比如名称、住所、注册资本、经营范围等）应该是登记才生效的，不登记根本就不生效，更不用说对抗外人了。

从早期的法律文件看，原国家工商行政管理总局在对原海南省工商行政管理局下发的《国家工商行政管理局关于股权转让有关问题的答复》（工商企字（2000）第263号）中认为，股权登记具有生效效力，股权受让人经公司登记机关核准变更登记后，成为公司股东，但该文件在2006年已被废止。关于公司登记是否具有生效效力，我们也期待有更进一步的规定或讨论。

因此，公司重要信息的变更，需要按照法律规定及时进行变更登记，以免因为没有及时进行变更登记产生纠纷，带来不必要的麻烦。

关联法条

第三十四条　公司登记事项发生变更的，应当依法办理变更登记。

公司登记事项未经登记或者未经变更登记，不得对抗善意相对人。

五、虚假公司登记的责任

《公司法》明确规定，虚报注册资本、提交虚假材料或者采取其他欺诈手段隐瞒重要事实取得公司登记的，公司登记机关应当依法予以撤销。

申请人办理公司登记时，应当对申请文件、材料的真实性、合法性、有效性负责。登记机关在审查时，主要是对申请材料是否完整、是否符合法定形式进行审查，对于材料的实质真实性、合法有效性，登记机关只在职责范围内尽审慎的审查义务，并不具有保证相关材料实质真实的审查义务。

常见的虚假公司登记有四种情形：一是申请人提交虚假的身份证明、股权协议等材料从而取得登记；二是营利型中介机构为当事人多次代办虚假登记，或者中介机构与申请人恶意串通骗取登记；三是伪造授权委托书或当事人签名，或冒用身份证件办理登记；四是伪造国家机关公文、证件、印章，骗取登记。

此外，需要注意的是，在公司实务中，某些投资人由于种种原因，不愿意以自己的真实身份投资，但为了享受经营收益，就借用他人名义出资，使他人成为形式意义上的股东，自己在幕后实际享有股东权利，这就叫作股权代持。最高人民法院的司法解释确认了这种行为的合法性，认为实际出资人与名义出资人之间订立的合同有效。因此，股权代持并不等同于前述的虚假登记。在股权代持中，实际股东与其他股东相互熟悉、信任，只是因身份不便而借用他人身份参加公司经营管理而已，并非一种欺诈手段。

我们再回到虚假公司登记的法律后果。对确属提供虚假材料取得登记的，登记机关将对其进行行政处罚、撤销公司登记。如通过虚报注册资本、提交虚假材料或者采取其他欺诈手段隐瞒重要事实取得公司登记的，公司登记机关将责令改正，并对虚报注册资本的公司，处以虚报注册资本金额百分之五以上百分之十五以下的罚款；对提交虚假材料或者采取其他欺诈手段隐瞒重要事实的公司，处以五万元以上二百万元以下的罚款；情节严重的，吊销营业执照；对直接负责的主管人员和其他直接责任人员处以三万元以上三十万元以下的罚款。如果构成犯罪，还将依法追究其刑事责任。

同时，因虚假登记被撤销的主体，其直接责任人在登记被撤销之日起三年内不得再次申请登记，登记机关应当通过国家企业信用信息公示系统予以公示。

总的来看，用虚假材料进行公司登记，不仅会扰乱登记机关的行政管理秩序、影响政府公信力，还会严重损害公司本身、股东以及第三人的合法权益。因此，各企业在进行登记时一定要注意信息与材料的准确性与真实性。

关联法条

第三十九条　虚报注册资本、提交虚假材料或者采取其他欺诈手段隐瞒重要事实取得公司设立登记的，公司登记机关应当依照法律、行政法规的规定予以撤销。

第二百五十条　违反本法规定，虚报注册资本、提交虚假材料或者采取其他欺诈手段隐瞒重要事实取得公司登记的，由公司登记机关责令改正，对虚报注册资本的公司，处以虚报注册资本金额百分之五以上百分之十五以下的罚款；对提交虚假材料或者采取其他欺诈手段隐瞒重要事实的公司，处以五万元以上二百万元以下的罚款；情节严重的，吊销营业执照；对直接负责的主管人员和其他直接责任人员处以三万元以上三十万元以下的罚款。

六、公司信息的公示

与公司登记密切相关的是公司信息的公示。与自然人享有相对完整的隐私权不同，公司作为法律拟制的主体，有必要进行一定程度上的信息公开，从而保护市场主体基本的信赖。因此，除了公司登记，公司还要进行一定程度的信息公示。企业信用信息公示系统是企业进行信息公示的平台，大家可以在这个系统中查询到注册企业公示的相关信息，这是我们认识企业最直接的窗口。根据《公司法》第三十二条规定，公司登记机关应当将公司登记事项通过统一的企业信用信息公示系统向社会公示。因此公司登记事项属于当然公示的事项，需要记载于企业信用信息公示系统中。

相比原《公司法》来说，新《公司法》吸收了《企业信息公示暂行条例》第十条的规定，新增了公司对于非登记事项进行公示的义务。根据新《公司法》第四十条，需要公示的非登记事项包括以下内容：一是有限公司股东认缴和实缴的出资额、出资方式和出资日期，股份公司发起人认购的股份数。二是有限公司股东、股份公司发起人的股权、股份变更信息。三是行政许可取得、变更、注销等信息，以及法律、行政法规规定的其他信息。这些事项虽然不属于公司登记事项，但是对于债权人保护、公司经营状况的体现都具有重要意义，有必要通过确立公司公示特定非登记事项的义务，提高交易相对人获取公司信息的效率，降低他们与公司进行交易的成本。出于这样的考虑，新《公司法》也将这些事项作为公司应当公示的内容。

因此，总的来看，企业信用信息公示系统中公示的信息主要有两大类：一类是公司登记事项，包括公司的名称、住所、注册资本等。还有一类是法律规定的需要公示的非登记事项。

企业信息公示在“国家企业信用信息公示系统”中。这个系统于 2014 年 2 月上线运行。如果需要查询企业的公示信息，可以通过输入企业的名称、统一社会信用代码或者信用号进行查询。如果创业者想要申报企业的相关信息，可以在登录后点击“企业信息填报”，进行信息填报。大家无论是做律师、法务，还是投资创业、做生意，都要用好这个系统。展现自己的公司，了解其他的公司，企业信用信息公示系统都必不可少。

当然，公示的意义不只是公示自身，公开本身就是一种推动公司治理完善的力量。

关联法条

第四十条　公司应当按照规定通过国家企业信用信息公示系统公示下列事项：

（一）有限责任公司股东认缴和实缴的出资额、出资方式和出资日期，股份有限公司发起人认购的股份数；

（二）有限责任公司股东、股份有限公司发起人的股权、股份变更信息；

（三）行政许可取得、变更、注销等信息；

（四）法律、行政法规规定的其他信息。

公司应当确保前款公示信息真实、准确、完整。

第四节　有限公司的股权转让

股东有处分股权的自由，这是股东权利的一部分。然而相较于股份公司，有限公司具有封闭性，因此有限公司股权的转让受到一定的限制。股权转让涉及公司、股东、第三人等多方利益，并非简单的一纸协议即可完成，还需要进行变更登记。此外，实践中常常存在转让瑕疵股权的现象，此时出资责任应该由谁承担，也是需要《公司法》回应的现实问题。最后，除了股权转让，股东还可以通过其他特殊方式实现股权的变更，本节介绍了几种典型的情形。

一、股权转让的自由与限制

在有限公司中，股东根据其享有的股权行使股东权利并承担有限责任，也可以将股权进行转让并获得对价。股权的处分权对于股东来说是十分重要的权利，被称为股东的“退出权”或是“变现权”。相较于股份公司而言，有限公司具有更强的人合性的特点。这是因为有限公司的股东之间具有信任关系，彼此之间的联结更紧密。法律基于对这种信赖关系的尊重，在股权转让的情况下区分了股东向其他股东转让股权以及股东向其他股东以外的第三人转让股权这两类。在有限公司股东对内转让股权的情况下，仅仅产生转让方股东退出公司的法律效果，而不会破坏其他股东间的信任关系，因此《公司法》没有对股权转让的这一情形施加限制，原《公司法》第七十一条第一款规定，有限责任公司的股东之间可以相互转让其全部或者部分股权。新《公司法》也维持了这一规定。然而有限公司股东对外转让股权将导致新的股东加入公司，很可能破坏有限公司的人合性。但是股东对于其股权享有处分权，股东退出公司也应当是自由的。因此《公司法》要在股东处分权和公司的人合性之间作出权衡，对股东对外转让股权作出合理的限制。

原《公司法》第七十一条为有限公司的股东对外转让股权设置了过半数同意及优先购买权的双重限制。根据该条规定，有限公司股东向股东以外的人转让股权，应当履行通知义务并经其他股东过半数同意。其他股东自接到书面通知之日起满三十日未答复的，视为同意转让。其他股东半数以上不同意转让的，不同意的股东应当购买该转让的股权；不购买的，视为同意转让。股东对外转让股权的，其他股东还在同等条件下享有优先购买权。也就是说，其他股东可以优先于公司外部的第三人，受让转让方的股权。另外，公司章程对股权转让另有规定的，从其规定。然而，新《公司法》第八十四条第二款仅保留了通知义务以及优先购买权的限制，删除了同意规则。此项修订简化了股东对外转让股权的程序规则，强调了股东的转股自由，更好地体现了意思自治原则，因此值得肯定。

与此同时，新《公司法》第八十四条第二款还借鉴了《公司法司法解释（四）》第十八条的规定，细化了转让股东履行通知义务的具体内容。根据该条规定，股东向股东以外的人转让股权的，应当将股权转让的数量、价格、支付方式和期限等事项书面通知其他股东。这也使得《公司法》关于"同等条件"的具体内涵更加精细化。这一修订与既往司法实践一脉相承，为转让股东履行通知义务提供更为清晰的行为指引，更好地保障了其他股东的优先购买权。

关联法条

第八十四条　有限责任公司的股东之间可以相互转让其全部或者部分股权。

股东向股东以外的人转让股权的，应当将股权转让的数量、价格、支付方式和期限等事项书面通知其他股东，其他股东在同等条件下有优先购买权。股东自接到书面通知之日起三十日内未答复的，视为放弃优先购买权。两个以上股东行使优先购买权的，协商确定各自的购买比例；协商不成的，按照转让时各自的出资比例行使优先购买权。

公司章程对股权转让另有规定的，从其规定。

二、股权转让后的变更登记

有限公司股权转让是大事，不是转让方和受让方一纸协议、双方达成合意后就一劳永逸了，双方还需要办理变更登记。其中，变更登记分为两部分，一是股东名册的变更，二是市场主体登记簿的变更。有限公司应当制作股东名册并置备于公司，股东名册上记载的最为重要的事项就是股东的姓名或者名称及住所，还有股东的出资额。如果公司登记机关记载的股东信息与股东名册不一致，那么在公司内部以股东名册为准，在公司外部则以市场主体登记簿的登记信息为准。根据《公司法》第三十四条第二款的规定，公司登记事项未经登记或者未经变更登记，不得对抗善意相对人。举例来说，甲是丙公司的股东，甲将股权转让给乙，但并未在市场监管部门处办理该部分股权的变更登记，此时丙公司无法清偿对债权人丁公司的债务，债权人丁公司仍可以要求甲对丙公司不能清偿的部分承担差额补足责任。由此可知，遵从商事外观主义，只有办理了变更登记后才能起到对抗第三人的效力。

上文提到股权的变更和登记分为对内的股东名册和对外的市场主体登记两部分。那么，股权转让何时生效、股东享有股东权利的起算点又是以哪一个为准呢？本次《公司法》修订前并无明确规定，学界对此也没有统一定论。在理论与实践上存在意思主义、形式主义和公示主义的分歧。本次《公司法》修订在第八十六条新增一款明确规定：股权转让的，受让人自记载于股东名册时起可以向公司主张行使股东权利。对于公司而言，形式主义的股权转让效力被正式确立，也就是说，股东名册的变更成为股权转让对公司生效的起点。

《公司法》第八十六条规定，股东转让其股权的，应当书面通知公司，请求变更股东名册，需要办理变更登记的，一并请求公司向公司登记机关办理变更登记。公司拒绝或者在合理期限内不予答复的，转让人、受让人可以依法向人民法院提起诉讼。该条是本次《公司法》修订的新增条款，规定了公司配合当事人进行股权变更登记的义务，并且赋予了转让人和受让人进行司法救济的权利。在既往司法实践中，公司可能会出于种种原因拒绝办理变更登记，这会导致转让人不合理地承担责任、受让人难以行使股东权利等问题。面对此种情况，当事人一般会以“股权转让纠纷”为由提起诉讼，典型案例如王某诉某某公司等股权纠纷案，该案例出自2020年6月发布的广东法院第二批粤港澳大湾区跨境民事纠纷典型案例。该案中，王某、张某均系某某公司的股东，王某已出资购买登记在张某名下的股权，王某以股权并购为由提起诉讼，请求判令某某公司、张某协助将登记在张某名下的股权变更登记至其名下。广州市中级人民法院二审支持了王某的诉讼请求，依法及时维护了投资者的合法权益。《公司法》新增的该条规定，有助于解决实践中频繁发生的股权变更登记困难重重的问题。

关联法条

第八十六条　股东转让股权的，应当书面通知公司，请求变更股东名册；需要办理变更登记的，并请求公司向公司登记机关办理变更登记。公司拒绝或者在合理期限内不予答复的，转让人、受让人可以依法向人民法院提起诉讼。

股权转让的，受让人自记载于股东名册时起可以向公司主张行使股东权利。

第八十七条　依照本法转让股权后，公司应当及时注销原股东的出资证明书，向新股东签发出资证明书，并相应修改公司章程和股东名册中有关股东及其出资额的记载。对公司章程的该项修改不需再由股东会表决。

三、瑕疵股权的转让及责任承担规则

甲是A公司的股东，按照约定，甲应当在2024年2月前履行出资义务。2024年1月，甲将其持有的全部股权转让给乙，至2024年2月，甲和乙均没有履行出资义务，那么当2024年2月出资期限届满后，A公司能否向甲主张出资责任？又能否向乙主张出资责任呢？

根据《公司法》第八十八条的规定，股东转让已认缴出资但未届缴资期限的股权的，由受让人承担缴纳该出资的义务；受让人未按期足额缴纳出资的，转让人对受让人未按期缴纳的出资承担补充责任。该条确立了“受让人担责，转让人补充”的制度。因此，A公司应当向乙主张出资责任。乙受让股权，即概括地继受了该股权对应的权利和义务，其中当然也包括出资义务。A公司原则上不能向甲主张出资责任，因为甲在出资期限届满前将其所持有的股权转让给乙，已经退出A公司。只有当乙未按期足额缴纳出资时，甲才承担补充责任。

但是，如果我们将上述案例作一个简单的变形，情况就大不相同。按照约定，甲应当在2024年2月前以一套价值为一百万元的房屋向A公司出资，2024年2月甲没有履行出资义务，或者甲虽然履行了出资义务，但是这套房屋的实际价值只有五十万元。2024年3月，甲将其所持有的股权转让给乙，乙对甲的出资情况知情，此时A公司应当向谁主张出资责任？《公司法》第八十八条规定，未按期足额缴纳出资或者作为出资的非货币财产的实际价额显著低于所认缴的出资额的股东转让股权的，受让人知道或者应当知道存在上述情形的，在出资不足的范围内与该股东承担连带责任。因此，A公司可以请求甲履行出资义务，即要求甲在未出资范围内承担差额补足责任，也可以要求乙对此承担连带责任。

在这个变形案例的基础上，我们还可以继续假设，若某供应商给A公司提供了一批货物，A公司拖欠货款，在上述瑕疵股权转让中，作为债权人的供应商也可以依据《公司法司法解释（三）》第十八条要求甲履行出资义务、乙承担连带责任。原因在于，该条规定，公司债权人请求未履行或者未全面履行出资义务的股东在未出资本息范围内对公司债务不能清偿的部分承担补充赔偿责任，同时请求瑕疵股权的受让人对此承担连带责任的，人民法院应予支持。

若在故事中加入“担保”这个元素，情况又会不同。如果2024年2月甲没有履行出资义务，2024年3月甲向乙借钱，同时甲将持有的A公司的股权转让给乙作为担保，此时A公司不能要求作为名义股东的债权人乙承担连带责任。原因在于，《担保制度解释》第六十九条规定，股东以将其股权转移至债权人名下的方式为债务履行提供担保，公司或者公司的债权人以股东未履行或者未全面履行出资义务、抽逃出资等为由，请求作为名义股东的债权人与股东承担连带责任的，人民法院不予支持。

关联法条

第八十八条　股东转让已认缴出资但未届出资期限的股权的，由受让人承担缴纳该出资的义务；受让人未按期足额缴纳出资的，转让人对受让人未按期缴纳的出资承担补充责任。

未按照公司章程规定的出资日期缴纳出资或者作为出资的非货币财产的实际价额显著低于所认缴的出资额的股东转让股权的，转让人与受让人在出资不足的范围内承担连带责任；受让人不知道且不应当知道存在上述情形的，由转让人承担责任。

四、特殊的股权变更情形

股权转让是股权变动的常见方式，然而股权变更的情形并不局限于股权转让，还包括其他特殊情形。股东的回购请求权、股权的继承和股权的强制执行等。

（一）股东的回购请求权

公司在决策过程中，大小股东之间对公司的重大决策难免存在异议。例如，公司的大股东甲凭借自己压倒性的投票权，在一些重大事项上作出不利于小股东的决策。此时，小股东的救济渠道就包含股东的回购请求权。

股东的回购请求权是公司出现纷争、欺压或者僵局时，中小股东退出公司的一种权利。对于上市公司而言，股东在交易日可以随时出售股票，股票价格明确、交易活跃，股东想退出公司十分方便。但是，有限公司则恰恰相反，转让价值难以评估，交易对手方也很难找。在公司经营过程中，其实中小股东很容易受到欺负，大股东凭借其享有更高的股权比例，在公司的话语权更大。大股东的决策和中小股东的利益并不一定相符，为了避免中小股东被强加意志，《公司法》设计了把股权卖给公司的制度。

股东的回购请求权，实际上是介于股东转让股权和《公司法》规定的股东请求解散公司之间的制度。

回购请求权包含异议股东的回购请求权和控股股东滥用权利的回购请求权。其中，前者是原《公司法》就有的制度，后者是新《公司法》增加的内容。

就异议股东回购权而言，在英美法系中，公司法对公司股权回购采取了极为自由的政策。但是大陆法系的公司法则采取了“原则禁止，例外许可”的政策。也就是说，只有部分情形下，股东才有回购请求权。新《公司法》第八十九条规定，对法定情形下的股东会某项决议投反对票的股东，可以请求公司按照合理的价格收购其股权，具体而言有三种情形。

情形一，公司连续五年不向股东分配利润，而公司该五年连续盈利，并且符合《公司法》规定的分配利润条件。对于大多数的股东而言，投资公司的目的就是获得投资回报，如果公司长期有利润而不分配，就背离了股东投资的初心。

情形二，公司合并、分立、转让主要财产。这一情形会导致公司的股权结构及资产状况发生根本性的变化，会改变股东的投资预期。例如，某公司原先是做法律咨询业务的，但是合并了一家娱乐公司，原先的股东只认可某公司的法律咨询业务，合并后，公司的经营范围便不符合股东的预期。

情形三，公司章程规定的营业期限届满或者章程规定的其他解散事由出现，股东会通过决议修改章程使公司存续。例如，某公司原本规定只经营十年，十年之后，公司发现效益不错，股东会通过决议使公司继续存续。但有股东想“退休”了，不想参与商海浮沉，此时，他就可以请求公司回购股权。

当然，股东和公司不一定能达成股权收购的协议，如果谈不妥，股东可以向法院提起诉讼。提起诉讼有一定的时限要求：股东会决议作出之日起六十日内，股东与公司不能达成股权收购协议的，股东可以自股东会决议作出之日起九十日内向人民法院提起诉讼。

就控股股东滥用权利的回购请求权而言，目前新《公司法》的规定还比较粗略，构成要件是：第一，控股股东滥用股东权利。第二，这一滥用权利的行为严重损害公司或者其他股东利益。第三，其他股东有权请求公司按照合理的价格收购其股权。

此外需要注意的是，公司回购股权后，需要在六个月内将股权转让或者注销，而不能一直持有自己的股份。

（二）股权的继承

贝壳公司的左晖、杉杉品牌的创始人郑永刚、商汤科技的汤晓鸥，这几年，这些杰出的企业家突发去世，引发社会的关注。其中，有一个大家都关注的共同问题：他们作为公司的大股东去世后，继承人可以继承股东资格吗？

这个答案就是：原则上可以，但章程也可以排除。《公司法》第九十条规定："自然人股东死亡后，其合法继承人可以继承股东资格；但是，公司章程另有规定的除外。"也就是说，只要章程没有排除性的规定，继承人都可以继承股东资格。此外，针对股份公司存在限制的类别股，《公司法》第一百六十七条规定："自然人股东死亡后，其合法继承人可以继承股东资格；但是，股份转让受限的股份有限公司的章程另有规定的除外。"

不同于公司更多的"资合性"特征，合伙企业具有"人合性"的特征。如果合伙企业的创始人去世，对合伙人在合伙企业中的财产份额享有合法继承权的继承人，只有合伙协议有约定或经全体合伙人一致同意，才能取得合伙企业的合伙人资格，否则，合伙企业应当将被继承合伙人的财产份额退还给该继承人。可见，公司股东去世，权力的更迭往往会比较有序，但是合伙企业（如律所）的合伙人特别是创始人去世，可能会面临更多的纷争。

此外，《公司法》规定了股东转让股权时，其他股东享有优先购买权。虽然继承的本质是被继承人将自己的股权转让给继承人，但需要注意的是，优先购买权是不适用于继承的情形的。当然，《公司法》作为商事法律，非常尊重当事人的意思自治，章程也可以排除法律的规定。

如果继承人是无民事行为能力人或者限制民事行为能力人，此时应当由其监护人代其行使权利。除继承外，离婚的情形也是备受大家关注的。如果公司股权是夫妻共同财产，离婚的时候，另外一方并不是登记在案的公司股东，则需要区分情形进行处理。

情形一，夫妻双方协商一致将出资额部分或者全部转让给该股东的配偶，其他股东均明确表示放弃优先购买权的，该股东的配偶可以成为该公司股东。

情形二，夫妻双方就出资额转让份额和转让价格等事项协商一致后，其他股东主张以同等条件购买该出资额的，人民法院可以对转让出资所得财产进行分割。由此可见，通过离婚的方式成为公司的股东，比通过继承的方式成为公司的股东更为困难。毕竟，有感情纠纷的人共事，组织运作障碍会更多。

（三）股权的强制执行

随着经济社会的发展，股权投资越来越受到人们的青睐，股权也已成为人们一项重要的财产权利。实践中，法院强制执行股权的情况也越发多见。为此，最高人民法院专门出台了《最高人民法院关于人民法院强制执行股权若干问题的规定》，自2022年1月1日施行，以便于实践中统一理解和适用。其中，第二条规定："被执行人是公司股东的，人民法院可以强制执行其在公司持有的股权，不得直接执行公司的财产。"该条强调了公司财产的独立性。股东财产与公司财产各自独立，是《公司法》规定的基本原则。依据该规定，法院可以在生效法律文书确定的债权范围内，强制执行被执行人作为股东的股权财产。

第五条规定，"人民法院冻结被执行人的股权，以其价额足以清偿生效法律文书确定的债权额及执行费用为限，不得明显超标的额冻结"。股权与其他财产不同，虽然存在注册登记的份额，但由于有限公司股权和非上市股份公司股权没有活跃的市场和公允的价值，导致注册资本并不能准确反映股权的实际价值。因此，根据注册资本推定股权价值时往往存在较大偏差。此外，债权人在提起诉讼或仲裁甚至申请执行时，通常无法取得股权所在公司的财务资料，也无法证明股权的价值。因此，为了体现保全功能和维护债权人的权益，该条款作出了特殊规定。该条还强调，"股权价额无法确定的，可以根据申请执行人申请冻结的比例或者数量进行冻结"。这意味着，如果被执行人认为超标查封，则由被执行人承担举证责任，以此倒逼被执行人提供相关材料。这样既保障了被执行人的权益，又有利于案件的执行。

第六条规定，"人民法院冻结被执行人的股权，应当向公司登记机关送达裁定书和协助执行通知书，要求其在国家企业信用信息公示系统进行公示"。股权冻结程序是司法实践中争议最大的问题之一，法院的冻结裁定和协助执行通知书仅向公司登记机关送达还是向股权所在公司送达，实践中往往存在不同的理解，因此实务界无法从中找到统一的标准和规律，导致出现股权冻结混乱的状况。基于此，该条对程序进行了简化，明确了统一到公司登记机关通过国家企业信用信息公示系统办理冻结手续的一元模式，并确认股权冻结自公示时发生法律效力，在判断冻结顺序时直接以公示先后为准，这样既方便法院以及债权人对冻结时间、顺位进行把握，也减少了冻结顺位的争议。该条第二款还规定，“依照前款规定冻结被执行人股权的，应当及时向被执行人、申请执行人送达裁定书，并将股权冻结情况书面通知股权所在公司”。

最后，回归《公司法》条文本身。《公司法》第八十五条规定，“人民法院依照法律规定的强制执行程序转让股东的股权时，应当通知公司及全体股东，其他股东在同等条件下有优先购买权”。该条规定下，通知公司是为了使公司协助执行，通知其他股东则是为了保障股东行使优先购买权。同时还需注意，优先购买权也不是无期限的，该条还规定，“其他股东自人民法院通知之日起满二十日不行使优先购买权的，视为放弃优先购买权”。此时，股东以外的人有权购买法院强制执行程序转让的股权，其他股东不得再主张优先购买权。

关联法条

第八十五条　人民法院依照法律规定的强制执行程序转让股东的股权时，应当通知公司及全体股东，其他股东在同等条件下有优先购买权。其他股东自人民法院通知之日起满二十日不行使优先购买权的，视为放弃优先购买权。

第八十九条　有下列情形之一的，对股东会该项决议投反对票的股东可以请求公司按照合理的价格收购其股权：

（一）公司连续五年不向股东分配利润，而公司该五年连续盈利，并且符合本法规定的分配利润条件；

（二）公司合并、分立、转让主要财产；

（三）公司章程规定的营业期限届满或者章程规定的其他解散事由出现，股东会通过决议修改章程使公司存续。

自股东会决议作出之日起六十日内，股东与公司不能达成股权收购协议的，股东可以自股东会决议作出之日起九十日内向人民法院提起诉讼。

公司的控股股东滥用股东权利，严重损害公司或者其他股东利益的，其他股东有权请求公司按照合理的价格收购其股权。

公司因本条第一款、第三款规定的情形收购的本公司股权，应当在六个月内依法转让或者注销。

第九十条　自然人股东死亡后，其合法继承人可以继承股东资格；但是，公司章程另有规定的除外。

第一百六十七条　自然人股东死亡后，其合法继承人可以继承股东资格；但是，股份转让受限的股份有限公司的章程另有规定的除外。

第五节　股份公司的股份发行和转让

本节将为大家介绍股份公司的股份是如何发行和转让的。股份公司发行新股，有着不同于有限公司的规则，本次《公司法》修订还引入了授权资本制，本节也将对此详细展开介绍。股份公司的股份通过股票的形式完成转让，虽然转让自由度很高，但也受到一定的限制。此外，本次《公司法》修订对于异议股东回购请求权、禁止财务资助等制度都有新的突破。

一、股份公司的股份

首先要区别的是股份公司的股份与股票的概念，二者相关但不同。股票是股份公司签发的股东持股的证明，本部分将对股票的分类、股票价格、面额股和无面额股展开介绍。另外，此次《公司法》修订还新增了类别股制度，以满足公司的实际需要。

（一）股份与股票

因为只有一字之差，不熟悉《公司法》的人容易将股票与股份搞混。根据《公司法》第一百四十七条的规定，公司的股份采取股票的形式。股票是公司签发的证明股东所持股份的凭证。举个例子，如果你持有某家公司的股份，那么你手中的股票就是证明你股东身份的凭证。虽然股票与股份互为表里，但股票不同于股份。

根据股票上是否记载股东姓名或名称，股票可以分为记名股票与无记名股票。记名股票是指将股东姓名或名称记载于股票之上的股票；无记名股票是不将股东姓名或名称记载于股票之上的股票。根据《公司法》第一百四十七条第二款规定，公司发行的股票，应当为记名股票。

股票还可以分为纸质股票与非纸质股票。顾名思义，纸质股票，就是采用纸面形式的股票；非纸质股票，则是采用纸面形式外的其他形式的股票。《公司法》第一百四十九条规定："股票采用纸面形式或者国务院证券监督管理机构规定的其他形式。股票采用纸面形式的，应当载明下列主要事项：

（一）公司名称；（二）公司成立日期或者股票发行的时间；（三）股票种类、票面金额及代表的股份数，发行无面额股的，股票代表的股份数。股票采用纸面形式的，还应当载明股票的编号，由法定代表人签名，公司盖章。发起人股票采用纸面形式的，应当标明发起人股票字样。”不过，目前上市公司和非上市公众公司的股份均采取电子记账形式，并且都须集中登记存管于专门的证券登记结算机构。其他不同时期成立的非上市、非公众股份公司也几乎没有发行实物券形式股票的情形。我们已经知道股票是股东身份的凭证，那么股票应当在什么时候交给股东呢？《公司法》第一百五十条对此作出了详细规定：“股份有限公司成立后，即向股东正式交付股票。公司成立前不得向股东交付股票。”

关联法条

第一百四十三条　股份的发行，实行公平、公正的原则，同类别的每一股份应当具有同等权利。

同次发行的同类别股份，每股的发行条件和价格应当相同；认购人所认购的股份，每股应当支付相同价额。

第一百四十七条　公司的股份采取股票的形式。股票是公司签发的证明股东所持股份的凭证。

公司发行的股票，应当为记名股票。

第一百四十九条　股票采用纸面形式或者国务院证券监督管理机构规定的其他形式。

股票采用纸面形式的，应当载明下列主要事项：

（一）公司名称；

（二）公司成立日期或者股票发行的时间；

（三）股票种类、票面金额及代表的股份数，发行无面额股的，股票代表的股份数。

股票采用纸面形式的，还应当载明股票的编号，由法定代表人签名，公司盖章。

发起人股票采用纸面形式的，应当标明发起人股票字样。

第一百五十条　股份有限公司成立后，即向股东正式交付股票。公司成立前不得向股东交付股票。

（二）股票的价格

股票是股份有限公司签发的，为股东持有的股份及享有的权益提供的证明。股票的价格实际上就是股东持有公司股份的价格。股东在相应的股份内对公司承担有限责任，对公司享有表决权、利润分配请求权等股东权利。

股票价格分为发行价格与市场价格。发行价格是股票的票面价格，也是股票由公司发行后，由投资者认购的一手价格，因此也称为股票在一级市场中的交易价格。发行价格代表了股票投资入股的货币资本数额，是固定不变的。在股票发行后，投资者可以在二级市场中把他购买的股票转让给其他投资者。我们通常所说的“股市”，其实就是股票的二级市场。股票在二级市场的转让价并不等于发行价，而是随着市场对公司价值的评价而时时发生变化，这一价格称为股票的市场价格。在股票的一级市场中，投资者手中的钱流向了发行股票的企业，而在股票的二级市场，钱在投资者之间流转。

对于面额股而言，股票的票面金额代表投资入股的货币资本数额，它是固定不变的，而股票价格则是变动的，它通常大于或小于股票的票面金额。对于面额股的票面价值，《公司法》第一百四十八条规定，面额股股票的发行价格可以按票面金额，也可以超过票面金额，但不得低于票面金额。低于票面发行又称为折价发行。《公司法》通过载明票面金额以及禁止折价发行的方式，希望保证公司的资本充足，通过公司的资本外观，使第三方特别是债权人对公司的实力有一个基本的判断。而若公司折价发行股票，则会造成公司资本数额与股东出资金额的不一致，可能损害债权人利益。

关联法条

第一百四十八条　面额股股票的发行价格可以按票面金额，也可以超过票面金额，但不得低于票面金额。

（三）面额股与无面额股

面额股和无面额股是新一轮《公司法》修订的一大亮点，这里再展开讲讲。

面额股制度其实是十九世纪公司法的遗产，在股份采取实物券形态的时代，纸质股票要显示每股面值。每股面值乘以公司所发行股份的总数，就可以确定公司的资本总额了。1993 年《公司法》的股份规则基本上是按照十九世纪纸质股票时代的逻辑设定的，这套规则被沿袭至 2018 年《公司法》中。为了防止资本出现空虚，2018 年《公司法》第一百二十七条允许平价发行和溢价发行，禁止折价发行。此外，每股面值也成为了证券交易所实施“股票强制退市”的一个判断标准。上交所和深交所的上市规则都规定，如果上市公司的股票收盘价连续二十个交易日均低于股票面值，则交易所可以终止股票上市。上市公司为了避免“面值退市”，便会采取“缩股”的办法，也就是把数股合并为一股，从而在保持每股面值不变的前提下拉升股价。厦门灿坤实业股份有限公司便在 2012 年进行了“缩股”的操作，最终保住了上市资格。[①]

传统观点认为，面额股制度发挥着三项功能：其一，保护债权人；其二，维护股东平等；其三，招徕投资者。但这三点其实都存在问题。先看债权人保护功能。赵旭东教授早在 2004 年就鲜明地指出[②]，公司的信用更多依赖于资产信用而非资本信用，将债权人利益保障寄托于注册资本上，只是一厢情愿。而股票究竟是溢价发行还是折价发行，其实并不是债权人所关心的。债权人真正关心的是公司通过发行股份收到了多少实际资本。与其担心无面额股的发行会损害债权人利益，不如完善资本维持原则，构建事后的惩戒与追责机制。而无面额股也并不会导致股东随意支付对价。接着来看维护股东平等功能。所谓的“平等”，其实针对的是同种类、同批次的股份。对于不同时期进入公司的股东，他们支付的对价可能是完全不同的。每股面值与实际认购价或发行价，其实是没有关系的。最后看招徕投资者功能。我国证券采无纸化发行，资本市场上股票的市场交易价格经常与股票的基本面额背离，这并未对投资者起到任何阻碍作用，此种担忧亦属于“杞人忧天”。

采用单一的面额股制度，不仅对保护债权人来说是低效且无用的，更制约着公司发行股份的灵活性。而在无面额股下，投资者无从依据票面金额来判断公司的真实价值，其必须通过股票的交易价格以及其他公司信用评价机制来做出判断。这种评估结果会更接近于公司股票的真实价值，对投资者来说有助于消除价值误导。同时，无面额股制度有助于缓解公司融资困境，解决上市公司发行难的问题。所以，在本次《公司法》修订的浪潮中，无面额股作为授权资本制的配套规则，被责无旁贷地推至台前。

新《公司法》第一百四十二条第一款规定：“公司的资本划分为股份。公司的全部股份，根据公司章程的规定择一采用面额股或者无面额股。采用

---

① 《闽灿坤 B 缩股保壳宣告成功“复活”迈出关键一步》，中国新闻网：https://www.chinanews.com/stock/2012/09-17/4189706.shtml，最后访问时间 2024 年 4 月 20 日。

② 赵旭东：《从资本信用到资产信用》，载《法学研究》2003 年第 5 期。

面额股的，每一股的金额相等。”为进一步拓展公司自治，该条第二款规定，“公司可以根据公司章程的规定将已发行的面额股全部转换为无面额股或者将无面额股全部转换为面额股”。

在与《企业会计准则——基本准则》的衔接方面，新《公司法》第一百四十二条第三款规定，发行无面额股的公司，应当将“发行股份所得股款的二分之一以上计入注册资本”。至于剩余部分，根据第二百一十三条的规定，则应当被列入资本公积金。结合第二百一十四条我们可以知道，公司的公积金可以被用来弥补公司亏损、扩大生产经营，或者用作转增注册资本。当用公积金来补亏时，应当首先动用任意公积金和法定公积金，最后才能使用资本公积金。

关联法条

第一百四十二条　公司的资本划分为股份。公司的全部股份，根据公司章程的规定择一采用面额股或者无面额股。采用面额股的，每一股的金额相等。

公司可以根据公司章程的规定将已发行的面额股全部转换为无面额股或者将无面额股全部转换为面额股。

采用无面额股的，应当将发行股份所得股款的二分之一以上计入注册资本。

（四）类别股

本次《公司法》修订新增了第一百四十四条、第一百四十五条和第一百四十六条，正式以立法的形式确立了类别股制度。

原《公司法》一直要求股份公司坚持同股同权原则。这意味着公司股东所拥有的投票权与其所持有的公司股份在比例上保持一致。举个例子，当你和你的小伙伴一起开一家公司时，如果你拥有 30% 的股份，你就拥有 30% 的投票权。可是，可能你希望在公司享有更多的投票权，对公司保持一定的控制。你的小伙伴则可能愿意牺牲一定的投票权来换取更多的股权分红。你们的不同需求导致同股同权的原则并不能满足公司的需要。在实务中，京东、美团、小米等公司的股东也面临上述情况。对此，这些公司均采取了类别股制度下的“同股不同权”的股权架构。

那么什么是类别股呢？类别股，是指在公司的股权结构中，设置两种以上不同种类、不同性质、不同权利义务关系、不同利益效果的股份。换句话说，在类别股制度下，你的一股可以拥有二十票的投票权，但你的股权占比未必比你的小伙伴的股权占比高。其实早在 2013 年，国务院就颁布了《关于开展优先股试点的指导意见》，力推优先股这一典型的类别股。如果你的小伙伴选择购买优先股，那么他 / 她们对公司资产、利润分配等享有优先权，但对公司事务无投票权。你和你的小伙伴可以根据公司实际情况对公司股权结构做出特别安排，从而体现股东的意思自治，平衡不同股东的利益诉求，促进公司进行股权融资。

接下来我们来说一下类别股的种类。根据新《公司法》第一百四十四条，类别股应当有以下几个种类：“（一）优先或者劣后分配利润或者剩余财产的股份；（二）每一股的表决权数多于或者少于普通股的股份；（三）转让须经公司同意等转让受限的股份；（四）国务院规定的其他类别股。”我们可以发现，新《公司法》规定了与财产利益相关的优先劣后股、与表决权相关的特殊表决权股、转让受限股三种典型的类别股。除此之外，其他类别的股份由国务院另行规定。

同时，新《公司法》也对类别股做出了限制。第一百四十四条第二款、第三款规定：“公开发行股份的公司不得发行前款第二项、第三项规定的类别股；公开发行前已发行的除外。公司发行本条第一款第二项规定的类别股的，对于监事或者审计委员会成员的选举和更换，类别股与普通股每一股的表决权数相同。”也就是说，如果你和你的小伙伴设立的公司公开发行股份，比如上市了，那么在你们的公司公开发行股份之后，不可以再发行特殊表决权股和转让受限股。

新《公司法》第一百四十五条规定了类别股公司章程的内容，包括：“（一）类别股分配利润或者剩余财产的顺序；（二）类别股的表决权数；（三）类别股的转让限制；（四）保护中小股东权益的措施；（五）股东会认为需要规定的其他事项。”

新《公司法》第一百四十六条也明确了类别股股东会的股东表决机制。当你和你的小伙伴的公司的股东会作出修改公司章程、增加或者减少注册资本的决议，以及公司合并、分立、解散或者变更公司形式的决议，影响类别股股东权利时，这项决议不仅应当经过出席会议的股东所持表决权的三分之二以上通过，还应当经出席类别股股东会议的股东所持表决权的三分之二以上通过。

关联法条

第一百四十四条　公司可以按照公司章程的规定发行下列与普通股权利不同的类别股：

（一）优先或者劣后分配利润或者剩余财产的股份；

（二）每一股的表决权数多于或者少于普通股的股份；

（三）转让须经公司同意等转让受限的股份；

（四）国务院规定的其他类别股。

公开发行股份的公司不得发行前款第二项、第三项规定的类别股；公开发行前已发行的除外。

公司发行本条第一款第二项规定的类别股的，对于监事或者审计委员会成员的选举和更换，类别股与普通股每一股的表决权数相同。

第一百四十五条　发行类别股的公司，应当在公司章程中载明以下事项：

（一）类别股分配利润或者剩余财产的顺序；

（二）类别股的表决权数；

（三）类别股的转让限制；

（四）保护中小股东权益的措施；

（五）股东会认为需要规定的其他事项。

第一百四十六条　发行类别股的公司，有本法第一百一十六条第三款规定的事项等可能影响类别股股东权利的，除应当依照第一百一十六条第三款的规定经股东会决议外，还应当经出席类别股股东会议的股东所持表决权的三分之二以上通过。

公司章程可以对需经类别股股东会议决议的其他事项作出规定。

二、股份公司的股份发行

本部分将重点介绍股份公司发行新股的方式和程序。此外，本次《公司法》修订还引入了授权资本制，这是对资本维持原则的突破，使公司经营更加灵活。但该项制度也不乏反对的声音。

（一）股份公司如何发行新股

公司融资的主要途径有两种，一种是债务融资，也就是向银行等其他债权人借款，从而获得资金；另一种是股权融资，也就是我们在这一节所要讲述的发行新股。公司发行新股也被称作增发，有限公司和股份公司都可以通过发行新股来达到融资的目的。有限公司只能在特定范围内，对很小部分的股东进行新股发行，对特定主体的发行称为定向发行。不同于有限公司，股份公司既可以向特定范围内的股东定向发行新股，还可以发布招股说明书，公开向广大投资者发行新股从而募集资金。股份公司首次公开发行新股，就称为IPO，公司一旦IPO上市之后，就能通过发行新股获得巨额的资金，这将大大有利于公司的长远发展。

发行新股还应当履行法定程序，其中最重要的就是股东会决议的作出。《公司法》第一百五十一条规定："公司发行新股，股东会应当对下列事项作出决议：（一）新股种类及数额；（二）新股发行价格；（三）新股发行的起止日期；（四）向原有股东发行新股的种类及数额；（五）发行无面额股的，新股发行所得股款计入注册资本的金额。公司发行新股，可以根据公司经营情况和财务状况，确定其作价方案。"新《公司法》主要就所增加的无面额股制度修订了无面额股的相关决议内容。这些都是新股发行过程中最重要的条款，对于公司发展、股东利益都有着决定性的影响。

此外，《公司法》还规定了股份公司在公开发行新股时应履行的发行程序。根据《公司法》第一百五十四条，公司向社会公开募集股份，应当经国务院证券监督管理机构注册，公告招股说明书。同时，该条还规定了招股说明书需要载明的相关事项，包括发行的股份总数、面额股的票面金额和发行价格或者无面额股的发行价格、募集资金的用途等。这些对于投资者保护有着关键意义。根据《公司法》第一百五十五条，公司向社会公开募集股份，应当由依法设立的证券公司承销，签订承销协议。《公司法》第一百五十六条还规定，公司向社会公开募集股份，应当同银行签订代收股款协议。代收股款的银行应当按照协议代收和保存股款，向缴纳股款的认股人出具收款单据，并负有向有关部门出具收款证明的义务。公司发行股份募足股款后，应予公告。

在实务中，公司发行新股有不同的实践考虑。由于公司资产的充实程度对于公司的经营发展有着关键的影响，因此公司通过发行新股可以募集资金、增强资产数额，从而用于扩大生产经营。一些公司存在控股股东控制公司的现象，对于股份公司而言，发行新股也可以稀释股权，起到限制控股股东权力的作用。而在有限公司中，股东对新增注册资本享有优先认购权，这也是有限公司维护公司人合性的应有之义。

关联法条

第一百五十一条　公司发行新股，股东会应当对下列事项作出决议：

（一）新股种类及数额；

（二）新股发行价格；

（三）新股发行的起止日期；

（四）向原有股东发行新股的种类及数额；

（五）发行无面额股的，新股发行所得股款计入注册资本的金额。

公司发行新股，可以根据公司经营情况和财务状况，确定其作价方案。

第一百五十四条　公司向社会公开募集股份，应当经国务院证券监督管理机构注册，公告招股说明书。

招股说明书应当附有公司章程，并载明下列事项：

（一）发行的股份总数；

（二）面额股的票面金额和发行价格或者无面额股的发行价格；

（三）募集资金的用途；

（四）认股人的权利和义务；

（五）股份种类及其权利和义务；

（六）本次募股的起止日期及逾期未募足时认股人可以撤回所认

股份的说明。

公司设立时发行股份的，还应当载明发起人认购的股份数。

第一百五十五条　公司向社会公开募集股份，应当由依法设立的证券公司承销，签订承销协议。

第一百五十六条　公司向社会公开募集股份，应当同银行签订代收股款协议。

代收股款的银行应当按照协议代收和保存股款，向缴纳股款的认股人出具收款单据，并负有向有关部门出具收款证明的义务。

公司发行股份募足股款后，应予公告。

（二）股份公司的授权资本制

新《公司法》的一个重要制度供给即是对授权资本制度的引入。授权资本制与我国《公司法》此前所遵循的法定资本制不同，其指的是公司在设立时将公司资本总额记载于公司章程，但不必将资本总额全部发行，具体发行比例与数额法律也不予严格限制，未认购部分由董事会在公司成立后随时一次或分次发行或募集的一种公司资本制度。

授权资本制突破了公司的资本维持原则。由于公司资本早已不能体现公司资产的充实程度，仅仅对于公司资本数额的维持也并不能从实质意义上保护债权人的利益。因此资本维持原则的基础已经被动摇。基于这一考虑，授权资本制被新《公司法》所引入。授权资本制的优势恰恰就在于，公司不必一次发行全部资本。这大大减轻了发起人的负担，也降低了公司最初设立的难度。将资本的发行在一定限度内授权给董事会自行决定，而无须经过股东会表决通过，这也极大地简化了公司的增资程序。在公司中，经营管理权由董事会掌握，董事会应为最了解公司是否应当新增资本以及新增资本数额的主体。董事会在从事经营管理活动时，可以根据公司经营情况而随时发行资本，既灵活适应了公司经营的需要，又避免了资金的冻结、闲置，提高了股东的投资效率。

新《公司法》第一百五十二条确立了有限度的授权资本制，其对董事会新增资本的时间限制、数额限制以及类型限制进行了规定。根据该条，公司章程或者股东会可以授权董事会在三年内决定发行不超过已发行股份百分之五十的股份。但以非货币财产作价出资的应当经股东会决议。由于《公司法》规定，变更公司章程需经股东会表决通过，因此该条还补充规定，董事会依照前款规定决定发行股份导致公司注册资本、已发行股份数发生变化的，对公司章程该项记载事项的修改不需再由股东会表决。此外，新《公司法》第一百五十三条还进一步规定了董事会对于新增资本的表决程序，根据该条规定，公司章程或者股东会授权董事会决定发行新股的，董事会决议应当经全体董事三分之二以上通过。

但是对于授权资本制的引入也不乏不同的声音。有学者认为，我国社会信用体系建设的滞后，可能会对授权资本制度的引入造成障碍。而在欧美国家中，授权资本制的正常运行往往离不开健全的信用机制。此外，将新增资本授权给董事会也可能不当地扩大了董事会的权力。由于董事信义义务、商事判断规则等相关制度仍需完善，盲目适用授权资本制可能导致董事滥权，原股东权益受损，从而引发原股东与新股东之间的矛盾冲突，甚至直接影响公司的日常经营。

关联法条

第一百五十二条　公司章程或者股东会可以授权董事会在三年内决定发行不超过已发行股份百分之五十的股份。但以非货币财产作价出资的应当经股东会决议。

董事会依照前款规定决定发行股份导致公司注册资本、已发行股份数发生变化的，对公司章程该项记载事项的修改不需再由股东会表决。

第一百五十三条　公司章程或者股东会授权董事会决定发行新股的，董事会决议应当经全体董事三分之二以上通过。

三、股份公司的股份转让

股份公司的股权转让非常自由，但也需要满足特定交易场所等条件，并按照股票转让的相应程序进行。原则上，股权转让不受限制，但特定人或特定股份会受到法律或章程的限制。新《公司法》针对非公开发行股份的股份公司，新增了异议股东回购请求权，进一步强化对中小股东的保护。对于公司回购本公司股权，《公司法》采取的是原则禁止、例外许可的态度，仅规定了可以回购的几种情形。最后，新《公司法》还新增了禁止财务资助制度，即禁止公司资助他人购买公司股份。

（一）股份公司股份转让概述

股份公司的股份转让自由度极高，其原因在于股份公司以资合性作为其主要特点，区别于人合性，资合性体现了成员之间关系的财产性。资合性强调资本在股东之间的作用，至于谁出资并不是股份公司考虑的重点。而有限公司以人合性为基本特点，更加强调股东之间的人身信赖关系，这也是为什么《公司法》对股份公司的股份转让规定着墨不多，而对有限公司的股权转让加以诸多限制。

股份公司中，股份流动最为自由的领域为上市公司。数据调查显示，上市公司股东的平均持股时间为二十三天，甚至都不到一个月。投资者，或者说股民，在短期之内买进卖出是证券市场交易的一个典型特点。上市公司股份流动速度越快，投资者股票变现的便利性就越强。股票的流动性也成为衡量证券市场交易是否活跃的一个重要指标。

《公司法》第一百五十七条细化了股份公司股份转让的规定，强调股份公司的股份无论是对内还是对外均可自由转让，但同时规定，公司章程可以加以限制。此处的规定衔接了《公司法》第一百四十四条新增的类别股制度，明确股份公司发行“转让须经公司同意等转让受限的股份”具有正当性。紧接着的第一百五十八条则是对股份转让的场所限制，明确股份转让仅能在依法设立的证券交易场所进行，或者按照国务院规定的其他方式进行。目前，就“违背股份转让场所限制”的问题，法院无统一裁判结果，出现同案不同判的情况。最高法在审理的案件中曾明确表示，股份公司股东转让股份的场所或方式的规定，对股权转让关系效力并无影响，不能否定受让方通过合法的民事行为取得股份的权利，也不影响转让方与受让方之间股份转让协议的效力。但是2021年无锡市中级人民法院认为，挂牌后已纳入非上市公众公司监管的企业私下转让股权违反了《公司法》关于股权转让方式的禁止性规定，干扰了金融市场秩序、危及不特定股票投资者的利益，应认定无效，且系绝对无效。①

除上述限制之外，《公司法》第一百六十条作了更多、更为详细的禁止性规定，包括公开发行前的股份在公司上市后的转让限制；董监高在职时与离职后的股份转让限制；以及新增对控股股东和实际控制人股份转让的限制。上述规定有助于更好地维护市场经济秩序。

① 姚某、许某芳股权转让纠纷案，江苏省无锡市中级人民法（2021）苏02民终4456号民事判决书。

关联法条

第一百五十七条　股份有限公司的股东持有的股份可以向其他股东转让，也可以向股东以外的人转让；公司章程对股份转让有限制的，其转让按照公司章程的规定进行。

第一百五十八条　股东转让其股份，应当在依法设立的证券交易场所进行或者按照国务院规定的其他方式进行。

第一百六十五条　上市公司的股票，依照有关法律、行政法规及证券交易所交易规则上市交易。

（二）股票转让及确权

新《公司法》基于现有股票登记结算无纸化的现状，不再单独区分记名股票与无记名股票，直接删除了无记名股票的相关规定。相应地，新《公司法》不再规定原第一百三十九条与第一百四十条有关记名股票与无记名股票的转让规则。新《公司法》第一百五十九条统一规定股份公司的股票转让由股东以背书方式或者法律、行政法规规定的其他方式进行。根据该条的规定，非上市股份公司股份的转让，应当按照上述要求完成股票的背书或交付，完成股份的交割。必要时，应当由公司收回原股票凭证，重新根据前述法律规定换发新的股票。但是实践中，股份公司极少签发股票，大多无股票可供背书，多以股东名册和公司章程体现股东权益。这使得背书转让的规定在一定程度上被架空了，无法适应我国当前股份转让的实际操作。

在股份转让过程中，转让合同不属于应当办理批准、登记手续才生效的合同，因此股份转让合同自成立时生效。转让后由公司将受让人的姓名或者名称及住所记载于股东名册。变更股东名册是股权转让合同的履行内容，而非生效要件，因此是否变更并不影响股权转让合同的效力。股东名册的变更使受让方现实地取得股权，从而享有并行使股东权利。

股东会会议召开前二十日内或者公司决定分配股利的基准日前五日内，不得变更股东名册。特别法对上市公司股东名册变更另有规定的，从其规定。前项限制是为了便利公司股东会的召开，若在股东会召开前较短时间内，公司的股东构成仍处于变动不居的状态，会影响股东会审议事项与参会人数的决定，为降低会议成本、提高会议效率，公司需要提前进行准备，美国股东会设置记录日期的原因也在于此。同理，由于公司股东经常会发生变更，要求分配股利的基准日前五日内不得变更股东名册，方便确定有权获得股息或分派的股东。

《公司法》第一百五十九条的规定再次彰显了股东名册的重要性，股东名册记载的效力我们在之前提到过，股份受让方的姓名或名称记录在股东名册上后，受让方即获得股东资格，可以依股东名册主张行使股东权利。

关联法条

第一百五十九条　股票的转让，由股东以背书方式或者法律、行政法规规定的其他方式进行；转让后由公司将受让人的姓名或者名称及住所记载于股东名册。

股东会会议召开前二十日内或者公司决定分配股利的基准日前五日内，不得变更股东名册。法律、行政法规或者国务院证券监督管理机构对上市公司股东名册变更另有规定的，从其规定。

（三）股份公司股份转让的限制

我们曾提到，股份公司的股份转让最为自由。因股份公司以资合性为主，所以原则上，无论是股份的对内转让还是对外转让均不受限制，原股东也没有优先购买权。但这种自由不是无限度的，章程可以对股份的自由转让加以限制。此外，《公司法》第一百六十条也从法律层面明确对股份公司股份转让的限制。其中既包括对股份本身的限制，也包括对特定人的限制。这种具有限售条件或期限的股份统称为“限售流通股”。

对股份的限制，主要针对的是上市公司公开发行前的股份。公司公开发行股份前已发行的股份，自公司股票在证券交易所上市交易之日起一年内不得转让。此项限制延续了原《公司法》的规定。但在第一百六十条新增一款，股份在法律、行政法规规定的限制转让期限内出质的，质权人不得在限制转让期限内行使质权。此项规定是为了防止限售流通股在禁售期内通过质权人实现质权的方式，变相达到转让限制流通股的目的。

对特定人的限制，新《公司法》沿袭了原《公司法》对公司董监高股份转让的限制。具体包括董监高在公司上市交易后一年内不得转让股份、离职后半年内不得转让股份，并授权公司章程对董监高的股份转让加以额外限制。此外，本次《公司法》修订新增对股东、实际控制人的限制，并明确法律法规有特别规定的，从其规定。比如，沪深主板、创业板、科创板规定控股股东和实际控制人应当承诺：自发行人股票上市之日起三十六个月内，不转让或变相转让发行人公开发行股票前已发行的股份；创业板、科创板规定公司上市时未盈利的，在公司实现盈利前，控股股东、实际控制人自公司股票上市之日起三个完整会计年度内，不得减持首发前股份。关于减持的限制不一而足，股份限售的原因也多种多样。其中控股股东、实际控制人更是主要的限制减持对象，原因何在？

对外而言，减持乱象往往是由控股股东与实际控制人造成的，他们拥有着占绝对优势的资本力量。其减持行为能够引起市场的动荡，却不担负起市场维稳的责任和义务，无视中小股民的利益，随意减持。限制减持可以减少恶意操纵市场的可能性，降低市场风险。有助于稳定股价，维护投资者信心。对内而言，控股股东与实际控制人滥用权力控制股东会与董事会等公司内部治理结构的现象层出不穷，进而损害公司、中小股东以及利益相关者的合法权益以谋取个人私利。本次《公司法》修订对控股股东与实际控制人的股份转让加以限制，有助于促进公司稳定发展，构建稳定良好的市场经济秩序。

关联法条

第一百六十条　公司公开发行股份前已发行的股份，自公司股票在证券交易所上市交易之日起一年内不得转让。法律、行政法规或者国务院证券监督管理机构对上市公司的股东、实际控制人转让其所持有的本公司股份另有规定的，从其规定。

公司董事、监事、高级管理人员应当向公司申报所持有的本公司的股份及其变动情况，在就任时确定的任职期间每年转让的股份不得超过其所持有本公司股份总数的百分之二十五；所持本公司股份自公司股票上市交易之日起一年内不得转让。上述人员离职后半年内，不得转让其所持有的本公司股份。公司章程可以对公司董事、监事、高级管理人员转让其所持有的本公司股份作出其他限制性规定。

股份在法律、行政法规规定的限制转让期限内出质的，质权人不得在限制转让期限内行使质权。

（四）股份公司股东的回购请求权

在多数决机制中，公司合并分立、转让主要财产、修改章程等重要事项决议的通过，均取决于“多数人”的意见，而“少数人”属于被代表的一方。如果认为公司与股东之间的投资关系属于合同关系，则多数决的机制是为了保障公司的正常运作与经营效益，牺牲了合同关系中所谓的一致合意基础。在此情况下，如何妥善保护中小股东的权利，使其无须“被迫”接受一项干系重大的结果，同样属于公司法关注的重要问题。基于此，异议股东股份回购制度应运而生。

我国的异议股东回购请求权首次规定于2005年《公司法》第七十五条。在本轮公司法修订之前，股份公司股东仅在对股东会做出的有关公司合并、分立决议持异议时，才可要求公司回购其股份。除此之外，股份公司不得收购本公司股份。

而本次修法中，新《公司法》第一百六十一条规定，非公开发行股份的公司中，对股东会决议投反对票的股东可以请求公司按照合理的价格收购其股份。具体情况例如：（一）公司连续五年不向股东分配利润，而公司该五年连续盈利，并且符合本法规定的分配利润条件；（二）公司转让主要财产；（三）公司章程规定的营业期限届满或者章程规定的其他解散事由出现，股东会通过决议修改章程使公司存续。

这也意味着，针对非公开发行股份的股份公司，新《公司法》同样赋予了异议股东回购请求权。此种修订有助于解决封闭式股份公司中股东压迫的问题。因为我国股份公司不仅包括上市公司、新三板挂牌公司，还包括刚才提到的非公开发行股份的股份公司，这类公司的股份流通方式其实与有限公司并无太大差异，都相对封闭，所以将异议股东股份回购请求制度引入非公开发行股份公司是十分合理的。

但是，目前关于股份公司中异议股东回购请求权的规定与第八十九条有限公司的相比，异议范围较少，且没有控股股东滥用权利损害利益的回购情形。相比于有限公司，股份公司仅列举了“公司转让主要财产”时可主张回购股份的情形，将公司“合并、分立”的情形拆分至《公司法》第一百六十二条。这可能是因为，在公司“合并、分立”的语境下，由于受禁止内幕交易的规定限制，股东只有在董事会对外公开意向后才能知晓相关事宜。此时，公司股票价格可能已经受相关意向公开的影响开始下跌，公开市场恐怕无法为异议股东提供“公平退出”的渠道，所以未将“公司合并、分立”的情形放在异议股东回购请求制度之下也是一种立法考虑。

有限公司和股份公司的异议股东回购请求权对比表

	情形	有限公司	股份公司
异议股东请求回购	连续五年盈利不分红	√	√
	合并、分立	√	
	转让主要财产	√	√
	章程规定的营业期限届满或解散事由出现，股东决议修改章程使公司存续	√	√
受损股东请求回购	控股股东滥用股东权利，严重损害公司或者其他股东利益	√	

关联法条

第一百六十一条　有下列情形之一的，对股东会该项决议投反对票的股东可以请求公司按照合理的价格收购其股份，公开发行股份的公司除外：

（一）公司连续五年不向股东分配利润，而公司该五年连续盈利，并且符合本法规定的分配利润条件；

（二）公司转让主要财产；

（三）公司章程规定的营业期限届满或者章程规定的其他解散事由出现，股东会通过决议修改章程使公司存续。

自股东会决议作出之日起六十日内，股东与公司不能达成股份收购协议的，股东可以自股东会决议作出之日起九十日内向人民法院提起诉讼。

公司因本条第一款规定的情形收购的本公司股份，应当在六个月内依法转让或者注销。

（五）股份公司可以收购自己股份的情形

《公司法》第一百六十二条对公司收购本公司股份采原则禁止的立法模式。这是因为，一方面，以公司拥有的资金回购本公司股份，等同于减少了注册资本，毫无疑问是对资本充实原则的违反，动摇了公司的资本基础，有可能损害债权人利益。另一方面，公司以本公司资金回购自己的股份，也就是公司成为了自己的股东，此种“人格混同”会导致权利义务混淆，容易产生公司主要负责人侵占公司利益或侵害其他股东权益的违法行为。最后，如果公司肆意回购本公司股份，不仅会影响一般投资者的证券判断，导致市场交易的萎缩，且内部人员也可能利用信息不对称，谋取非法利益，甚至可能操纵市场，扰乱经济秩序。

《公司法》除明文规定“公司不得收购本公司股份”以外，但还同时列举了五种除外情形以及一种兜底情形。

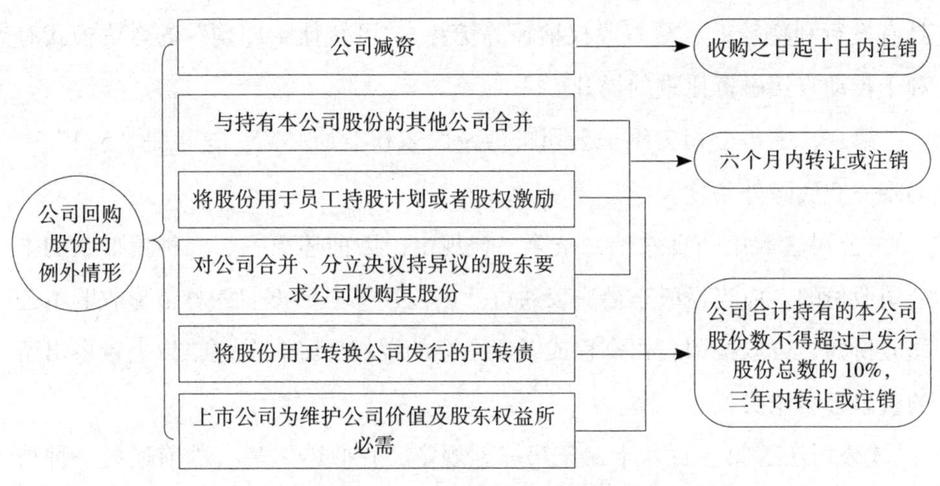

公司回购股份的例外情形及处理方式

第一，减少公司注册资本。我国《公司法》规定公司成立以后股东不得抽回出资，公司如果要减少注册资本，只能以公司的名义购买本公司股份。

第二，与持有本公司股份的其他公司合并。

第三，将股份用于员工持股计划或者股权激励。这实质上是上市公司拿出一笔钱要发给管理层或者员工，只是这笔钱并不直接发，而是通过从市场上回购股票，将钱变成股票后再发给员工。

第四，股东因对股东会作出的公司合并、分立决议持异议，要求公司收购其股份。此条在股份公司的异议股东回购请求权一节中曾提过，部分学者认为，本项应该与第一百六十一条的回购事项进行合并，将“公司合并、分立”与“公司转让主要财产”统一归纳为回购事项，但如前所述，此种分开立法的处理也有一定的立法考量。此外，第一百六十一条的三种情形也属于股份公司可以收购自己股份的情况。

第五，将股份用于转换公司发行的可转换为股票的公司债券。可转换公司债券简称可转债，是指发行人依法发行，在一定期间内依据约定的条件可以转换成股票的公司债券。等于以前是债权人，现在变成公司股东。可转债具有发行利率较低、缓解股权稀释等优势。“可转债 + 回购”的融资模式有利于推动直接融资比重的提升。

第六，上市公司为维护公司价值及股东权益所必需。这也是“5+1”中的唯一兜底除外条款。

《公司法》第一百六十二条第二款规定，因前述第一、二种情形收购本公司股份的，应当经股东会决议通过。因前述第三、五、六种情形收购本公司股份的，可以按照公司章程或者股东会的授权，经三分之二以上董事出席的董事会会议决议。

《公司法》第一百六十二条第三款规定，在收购之后，因前述第一种情形收购本公司股份的，应当自收购之日起十日内注销；因前述第二、四种情形收购本公司股份的，应当在六个月内转让或者注销；因前述第三、五、六种情形收购本公司股份的，公司合计持有的本公司股份数不得超过本公司已发行股份总数的百分之十，并应当在三年内转让或者注销。

对于上市公司而言，股份回购是实施并购重组、建立长效激励机制、优化治理结构的必要手段，是资本市场的一项基础性制度安排。优质的上市公司实施回购，一方面是展示其对于自身的业绩、资金和估值的自信；另一方面可以激发市场关注，提高市场活跃度。因此，上市公司积极回购，是增强投资者信心，向市场传递看好企业内在价值的信号。需要注意的是，《公司法》第一百六十二条第四款规定，上市公司收购本公司股份的，应当依照《证券法》的规定履行信息披露义务，因第三、五、六种情形收购本公司股份的，应当通过公开的集中交易方式进行。中国证券监督管理委员会在2023年12月15日公布新修订的《上市公司股份回购规则》，该规则对上市公司的回购要求作出了更细化的规定。

最后，《公司法》第一百六十二条第五款规定“公司不得接受本公司的股份作为质权的标的”。如果允许公司接受本公司股权作为质押标的，那么在质权行使时会突破股权转让及回购股权的限制，部分股东将会利用质押本公司股权的方式退出公司，从而使公司资本“三原则”受到严重冲击，损害公司及其他股东的合法权益。

关联法条

第一百六十二条　公司不得收购本公司股份。但是，有下列情形之一的除外：

（一）减少公司注册资本；

（二）与持有本公司股份的其他公司合并；

（三）将股份用于员工持股计划或者股权激励；

（四）股东因对股东会作出的公司合并、分立决议持异议，要求公司收购其股份；

（五）将股份用于转换公司发行的可转换为股票的公司债券；

（六）上市公司为维护公司价值及股东权益所必需。

公司因前款第一项、第二项规定的情形收购本公司股份的，应当经股东会决议；公司因前款第三项、第五项、第六项规定的情形收购本公司股份的，可以按照公司章程或者股东会的授权，经三分之二以上董事出席的董事会会议决议。

公司依照本条第一款规定收购本公司股份后，属于第一项情形的，应当自收购之日起十日内注销；属于第二项、第四项情形的，应当在六个月内转让或者注销；属于第三项、第五项、第六项情形的，公司合计持有的本公司股份数不得超过本公司已发行股份总数的百分之十，并应当在三年内转让或者注销。

上市公司收购本公司股份的，应当依照《中华人民共和国证券法》的规定履行信息披露义务。上市公司因本条第一款第三项、第五项、第六项规定的情形收购本公司股份的，应当通过公开的集中交易方式进行。

公司不得接受本公司的股份作为质权的标的。

第一百六十六条 上市公司应当依照法律、行政法规的规定披露相关信息。

（六）股份公司不得资助他人购买公司股份

新《公司法》新增了禁止财务资助制度，采取了“原则禁止、例外允许”的规制模式，主要是为了解决实务中经常存在的公司向外部人或员工提供借款等财务资助用于认购公司股权的问题。

那何为财务资助呢？该词并非严格的法律用语，而是一种普通的商业用语，各国法律一般也没有关于财务资助的法律定义。实务中的财务资助方式非常多样，包括赠与、借贷、发行债务证券、提供担保等积极方面的财务资助，也包括公司承担债务、免除他人债务等消极方面的财务资助。

禁止财务资助制度起源于英国，主要针对二十世纪二十年代的上市公司杠杆收购问题。二十世纪六十年代开始，其他国家和地区也纷纷以立法的形式确立禁止财务资助制度。

《公司法》第一百六十三条第一款明确规定，“公司不得为他人取得本公司或者其母公司的股份提供赠与、借款、担保以及其他财务资助，公司实施员工持股计划的除外”。此种制度设计有助于保护公司利益、避免借财务资助之名进行利益输送。禁止财务资助能够限制公司控制权人对公司资产的滥用行为，保护公司资产不会被不当减损。此外，此种制度设计也可以保证证券交易市场的价格真实地反映公司价值，避免公司利用自身资产干预股价，影响交易市场的秩序，扰乱股票价格，损害其他投资者的利益。

2023 年 2 月 17 日，中国证券监督管理委员会审议通过《上市公司证券发行注册管理办法》，其中第六十六条明确规定："向特定对象发行证券，上市公司及其控股股东、实际控制人、主要股东不得向发行对象做出保底保收益或者变相保底保收益承诺，也不得直接或者通过利益相关方向发行对象提供财务资助或者其他补偿。"

回到《公司法》法条中，其第一百六十三条对禁止财务资助制度规定了两种例外。

第一，公司实施员工持股计划的除外。一般认为，公司实施员工持股计划，有助于实现公司内部股权社会化和经济民主。而现实中，员工可能因为收入较低，难以购买公司股份，为了避免员工对外举债而行权，所以允许公司对员工提供财务资助。这种例外也是禁止财务制度的起源地英国所开创的，其他国家与地区进行了移植，我国本次立法加入此种例外的制度设计也值得肯定。

第二，为公司利益的除外。也就是第二款规定的"为公司利益，经股东会决议，或者董事会按照公司章程或者股东会的授权作出决议，公司可以为他人取得本公司或者其母公司的股份提供财务资助，但财务资助的累计总额不得超过已发行股本总额的百分之十。董事会作出决议应当经全体董事的三分之二以上通过"。因为禁止财务资助制度的核心就是为了防止公司利益受损，因此，在有利于公司利益的情况下，法律并不禁止此种财务资助行为。所以此条规定附上了特别程序的限制。需经过股东会决议是因为，在经济学意义上，股东是公司的所有者。如果股东同意公司为他人取得本公司股份，则基于公司自治的基本精神，公司法允许公司提供财务资助。此外，法律还允许董事会经过一定比例或股东会授权后作出相关决议，这是因为董事对公司负有受信义务，董事的行为不得损害公司利益，这也是受信义务的基本原理。因此，经过董事会决议的财务资助的条款和条件一般对公司来说是公平且合理的。

最后，《公司法》第一百六十三条第三款规定："违反前两款规定，给公司造成损失的，负有责任的董事、监事、高级管理人员应当承担赔偿责任。"公司的财务资助行为的基础是董事会决议，因此，负有责任的董事、高管自然应当对由此给公司造成的损失承担赔偿责任。同时，监事也由于负有监督职能，因此在监督不力的过错范围内也应承担一定赔偿责任。

关联法条

第一百六十三条　公司不得为他人取得本公司或者其母公司的股份提供赠与、借款、担保以及其他财务资助，公司实施员工持股计划的除外。

为公司利益，经股东会决议，或者董事会按照公司章程或者股东会的授权作出决议，公司可以为他人取得本公司或者其母公司的股份提供财务资助，但财务资助的累计总额不得超过已发行股本总额的百分之十。董事会作出决议应当经全体董事的三分之二以上通过。

违反前两款规定，给公司造成损失的，负有责任的董事、监事、高级管理人员应当承担赔偿责任。

第六节　公司的合并、分立、减资、增资

公司运营过程中，可能会经历多种变化，即使是经过登记的事项也可能发生变更，以适应公司经营情况和市场环境的需要。典型的变更包括公司的合并和分立，以及公司的增资和减资。这些事项均为经登记的重要事项，与

公司经营状况和股东收益关系紧密，因此发生变化时需要满足一定的条件和程序。

一、公司合并

"话说天下大势，分久必合，合久必分。"相信大家对《三国演义》中的这一段话并不陌生，它极其形象地概括了中国古代封建王朝的更迭史。对于公司来说，基于业务转型、结构调整、规避风险以及提升规模效应等动因，在公司内部、公司与公司之间，这种"分"与"合"也是常态。所谓"分"，是指公司分立；"合"则是指公司合并。我们先来看公司合并。

所谓合并，顾名思义，就是两个以上的公司合并为一个公司。根据《公司法》第二百一十八条第一款的规定，公司合并有吸收合并和新设合并两种类型。所谓吸收合并，在实践中常被称为并购，具体是指两个或两个以上的公司合并时，其中一个公司吸收其他公司后继续存在，被兼并的其他公司解散。比如甲公司吸收乙公司，在吸收合并后，甲公司仍然存续，而乙公司需要解散，并办理注销登记。新设合并，则是指两个或两个以上的公司合并成立一个新公司，参与合并的各个公司均解散。比如甲、乙两家公司新设合并为丙公司，则甲、乙公司解散，并办理注销登记，新的丙公司独存。简单来说，吸收合并就是"A+B=A"；新设合并则是"A+B=C"。

根据《公司法》第五十九条、第六十六条、第六十七条及第一百一十六条的规定，就公司合并这一事项，应由董事会制订合并方案，股东会以三分之二以上特别多数决的方式决议。之所以设置三分之二的高比例，是因为公司合并对股东利益影响甚巨，直接涉及公司资金巨额流动及股东持股比例的变化，进而波及股东承担的风险，不能仅以简单多数决的方式，改变股东间既有的持股比例安排。

不过，值得注意的是，《公司法》第二百一十九条设置了简易合并和小规模合并的例外。在这两种情况下，公司合并不必经股东会决议，而由董事会决议。

所谓简易合并，是指母公司持有子公司90%以上的股权，母公司决定合并子公司，此时子公司无须经股东会决议。原因在于，在子公司这种股权架构下，即使召开股东会，子公司有少数股东表示反对，也无法阻止合并决议的通过。所以，省去股东会决议环节有助于降低交易成本。此外，在新《公司法》对信义义务做了完善的背景下，将此类合并交由董事会作出决议，有助于以信义义务倒逼董事勤勉履职，更审慎地做出决策。

所谓小规模合并，是针对大公司吸收合并小公司而言的。《公司法》第二百一十九条第二款规定："公司合并支付的价款不超过本公司净资产百分之十的，可以不经股东会决议；但是，公司章程另有规定的除外。"大公司支付的对价少，自然对大公司的股东利益影响小，所以不需要经过合并公司的股东会决议。当然，《公司法》也允许章程作出另行安排。

公司合并后，合并各方的债权债务均由存续公司或新设公司承继。比如，在甲公司吸收乙公司而合并后，对于乙公司既有的债务，由甲公司负责清偿。而在甲公司和乙公司经由新设合并产生丙公司后，则由丙公司清偿甲、乙两公司的债务。这意味着，公司合并可能会对任何一方的债权人利益产生影响。公司合并，究竟是提升还是降低公司的偿债能力，其实是不确定的。所以，债权人需要得到保护。

根据《公司法》第二百二十条的规定，公司合并需要经过"签署协议→编制资产负债表及财产清单→通知债权人及公告"的程序。尤其需要注意的是，公司应当自作出合并决议之日起十日内通知债权人，并于三十日内在报纸上或者国家企业信用信息公示系统公告。而债权人在接到通知之日起三十日内，未接到通知的自公告之日起四十五日内，有权要求公司清偿债务或者提供相应的担保。

接下来，我们可以看一个近期公司合并的具体案例。2023 年 11 月重庆某股份有限公司发布公告称，拟通过向重庆某（集团）有限公司全体股东发行股份的方式，吸收合并重庆某（集团）有限公司。在这次交易完成后，重庆某股份有限公司作为存续方承继及承接重庆某（集团）有限公司的全部资产、负债、业务、人员及其他一切权利与义务。以上两主体均按照法律规定履行了通知及公告义务。如果在法定期限内，相关债权人未向两主体主张提前清偿的，相应未清偿债务将自交割日起由存续的重庆某股份有限公司承担。

关联法条

第二百一十八条　公司合并可以采取吸收合并或者新设合并。

一个公司吸收其他公司为吸收合并，被吸收的公司解散。两个以上公司合并设立一个新的公司为新设合并，合并各方解散。

第二百一十九条　公司与其持股百分之九十以上的公司合并，被合并的公司不需经股东会决议，但应当通知其他股东，其他股东有权请求公司按照合理的价格收购其股权或者股份。

公司合并支付的价款不超过本公司净资产百分之十的，可以不经股东会决议；但是，公司章程另有规定的除外。

公司依照前两款规定合并不经股东会决议的，应当经董事会决议。

第二百二十条　公司合并，应当由合并各方签订合并协议，并编制资产负债表及财产清单。公司应当自作出合并决议之日起十日内通知债权人，并于三十日内在报纸上或者国家企业信用信息公示系统公告。债权人自接到通知之日起三十日内，未接到通知的自公告之日起四十五日内，可以要求公司清偿债务或者提供相应的担保。

第二百二十一条 公司合并时，合并各方的债权、债务，应当由合并后存续的公司或者新设的公司承继。

二、公司分立

合并，是多个公司整合为一个公司；分立，自然与之相反，是一个公司分为多个公司。关于公司的分立，多数国家立法都没有明确规定其法定方式。但在学理上，通常将公司的分立分为新设分立和派生分立两种方式。

新设分立，是指将公司打散，分解成两个公司，原公司解散并注销。比如甲公司分解成乙公司和丙公司，新设分立后，甲公司不复存在。派生分立，是指公司法人资格保持，划出一部分成立新的公司。比如甲公司决议将生产分公司分离出去，而成立了乙公司。甲公司并非乙公司的股东，而是甲乙两公司股东完全相同。简单来说，新设分立是“A=B+C”；派生分立则是“A=A+B”。

与公司合并相同，公司分立亦会对股东利益产生巨大的影响，所以《公司法》亦将其交由股东会决议，并要求三分之二以上多数通过。

在程序上，二者均需要编制资产负债表及财产清单，都需要对债权人尽到通知义务。但在公司分立中，债权人无权主张公司提前清偿债务或提供担保，所谓通知，起到的仅仅是事项告知的作用。原因在于，原则上对于公司分立前的债务，由分立后的公司承担连带责任。这意味着，债权人利益不会受到影响。所以，债权人无权主张提前清偿。当然，如果公司在分立前，与债权人就债务清偿达成了另行安排的书面协议，此种约定当然具有法律效力。债权人只能按照协议的约定来主张债权。

关联法条

第二百二十二条　公司分立，其财产作相应的分割。

公司分立，应当编制资产负债表及财产清单。公司应当自作出分立决议之日起十日内通知债权人，并于三十日内在报纸上或者国家企业信用信息公示系统公告。

第二百二十三条　公司分立前的债务由分立后的公司承担连带责任。但是，公司在分立前与债权人就债务清偿达成的书面协议另有约定的除外。

三、公司减资

公司资本是公司经营存续的基础和重要保障，其反映出“股东已经投入或承诺向公司投入的资产价值，以及这一价值所代表的股东对公司的管理权和收益权”。在公司经营过程中，公司可能会因经营不善而出现亏损、可能会出现资本过剩而降低资金利用效率，部分股东亦可能想退出公司而收回投资等。上述正当商业需求需要得到满足，减少注册资本即为其提供了合法途径。

以公司是否需要向减资股东支付财产为标准，学理上将减资分为“支付型减资”和“非支付型减资”。在支付型减资中，公司需要向股东支付一定数额的财产。非支付型减资包括为弥补公司亏损和减免股东出资义务的减资。上述三种情形，均涉及股东之间激烈的利益冲突。所以，《公司法》将减资列为股东会决议事项，并要求三分之二以上特别多数决。

减资涉及公司注册资本的变化，直接影响着公司责任财产的范围，所以债权人利益与股东利益也存在激烈的冲突。为了使债权人利益得到更周延的保护，《公司法》第二百二十四条为减资设定了严格的程序：第一，公司应当编制资产负债表及财产清单。第二，应当由股东会作出减资决议。第三，公司应当自股东会作出减少注册资本决议之日起十日内通知债权人，并于三十日内在报纸上或者国家企业信用信息公示系统公告。第四，债权人在接到通知之日起三十日内，未接到通知的自公告之日起四十五日内，有权要求公司清偿债务或者提供相应的担保。

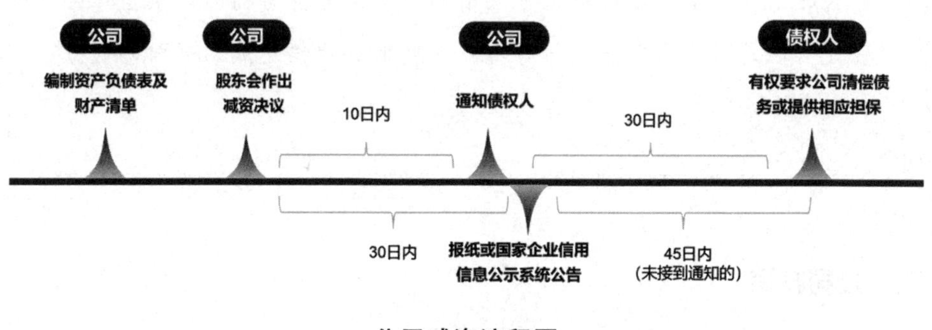

公司减资流程图

以全体股东是否均按相同的比例减少出资额或股份数为标准，可将减资分为“等比例减资”与“非等比例减资”。前者是指，全体股东按相同比例减少其出资额或股份数；后者则包括，全体股东均减资，但不按照相同比例减资，以及仅有部分股东减资而其他股东不参与减资（“定向减资”）两种情形。

在等比例减资中，由于减资数量是依照股东持股比例而作分配，因此在减资后，股东持股比例及对应的股权架构不会发生任何变化。非等比例减资则与之完全相反。首先，由于各股东对应减少的比例不同，因此，减资后各股东持股比例均会发生变化。这实质上是对公司设立时发起人经一致决而形成的股权架构进行了变更。进一步地讲，这意味着，在公司亏损或偿债能力显著下降时，高比例减资的股东会导致低比例减资或不减资的股东持股比例上升，这在实质上增加了后者的经营风险。其次，在公司亏损时，定向减资并向个别股东返还股权对应的投资款，实质上是未经清算程序变相向股东分配公司剩余财产，这可能对债权人利益造成损害。

原《公司法》并未对等比例减资与非等比例减资作出区别规定。所以，司法实践中有观点认为，二者均应当采用三分之二多数决的表决比例，这显然违背“相同事物相同对待，不同事物不同对待”的一般法理。在本次《公司法》修订中，一审稿和二审稿均忽略了这一问题。三审稿第二百二十四条第三款则对非等比例减资采“原则禁止，仅法律可设定例外”的严格限制模式。这引发了理论界和实务界的争论。严格限制非等比例减资，不仅与私募股权融资中——投资方以减资方式退出——这一合理正当的商业需求相冲突，而且与自《九民纪要》以来形成的司法实践共识相抵牾。更深层次的危害在于，在《公司法》中，公司自治为原则，法律干预为例外，严格模式完全剥夺了公司的自治空间，与放松资本管制和优化营商环境的取向相违背。

最终，新《公司法》第二百二十四条第三款允许公司对非等比例减资作出意定的自治安排。根据该款，在法律另有规定、有限责任公司全体股东另有约定或者股份有限公司章程另有规定的情况下，公司可以非等比例减资。“法律另有规定”的例外，存在两方面的积极作用。一方面，新《公司法》使用“法律另有规定”而非“本法另有规定”的词句，为《公司法》及其他法律拓展非等比例减资留下了空间。另一方面，该规定的存在，可以实现与异议股东回购制度的有力衔接。有限公司股东人数少、规模相对较小，采用全体股东约定模式既能充分尊重股东意思自治，又不至于带来过高的交易成本；而股份公司规模庞大，采用全体股东一致决模式无疑是变相封死了非等比例减资的实施路径——只要有一个股东不同意，此种减资将无法进行。故而，立法者将其交由章程作另外规定。

如前所述，非支付型减资包括使用公司注册资本来弥补亏损这种情形，此即《公司法》第二百二十五条第一款之规范内容。在此种情形下，资本不会由公司流向股东，公司净资产并不会发生变化，变动的只是资产负债表左右两侧的数字。所以，对债权人利益影响相对较小。为了降低交易成本，《公司法》第二百二十五条第二款为此设定了简易程序，即公司虽然仍需在报纸或者国家企业信用信息公示系统上公告，但不需要对债权人进行个别通知。相应地，债权人也无从主张提前清偿或提供担保。

上面讲到的都是一个合法的减资应当遵循的程序。对于守法者来说，重要的不仅是知道我们应该做什么，更重要的是了解，如果不这么做，有什么不利后果？

根据《公司法》第二百二十六条的规定，违法减资的，对股东来说，如果减资涉及向股东实际返还出资款，则股东应当退还其收到的资金，也就是说，“吃了公司的要吐出来”；如果减资是减免了股东的出资义务，则应当恢复原状。对于公司来说，如果公司因违法减资而遭受损失，股东及负有责任的董事、监事、高级管理人员应当承担赔偿责任。

减资对于公司正常经营存续而言至关重要，股东及董监高应当合法地进行减资，方能避免法律责任的承担。

关联法条

第二百二十四条　公司减少注册资本，应当编制资产负债表及财产清单。

公司应当自股东会作出减少注册资本决议之日起十日内通知债权人，并于三十日内在报纸上或者国家企业信用信息公示系统公告。债权人自接到通知之日起三十日内，未接到通知的自公告之日起四十五日内，有权要求公司清偿债务或者提供相应的担保。

公司减少注册资本，应当按照股东出资或者持有股份的比例相应减少出资额或者股份，法律另有规定、有限责任公司全体股东另有约定或者股份有限公司章程另有规定的除外。

第二百二十五条　公司依照本法第二百一十四条第二款的规定弥补亏损后，仍有亏损的，可以减少注册资本弥补亏损。减少注册资本弥补亏损的，公司不得向股东分配，也不得免除股东缴纳出资或者股款的义务。

依照前款规定减少注册资本的，不适用前条第二款的规定，但应当自股东会作出减少注册资本决议之日起三十日内在报纸上或者国家企业信用信息公示系统公告。

公司依照前两款的规定减少注册资本后，在法定公积金和任意公积金累计额达到公司注册资本百分之五十前，不得分配利润。

第二百二十六条　违反本法规定减少注册资本的，股东应当退还其收到的资金，减免股东出资的应当恢复原状；给公司造成损失的，股东及负有责任的董事、监事、高级管理人员应当承担赔偿责任。

四、公司增资

前面我们提到，资本是公司存续经营的基础和重要保障。在公司成立后，随着经营活动的开展，公司的资本实际上需要随之而变。当公司因扩大经营规模、业务发展而对资本的需求量增大时，除以借款方式来融资外，公司还可以增加注册资本的方式获取资金。

增资，不仅直接影响公司资本的变动，亦涉及各股东持股比例的调整。尤其是多数增资都涉及外来投资者的引入，这势必会打破公司既有利益格局。

前面我们提到，有限公司具有较强的人合性，其重视股东的个性，强调维持股东之间的信任关系，通俗来讲是“认人不认钱”。这在增资中的表现是，维护发起人经一致决而设定公司的股权架构。所以，根据《公司法》第二百二十七条的规定，有限责任公司增加注册资本时，股东在同等条件下有权优先按照实缴的出资比例认缴出资。当然，《公司法》也允许全体股东作出另行约定。比如，全体股东可约定对于新增的出资均由某一股东认缴。

与有限公司相反，股份公司具有鲜明的资合性，通俗来讲就是“认钱不认人”。所以，在其为增加注册资本而发行新股时，股东不享有优先认购权。当然，章程或股东会决议可以对股东优先认购权作出另行安排。实践中常见的是私募股权融资领域优先认购权的安排。一般情况下，风险投资人在向公司增资时，为降低股权被稀释的风险，其往往要求在投资后的公司章程中，约定其在公司下一轮融资过程中享有优先于其他股东认购增资的权利。

根据《公司法》第六十六条和第一百一十六条的规定，与减少注册资本相同，股东会负责对增资事项作出决议，并且，该决议须得到三分之二以上多数同意才能通过。

股东在认缴出资或认购新股后，都应当按照法律规定及时缴纳出资款或股款。这是股东出资义务的当然要求。若股东未履行或者未全面履行出资义务，公司或者其他股东有权起诉至法院，请求股东向公司履行。根据《公司法司法解释（三）》第十三条的规定，公司债权人亦有权请求该股东在未出资本息范围内，对公司债务不能清偿的部分承担补充赔偿责任。此外，根据《公司法》第五十一条的规定，董事负有催缴股东出资的义务。若其未及时履行催缴出资义务，而给公司造成损失的，负有责任的董事应当承担赔偿责任。

最后，值得注意的是，如果公司完成了增资的操作，需要及时至登记机关办理变更登记。如果公司未及时办理，公司登记机关首先会依据《市场主体登记管理条例》第四十六条责令改正，若公司拒不改正，则会被处以一万元以上十万元以下的罚款，甚至有可能吊销公司的营业执照。

关联法条

第二百二十七条　有限责任公司增加注册资本时，股东在同等条件下有权优先按照实缴的出资比例认缴出资。但是，全体股东约定不按照出资比例优先认缴出资的除外。

股份有限公司为增加注册资本发行新股时，股东不享有优先认购权，公司章程另有规定或者股东会决议决定股东享有优先认购权的除外。

第二百二十八条　有限责任公司增加注册资本时，股东认缴新增资本的出资，依照本法设立有限责任公司缴纳出资的有关规定执行。

股份有限公司为增加注册资本发行新股时，股东认购新股，依照本法设立股份有限公司缴纳股款的有关规定执行。

第七节　公司的解散和清算

公司解散和清算，意味着公司的一生走到了尽头。本节将对公司终止时涉及的解散、清算和注销展开介绍。一般情况下，公司解散后须经过清算才能导致公司终止。值得注意的是，解散与清算虽然常常一起出现，但二者不能混为一谈。此外，新《公司法》还规定了简易注销制度，以适当简化公司注销登记的程序。

一、公司的解散

公司解散的类型包括基于公司或股东意愿的解散、行政解散和司法解散。

（一）公司解散概述

公司是市场经济中非常重要的主体。在日常生活中，我们每一个人都直接或间接与许多公司打过交道。但正如人有生老病死，作为法人的公司，也有着自己的“生老病死”。“长生不老”或许是大多数公司的愿景，然而现实中公司的“命数”却不尽相同。有的公司“体弱早夭”，有的公司“中道崩殂”，有的公司“寿终正寝”，但殊途同归，这些公司都会面临公司解散的问题。

公司解散，是指已经成立的公司，基于一定的合法事由，使公司法人人格消灭的行为。公司虽为独立主体，却会牵扯多方利益。公司的解散，更是可能会对市场经济秩序和社会稳定带来冲击。因此，公司解散必须严格依照法律法规的相关规定进行，不可肆意妄为。

《公司法》规定的公司解散的原因，大致可以分为三类：一般解散、行政解散和司法解散。具体介绍如下：

1. 一般解散。有的公司出于种种考虑，在公司章程里规定了营业期限或其他解散事由，那么当章程规定的营业期限届满或者解散事由出现时，公司便可因此解散。有的公司虽然没有在章程里规定解散事由，但如果公司的最高权力机构股东会作出决议解散公司，也没问题。还有的公司因规划问题要与其他公司合并或者分立，由于公司吸收合并会导致被吸收方消灭，因而被吸收公司应当解散；而如果是两个或两个以上公司重新设立合并成为另一公司，新设合并时合并各方均应当解散；当公司分立时，如果原公司存续，则不存在解散问题，如果原公司分立后不再存在，则原公司应解散。以上公司章程规定、股东会决议、合并分立三种情况下的公司解散，与公司外的意志无关，为一般解散。

2. 行政解散。公司的行政解散也有三种情况：一是公司因违反法律、行政法规被主管机关依法责令关闭；二是行政机关撤销了有瑕疵的公司登记；三是公司因违反市场监督管理的相关规定，而被市场监管机关吊销营业执照。

3. 司法解散。司法解散是指，公司经营管理发生严重困难，继续存续会使股东利益受到重大损失，通过其他途径不能解决的，持有公司百分之十以上表决权的股东，可以请求人民法院解散公司。

此外，为保障公众知情权，并顺应信息化的时代要求，新《公司法》增加了公司解散事由公示义务。即如果公司出现上述解散事由，应当在十日内将解散事由通过国家企业信用信息公示系统予以公示。

但是，解散事由出现，公司就一定会解散吗？并不是，特定情形下公司也可能继续存续。如果公司出现了一般解散中的公司章程规定解散或者股东会决议解散的情形，且公司尚未向股东分配财产的，有限公司若经持有三分之二以上表决权的股东通过、股份公司若经出席股东会会议的股东所持表决权的三分之二以上通过，可以通过修改公司章程或者经股东会决议而存续。

关联法条

第二百二十九条　公司因下列原因解散：

（一）公司章程规定的营业期限届满或者公司章程规定的其他解散事由出现；

（二）股东会决议解散；

（三）因公司合并或者分立需要解散；

（四）依法被吊销营业执照、责令关闭或者被撤销；

（五）人民法院依照本法第二百三十一条的规定予以解散。

公司出现前款规定的解散事由，应当在十日内将解散事由通过国家企业信用信息公示系统予以公示。

第二百三十条　公司有前条第一款第一项、第二项情形，且尚未向股东分配财产的，可以通过修改公司章程或者经股东会决议而存续。

依照前款规定修改公司章程或者经股东会决议，有限责任公司须经持有三分之二以上表决权的股东通过，股份有限公司须经出席股东会会议的股东所持表决权的三分之二以上通过。

（二）股东的强制解散请求权

有句歌词这样唱道，“有些人走着走着就散了”，这正是许多公司股东内部的真实写照。上文我们提到了司法解散，采取这种解散方式往往是因为公司陷入僵局或者出现了其他严重问题，司法介入路径成为不得已的选择。具体来说，《公司法》规定如果公司经营管理发生严重困难，继续存续会使股东利益受到重大损失，通过其他途径不能解决的，持有公司百分之十以上表决权的股东，可以请求法院解散公司。由此可见，公司司法解散有三个实质构成要件：经营管理严重困难、继续存续会使股东利益受到重大损失、通过其他途径不能解决，缺一不可。

可是，一千个读者心中有一千个哈姆雷特，不同的人对“公司经营管理发生严重困难”的定义也不同。为细化股东提起诉讼的法律依据并明晰司法机关受理此类案件的法律门槛，《公司法司法解释（二）》进一步规定了股东申请法院解散的事由。如果公司持续两年以上无法召开股东会或者股东大会，公司经营管理发生严重困难；或者股东表决时无法达到法定或者公司章程规定的比例，持续两年以上不能做出有效的股东会或者股东大会决议，公司经营管理发生严重困难；或者公司董事长期冲突，且无法通过股东会或者股东大会解决，公司经营管理发生严重困难；亦或者经营管理发生其他严重困难，公司继续存续会使股东利益受到重大损失，满足这四种情况之一和其他实质构成要件，股东便可以向法院申请解散公司。

但为防止股东滥用司法解散给公司或者其他利益相关方造成损害，《公司法司法解释（二）》同时也规定了如果股东以知情权、利润分配请求权等权益受到损害，或者公司亏损、财产不足以偿还全部债务，以及公司被吊销企业法人营业执照未进行清算等为由，提起解散公司诉讼的，人民法院不予受理。

司法解散中，什么样的原告才是适格的呢？《公司法》规定持有公司全部股东表决权百分之十以上的股东可以提起公司解散之诉，《公司法司法解释（二）》进一步明确了持股百分之十以上的股东的含义，即单独或者合计持有公司全部股东表决权百分之十以上的股东。还需注意的是，百分之十是指股东向法院“起诉时”所持有的表决权比例，法院只对原告股东所持股份事实进行形式审查，只要股东能够依市场主体登记、股东名册等资料证明其所持股份情况即可，该股东没有实际出资到位或未实际支付受让股权的转让款，不影响其具有提起解散公司诉讼的主体资格，隐名股东则不能提起公司解散之诉。

那么司法解散应该以谁为被告呢？是公司还是法定代表人抑或是其他股东？对此，《公司法司法解释（二）》规定，股东提起解散公司诉讼应当以公司为被告。如果原告以其他股东为被告一并提起诉讼的，人民法院应当告知原告将其他股东变更为第三人；原告坚持不予变更的，人民法院应当驳回原告对其他股东的起诉。若其他股东或者有关利害关系人申请以共同原告或者第三人身份参加诉讼的，人民法院应予准许。

司法解散具有终局性和不可逆性。人民法院关于解散公司诉讼作出的判决，对公司全体股东具有法律约束力。人民法院判决驳回解散公司诉讼请求后，提起该诉讼的股东或者其他股东又以同一事实和理由提起解散公司诉讼的，人民法院不予受理。

公司自治既有人合性，又有资合性，若股东间人合性丧失，内部自治丧失信赖基础，公司陷入僵局而无法自行解决，司法解散变成了此时的一种必然。现实情况永远比法条规定更加纷繁复杂，实务中的裁判尺度也不尽相同。我们可以通过最高法指导案例，如“林方清诉常熟市凯莱实业有限公司、戴小明公司解散纠纷案”和“吉林荟冠投资有限公司及第三人东证融成资本管理有限公司与长春东北亚物流有限公司、第三人董占琴公司解散纠纷案”而略窥一二。

关联法条

第二百三十一条　公司经营管理发生严重困难，继续存续会使股东利益受到重大损失，通过其他途径不能解决的，持有公司百分之十以上表决权的股东，可以请求人民法院解散公司。

二、公司的清算

公司清算，是指在公司解散时，为终结公司作为当事人的各种法律关系，使公司的法人资格归于消灭，而对公司未了结的业务、财产及债权债务关系等进行清理、处分的行为和程序。公司除因合并或分立而解散外，其余原因引起的解散，均须经过清算程序。

（一）公司的自行清算

作为市场主体合规退出的必经流程，公司清算有三种类型。一是自行清算。这是指公司因章程规定的营业期限届满或章程规定的其他解散事由出现、股东会决议解散、依法被吊销营业执照、责令关闭或者被撤销、陷入僵局而解散，清算义务人依法在解散事由出现之日起十五日内成立清算组进行清算。二是法院指定清算。这是指公司依照法律规定应当清算，逾期不成立清算组进行清算或者成立清算组后不清算的，利害关系人可以申请人民法院指定有关人员组成清算组进行清算。人民法院应当受理该申请，并及时组织清算组进行清算；公司因依法被吊销营业执照、责令关闭或者被撤销而解散的，作出吊销营业执照、责令关闭或者撤销决定的部门或者公司登记机关，可以申请人民法院指定有关人员组成清算组进行清算。三是破产清算。这是指在公司不能清偿到期债务的情况下，依照《破产法》的规定所进行的清算。三种清算类型中，自行清算由市场主体自行组织完成，实践中受到的约束与干预较少，另外两种清算类型由于有司法机关介入，从而有着更为严格的要求。

此外，我们还需要了解两个概念。清算义务人与清算组。清算义务人是指基于其与法人之间存在的特定法律关系，在法人解散时，对法人负有依法组织清算的义务，并在法人因未及时清算给相关权利人造成损害时，依法承担相应责任的民事主体。公司的清算组，是指公司出现清算的原因以后依法成立的处理公司债权、债务的组织，公司的清算组是公司清算期间的代表者。需要注意的是，新《公司法》明确规定董事为清算义务人，而不是股东。原《公司法》区分有限公司和股份公司分别规定清算义务人，但新《公司法》作出改变，统一规定公司的清算组原则上“由董事组成”，以“公司章程另有规定或者股东会决议另选他人”为例外。这强化了董事的清算义务与责任，与其享有的经营管理权匹配，符合董事会中心主义的治理结构，而例外情形则保障了公司自治。《公司法》第二百三十二条第三款还规定“清算义务人未及时履行清算义务，给公司或者债权人造成损失的，应当承担赔偿责任”。同时，《公司法》第二百三十八条第二款规定：“清算组成员怠于履行清算职责，给公司造成损失的，应当承担赔偿责任；因故意或者重大过失给债权人造成损失的，应当承担赔偿责任。”清算赔偿责任本质上是一般侵权责任，适用过错责任原则，责任的成立必须具备违法行为、损害事实、因果关系和主观过错四个要件。

关联法条

第二百三十二条　公司因本法第二百二十九条第一款第一项、第二项、第四项、第五项规定而解散的，应当清算。董事为公司清算义务人，应当在解散事由出现之日起十五日内组成清算组进行清算。

清算组由董事组成，但是公司章程另有规定或者股东会决议另选他人的除外。

清算义务人未及时履行清算义务，给公司或者债权人造成损失的，应当承担赔偿责任。

（二）法院指定的公司清算

根据《公司法》第二百二十九条、第二百三十一条和第二百三十三条，如果一个公司因下列四种原因解散，就应当清算。一是公司章程规定的营业期限届满或者公司章程规定的其他解散事由出现；二是股东会决议解散；三是依法被吊销营业执照、责令关闭或者被撤销；四是经营管理发生严重困难，继续存续会使股东利益受到重大损失，持有公司百分之十以上表决权的股东请求人民法院解散公司。如果公司逾期不成立清算组进行清算或者成立清算组后不清算的，可以由人民法院指定有关人员组成清算组进行清算。此时，该公司的清算就属于法院指定的公司清算。

那么在法院指定的公司清算情形下，谁可以向法院申请指定清算组进行清算呢？根据《公司法》第二百三十三条规定，利害关系人可以申请人民法院指定有关人员组成清算组进行清算。哪些人是利害关系人呢？《公司法司法解释（二）》第七条将债权人、公司股东、董事或其他利害关系人纳入利害关系人范畴。也就是说，在法院指定的公司清算情形下，如果你是债权人、公司股东、董事或其他利害关系人，由你向人民法院申请指定清算组进行清算的，人民法院应予受理。此外，根据《公司法》第二百三十三条第二款规定，当公司因依法被吊销营业执照、责令关闭或者被撤销而解散时，作出吊销营业执照、责令关闭或者撤销决定的部门或者公司登记机关也属于利害关系人，可以申请人民法院指定有关人员组成清算组进行清算。

哪些人可以被法院指定为清算组成员呢？根据《公司法司法解释（二）》第八条第二款规定，清算组成员可以从下列人员或者机构中产生：一是公司股东、董事、监事、高级管理人员；二是依法设立的律师事务所、会计师事务所、破产清算事务所等社会中介机构；三是依法设立的律师事务所、会计师事务所、破产清算事务所等社会中介机构中具备相关专业知识并取得执业资格的人员。

在实务中，为了高效审结强制清算案件，也为了优化法治化营商环境，人民法院纷纷采取摇号的方式确定清算组。譬如，2023 年 5 月，昆明市五华区人民法院通过公开摇号的方式确定昆明某有限责任公司强制清算一案的清算组[①]。人民法院有号可摇，律师事务所等纷纷参与竞选，这就表明清算一定有一定收益。那么清算组的费用规则是怎么样的呢？《公司法》及其司法解释并未对清算组的费用规则作出规定，我们可以参考《最高人民法院关

---

① 《五华法院公开摇号选任强制清算案件清算组结果公示》，载“昆明市五华区人民法院”微信公众号，https://mp.weixin.qq.com/s/KbUtk8iNDJ1sWMLc0ig7rA，最后访问时间 2024 年 5 月 10 日。

于审理公司强制清算案件工作座谈会纪要》《诉讼费用交纳办法》等规定。这些规定非常详细，在此不一一赘述，如果大家感兴趣的话可以翻阅查找。

最后，法院指定的公司清算并非是无期限的。根据《公司法司法解释（二）》第十六条，“人民法院组织清算的，清算组应当自成立之日起六个月内清算完毕。”当然，如果特殊情况导致清算组无法在六个月内完成清算，清算组应当向人民法院申请延长。

关联法条

第二百三十三条　公司依照前条第一款的规定应当清算，逾期不成立清算组进行清算或者成立清算组后不清算的，利害关系人可以申请人民法院指定有关人员组成清算组进行清算。人民法院应当受理该申请，并及时组织清算组进行清算。

公司因本法第二百二十九条第一款第四项的规定而解散的，作出吊销营业执照、责令关闭或者撤销决定的部门或者公司登记机关，可以申请人民法院指定有关人员组成清算组进行清算。

（三）行政解散的公司清算

首先，什么是行政解散呢？根据我国《公司法》第二百二十九条，公司因依法被吊销营业执照、责令关闭或者被撤销而解散的属于行政解散。在行政解散的情形下，根据《公司法》第二百三十二条，董事为公司清算义务人，应当在解散事由出现之日起十五日内组成清算组进行清算，也就是说，如果你的公司因依法被吊销营业执照、责令关闭或者被撤销而解散，那么应当清算。此时，公司董事为公司清算的义务人，董事有义务在解散事由出现之日起十五日内组成清算组进行清算。

可是并不是所有董事都会积极履行公司清算义务，有的董事会逃避清算责任。那么当董事也就是清算义务人不清算时，债权人的利益将如何获得保障呢？对此，我国《公司法》第二百三十三条第二款规定："公司因本法第二百二十九条第一款第四项的规定而解散的，作出吊销营业执照、责令关闭或者撤销决定的部门或者公司登记机关，可以申请人民法院指定有关人员组成清算组进行清算。"这个时候，可以由作出吊销营业执照、责令关闭或者撤销决定的部门或者公司登记机关向法院申请清算。

此外，值得注意的是，为了尽可能将"僵尸企业"清出市场、提高市场经济效益，新《公司法》第二百四十一条新增强制注销制度。该条第一款规定："公司被吊销营业执照、责令关闭或者被撤销，满三年未向公司登记机关申请注销公司登记的，公司登记机关可以通过国家企业信用信息公示系统予以公告，公告期限不少于六十日。公告期限届满后，未有异议的，公司登记机关可以注销公司登记。"也就是说，如果你的公司被吊销营业执照、责令关闭或者被撤销，但出于各种原因你没有申请注销公司登记，公司登记机关可以在国家企业信用信息公示系统公告满六十日且无人提出异议后，注销你的公司登记。

提出新《公司法》的强制注销制度是想要和大家强调，即使在强制注销制度下，清算义务人的责任也不会受到影响。新《公司法》第二百四十一条第二款规定，"依照前款规定注销公司登记的，原公司股东、清算义务人的责任不受影响。"这项规定能够在提升市场经济效率的同时，更好地保护公司债权人的合法权益。

关联法条

第二百四十一条　公司被吊销营业执照、责令关闭或者被撤销，满三年未向公司登记机关申请注销公司登记的，公司登记机关可以通过国家企业信用信息公示系统予以公告，公告期限不少于六十日。公告期限届满后，未有异议的，公司登记机关可以注销公司登记。

依照前款规定注销公司登记的，原公司股东、清算义务人的责任不受影响。

（四）公司清算组的职权

清算组在公司里面的职权相当高。清理公司财产，分别编制资产负债表和财产清单，通知、公告债权人，清理债权、债务，分配公司清偿债务后的剩余财产，代表公司参与民事诉讼活动等职权都包括在内。其地位相当于公司解散阶段公司的董事会。

解散流程开始后，清算组应当在成立之日起十日内负责通知、公告债权人，让债权人申报债权。在这个过程中，不能私下对债权进行清偿。清算组应当清理公司财产，制定清算方案，报股东会或者人民法院确认。

清算方案制定好了之后，就应该具体执行了。清偿顺序应当为首先分别支付清算费用、职工的工资、社会保险费用和法定补偿金，缴纳所欠税款，清偿公司债务，之后的剩余财产，有限责任公司按照股东的出资比例分配，股份有限公司按照股东持有的股份比例分配。

清算过程中，公司不允许开展与清算无关的其他活动。而如果在该过程中发现公司财产不足以清偿的，就应该向人民法院宣告破产了。这时，清算组就应该把清算事务移交给人民法院指定的破产管理人，继而由破产管理人履行后续的职责。

公司清算结束后，清算组应当制作清算报告，报股东会或者人民法院确认，并报送公司登记机关，申请注销公司登记，公告公司终止。至此，公司的清算流程就整体完成了。

关联法条

第二百三十四条　清算组在清算期间行使下列职权：

（一）清理公司财产，分别编制资产负债表和财产清单；

（二）通知、公告债权人；

（三）处理与清算有关的公司未了结的业务；

（四）清缴所欠税款以及清算过程中产生的税款；

（五）清理债权、债务；

（六）分配公司清偿债务后的剩余财产；

（七）代表公司参与民事诉讼活动。

第二百三十五条　清算组应当自成立之日起十日内通知债权人，并于六十日内在报纸上或者国家企业信用信息公示系统公告。债权人应当自接到通知之日起三十日内，未接到通知的自公告之日起四十五日内，向清算组申报其债权。

债权人申报债权，应当说明债权的有关事项，并提供证明材料。清算组应当对债权进行登记。

在申报债权期间，清算组不得对债权人进行清偿。

第二百三十六条　清算组在清理公司财产、编制资产负债表和财产清单后，应当制订清算方案，并报股东会或者人民法院确认。

公司财产在分别支付清算费用、职工的工资、社会保险费用和法定补偿金，缴纳所欠税款，清偿公司债务后的剩余财产，有限责任公司按照股东的出资比例分配，股份有限公司按照股东持有的股份比例分配。

清算期间，公司存续，但不得开展与清算无关的经营活动。公司财产在未依照前款规定清偿前，不得分配给股东。

第二百三十七条　清算组在清理公司财产、编制资产负债表和财产清单后，发现公司财产不足清偿债务的，应当依法向人民法院申请破产清算。

人民法院受理破产申请后，清算组应当将清算事务移交给人民法院指定的破产管理人。

第二百三十九条　公司清算结束后，清算组应当制作清算报告，报股东会或者人民法院确认，并报送公司登记机关，申请注销公司登记。

第二百四十二条　公司被依法宣告破产的，依照有关企业破产的法律实施破产清算。

（五）清算组成员的义务和责任

清算组的地位相当于董事会，其成员履行职责时，负有忠实义务和勤勉义务。《公司法司法解释（二）》对于清算组成员的忠实勤勉义务进行了细化，其第十八条、第十九条明确规定：有限责任公司的股东、股份有限公司的董事和控股股东未在法定期限内成立清算组开始清算，导致公司财产贬值、流失、毁损或者灭失；因怠于履行义务，导致公司主要财产、账册、重要文件等灭失，无法进行清算；以上主体与实际控制人在公司解散后，恶意处置公司财产给债权人造成损失；未经依法清算，以虚假的清算报告骗取公司登记机关办理法人注销登记的，都属于违反义务的行为，需要承担赔偿责任。

新《公司法》在原有的基础上将“忠于职守，依法履行清算义务”变更为“负有忠实义务和勤勉义务”，这契合了清算组成员在《公司法》上的地位与公司董事相一致的观点。换言之，对于拟担任清算组成员的自然人而言，更应该三思而后行。

清算组成员怠于履行清算职责，给公司造成损失的，应当承担赔偿责任；因故意或者重大过失给债权人造成损失的，应当承担赔偿责任。清算组成员违反其法定义务承担的是“赔偿责任”。因此，其法律后果的规定源自侵权责任原理，在判断责任构成时，应当按照清算组成员主观上有过错、客观上未依法履行清算义务、造成损害、损害与清算义务人未依法履行清算义务之间存在因果关系进行把握。对作为公司员工或关联公司员工的个人而言，如果并非公司的股东、董事、高级管理人员，建议不要轻易担任清算组成员，更不要轻易在清算报告上签字。即便是公司股东、董事、高级管理人员，担任清算组成员也应当打起十二万分的注意，认真审慎地对待公司的债权债务，在存有疑点时拒绝签字同意清算报告。否则，一旦被认定为未尽法定职责，即可能将对公司或债权人承担赔偿责任。

关联法条

第二百三十八条　清算组成员履行清算职责，负有忠实义务和勤勉义务。

清算组成员怠于履行清算职责，给公司造成损失的，应当承担赔偿责任；因故意或者重大过失给债权人造成损失的，应当承担赔偿责任。

三、公司的注销与简易注销

公司清算结束后，应当进行注销。只有在登记机关完成注销公司登记，一个公司才算真正在法律上“死亡”。普通的注销程序比较复杂，《市场主体登记管理条例实施细则》有明确的规定。除了普通的注销外，值得关注得是新《公司法》新增的简易注销制度。《公司法》第二百四十条第一款规定："公司在存续期间未产生债务，或者已清偿全部债务的，经全体股东承诺，可以按照规定通过简易程序注销公司登记。"目前《公司法》仅对简易注销作出了初步规定，还未直接明确具体的适用对象、程序及相关操作流程。

实际上，2016年原工商总局就已经出台了《关于全面推进企业简易注销登记改革的指导意见》，其中规定简易注销程序适用于两种情况的公司：第一，领取营业执照后未开展经营活动；第二，申请注销登记前未发生债权债务或已将债权债务清算完结。具体的公司类型包括有限责任公司、非公司企业法人、个人独资企业、合伙企业。同时尊重公司意愿，由其自主选择适用一般注销程序还是简易注销程序。

此后，2018年市场监管总局继续出台《关于开展进一步完善企业简易注销登记改革试点工作的通知》，明确非上市股份有限公司申请简易注销登记时，只需提交《申请书》《指定代表或者共同委托代理人授权委托书》《全体发起人承诺书》和营业执照正、副本；各类企业分支机构申请简易注销登记时，只需提交《申请书》《指定代表或者共同委托代理人授权委托书》、企业盖章的《承诺书》和营业执照正、副本。

2022年，《市场主体登记管理条例》正式实施。该条例第三十三条详细规定了简易注销登记的各项要求。目前《公司法》关于简易注销登记的规定与该条例规定的内容大致是相同的。《公司法》第二百四十条第二款规定："通过简易程序注销公司登记，应当通过国家企业信用信息公示系统予以公告，公告期限不少于二十日。公告期限届满后，未有异议的，公司可以在二十日内向公司登记机关申请注销公司登记。"《市场主体登记管理条例》在此基础上，还进一步规定了"个体工商户按照简易程序办理注销登记的，无需公示，由登记机关将个体工商户的注销登记申请推送至税务等有关部门，有关部门在十日内没有提出异议的，可以直接办理注销登记”。此外，该条例还规定了不适用简易注销的情况，即“市场主体被吊销营业执照、责令关闭、撤销，或者被列入经营异常名录的，不适用简易注销程序”。

2023年，市场监管总局、海关总署、税务总局联合发布了《企业注销指引（2023年修订）》，其中明确规定了简易注销的详细流程，包含了适用对象、办理流程以及个体工商户简易注销部分。该指引要求“企业在申请简易注销登记时，不应存在未结清清偿费用、职工工资、社会保险费用、法定补偿金、应缴纳税款（滞纳金、罚款）等债权债务”。该指引还规定了利害关系人及相关政府部门的提出异议渠道，相关人员可以通过国家企业信用信息公示系统“简易注销公告”专栏的“异议留言”功能提出异议并简要陈述理由。在《公司法》规定的二十日期满未办理的，登记机关可根据实际情况予以延长时限，宽展期最长不超过三十日。也就是说，企业最晚应当在公示期满之日起五十日内办理简易注销登记。

最后，《公司法》第二百四十条第三款规定：“公司通过简易程序注销公司登记，股东对本条第一款规定的内容承诺不实的，应当对注销登记前的债务承担连带责任。”此款在一定程度上有利于遏制股东通过注销的方式逃避公司债务。根据市场监管总局提供的《全体投资人承诺书》格式版本，其中最后一句话是“本企业全体投资人对以上承诺的真实性负责，如果违法失信，则由全体投资人承担相应的法律后果和责任，并自愿接受相关行政执法部门的约束和惩戒”。因此，投资人在协商决定选择一般注销还是简易注销时，需要结合各方风险综合考量。

关联法条

第二百四十条　公司在存续期间未产生债务，或者已清偿全部债务的，经全体股东承诺，可以按照规定通过简易程序注销公司登记。

通过简易程序注销公司登记，应当通过国家企业信用信息公示系统予以公告，公告期限不少于二十日。公告期限届满后，未有异议的，公司可以在二十日内向公司登记机关申请注销公司登记。

公司通过简易程序注销公司登记，股东对本条第一款规定的内容承诺不实的，应当对注销登记前的债务承担连带责任。

第四章

公司如何治理：

公司的组织机构规则

公司治理，简单地说就是公司内部的权力安排或者公司决策、执行和监督的整套机制。我国公司治理长期以来为双层治理结构，即在股东会之下平行设置董事会与监事会，以实现对公司管理的监督和控制。但新《公司法》允许部分公司在特定情况下采取单层的治理结构，即在股东会之下不设监事会，只保留董事会。这些机构中，股东会是公司的决策机关，董事会是公司的决策和执行机关，监事会是公司的监督机关。

公司作为独立的法人，具有独立意志。这种独立意志并非是凭空产生的，而是来源于上述三类组织机构间的配合与制约，各机构之间配合与制约的过程就是公司治理的过程。只有妥善地治理公司，才能保证公司形成和作出正确的意志，进而维护相关方的利益。因此，《公司法》针对上述组织机构制定了较为详细的规则。

由于我国《公司法》将公司分为有限公司和股份公司两类，本章前两节将主要介绍有限公司和股份公司的组织机构规则。《公司法》还在第七章和第十三章分别规定了国家出资公司和外国公司的分支机构的特别规则，本章第三节和第四节也将围绕这两类特殊公司的组织机构规则进行介绍。

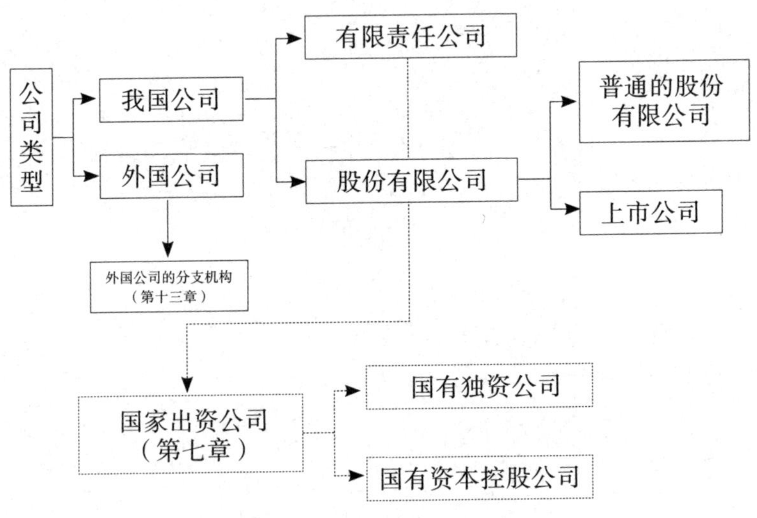

我国公司法对公司类型的划分

第一节　有限公司的组织机构

有限公司组织机构主要包括决策机构、执行机构和监督机构。股东会与董事会均属于决策机构范畴，其中，股东会是公司全体股东组成的决定公司重大问题的权力机构，董事会则是代表公司行使经营决策权的公司常设性机构。执行机构则主要涉及公司日常运作层面，由公司高级职员组成的具体负责公司经营管理活动的机构。监督机构则是指监事会或执行监事职能的审计委员会等，由其对公司运营过程当中的“人”与“事”进行监督。

一、有限公司的股东会

（一）有限公司股东会的定义

《公司法》第五十八条规定：“有限责任公司股东会由全体股东组成。股东会是公司的权力机构，依照本法行使职权。”该条关于股东会的定义具有三重含义：一是股东会是公司的权力机构；二是股东会是公司依法必须设立的公司组织机构；三是股东会由全体股东组成。

股东会以会议形式存在，只有在召开股东会会议时，股东会才作为履行实际决策职能的公司机关存在，其他时间股东们并不集中在公司。根据《公司法》第六十一条、第六十二条的规定，有限公司的股东会可以分为首次股东会会议和后续股东会会议，而后续股东会会议又可以分为定期会议和临时会议。

首次股东会会议，顾名思义，就是有限公司成立后第一次召开的股东会会议。公司刚刚成立，肯定有很多宏观和微观的事项需要股东们一起讨论和决策，其中一个核心议题就是表决和选举公司的董事、监事，毕竟公司成立后，不能所有事情全都由股东们亲力亲为，需要尽快选出董事、监事来负责具体管理和运营公司。

对于首次股东会会议，这里还需要多提一些它的特别之处，那就是首次股东会会议是由出资最多的股东召集和主持的。这样的制度设计是考虑到，出资最多的股东本身承担的责任和可获得的利益最多，更有动力来把股东们组织到一起运筹帷幄。另外需要强调的是，出资最多的股东只是享有召集大家和主持股东会会议的权利，并不意味着首次股东会会议的表决必须符合这位股东的意志，而是应按照法律或章程规定的表决比例进行表决。

定期股东会会议，是按照章程规定的时间定期召开的股东会会议。具体多久召开一次，《公司法》并没有明确限制。股东们可以在对章程进行设计或修改时进行灵活调整，无论是一年召开一次、半年召开一次，还是每个月召开一次都没有问题。

临时股东会会议是指在公司发生一些特殊情况，无法等到下一次定期会议再把股东们喊到桌前开会的时候，由特定主体提议召开的会议。根据《公司法》第六十二条，有三类主体可以提议召开临时股东会会议，分别是：代表十分之一以上表决权的股东、三分之一以上的董事或者监事会。

关联法条

第五十八条　有限责任公司股东会由全体股东组成。股东会是公司的权力机构，依照本法行使职权。

第六十一条　首次股东会会议由出资最多的股东召集和主持，依照本法规定行使职权。

第六十二条　股东会会议分为定期会议和临时会议。

定期会议应当按照公司章程的规定按时召开。代表十分之一以上表决权的股东、三分之一以上的董事或者监事会提议召开临时会议的，应当召开临时会议。

（二）有限公司股东会的职权范围

股东会是有限公司的权力机构。但是与董事会和监事会不同，它并不是管理公司日常事务的常设机构。股东会一般仅决定公司增资减资、董事监事选举等公司的“大事”。有限公司股东会的职权规定在《公司法》的第五十九条，概括起来就是三个词：“管人”“管钱”和“管方向”。

第一，“管人”。这主要包括选举和更换董事、监事，决定有关董事、监事的报酬事项；审议并批准董事会的报告；审议并批准监事会的报告。以某公司为例，甲和乙在公司中都有着“双重身份”，一方面，二人都是董事；另一方面，甲是董事长，乙是 CEO。其中，甲和乙的董事职位可以由股东会选举。但甲董事长的职位，并不当然由股东会任免，而是由公司章程规定的任免方式进行任免；乙 CEO 的职位，也不由股东会任免，而是由董事会任免。可见，如果要免掉乙 CEO 的职位，只需要召开一个董事会即可，便利性和时效性都会比较强，但如果要免掉乙董事的职位，就需要大动干戈召开股东会了。

第二，“管钱”。这主要包括审议并批准公司的利润分配方案和弥补亏损方案；对公司增加或者减少注册资本的事宜作出决议；对发行公司债券的事宜作出决议。在“管钱”的职权上，《公司法》第五十九条第二款有一处特别规定：股东会可以授权董事会对发行公司债券作出决议。也就是说，在股东会作出授权决议的情况下，之后对发行公司债券相关的事宜，可以不再等股东会召开时再讨论了，董事会在日常也可以对此进行决策。

第三，“管方向”。这主要包括对公司合并、分立、解散、清算或者变更公司形式作出决议；修改公司章程；公司章程规定的其他职权。在“管方向”上，新《公司法》相较于原《公司法》作出了较大的调整，把股东会“决定经营方针和投资计划”和“审议公司的年度财务预算方案、决算方案”的职权删除了，并将其交给公司章程来规定，比如章程可以规定相应职权由董事会行使。这一制度变化使得股东会和董事会的定位更加清晰，一定程度上体现了新《公司法》在公司治理层面，逐步转向“以董事会为中心”的公司治理模式。

对于上述事项的决定方式，新《公司法》还规定：“对本条第一款所列事项股东以书面形式一致表示同意的，可以不召开股东会会议，直接作出决定，并由全体股东在决定文件上签名或者盖章。”即在全体股东意思表示一致的情况下，可以对股东会事项决议程序进行简化，无须召开股东会会议，这也是对原《公司法》相关规定的延续。

关联法条

第五十九条　股东会行使下列职权：

（一）选举和更换董事、监事，决定有关董事、监事的报酬事项；

（二）审议批准董事会的报告；

（三）审议批准监事会的报告；

（四）审议批准公司的利润分配方案和弥补亏损方案；

（五）对公司增加或者减少注册资本作出决议；

（六）对发行公司债券作出决议；

（七）对公司合并、分立、解散、清算或者变更公司形式作出决议；

（八）修改公司章程；

（九）公司章程规定的其他职权。

股东会可以授权董事会对发行公司债券作出决议。

对本条第一款所列事项股东以书面形式一致表示同意的，可以不召开股东会会议，直接作出决定，并由全体股东在决定文件上签名或者盖章。

（三）有限公司股东会的召集与表决程序

在了解有限公司股东会“管什么”，也即股东会的职权范围之后，需要进一步明确股东会怎么“管”，也就是怎么行使其职权的问题。

1. 股东会的召集和主持

首先，任何一场会议都需要有人组织和主持，而公司股东日理万机，可能没有时间来操心股东会的具体细节，这时就要另有其人把所有股东聚在一起，告知大家会议讨论什么、表决什么，并记录会议的内容。于是，《公司法》通过法律规定的形式，明确了负责这项任务的主体。根据《公司法》第六十三条的规定，一般情况下，股东会会议由董事会负责召集，董事长负责主持。如果董事长不能主持会议，那就由副董事长主持，副董事长还不能主持的，过半数的董事可以共同推举一位董事来主持。如果整个董事会都罢工了，不能负责召集和主持，那这项工作就落到了公司的监事会身上。如果监事会也罢工了，则只能由股东自己主持，此时代表十分之一以上表决权的股东可以自行召集和主持股东会会议。由此可见，《公司法》对股东会的召集主体作了非常详尽的规定，用以确保股东会的顺利召开。

为了便于介绍，我们假定一家公司的董事会和董事长都没有罢工，都可以正常召集和主持会议，那么在章程规定的定期会议时间临近时，或者董事会收到了关于召开临时会议的提议后，董事会就有职责告知股东什么时候开会、在哪开会、开会的内容是什么等。《公司法》第六十四条规定，股东会会议召开前十五日，就应该向全体股东进行通知，但是，如果章程对这个十五天的期限做了调整，那么按照章程规定的期限即可。大家可不要小看这个通知的作用，如果董事会没有给某位股东发通知，那么其他股东聚在一起开股东会时，这位股东就完全不知情。结果，其他股东在没有这位股东参加的情况下作出了一份股东会决议。此时，这个决议的法律效力就是存在瑕疵的，视具体情况可能被认定为决议不成立或者决议可撤销，决议就有可能前功尽弃。

2. 股东会的表决

股东会会议召开时，股东在董事会主持下通常就各类重要问题进行充分讨论，并对相关议题进行表决。根据《公司法》第六十五条的规定，一般情况下，股东会会议由股东按照出资比例行使表决权。也就是说，假如甲和乙一起开了一家有限公司，甲持有这家公司百分之七十的股权，乙只持有百分之三十的股权，那么甲和乙在进行表决的时候，如果甲对一个事项投赞成票，乙投反对票，那么这个表决的结果并不是百分之五十赞成，而是百分之七十赞成。这也体现了有限责任公司一定的资合性特征，也就是谁出钱多，谁就有更多的话语权。但这里需要提醒的是，根据《公司法》第六十五条的规定，有限公司的表决比例可以由章程另行约定。比如虽然乙只持股百分之三十，但甲和乙可以事先通过章程确定由乙享有百分之三十四的表决权。

了解了表决的机制，那股东会表决的内容要怎样才能通过呢？根据《公司法》的规定，股东会表决事项存在相对多数决和绝对多数决的事项，这两类事项的表决通过比例是不一样的。绝对多数决的表决事项一般是触及公司根本的重大事项，例如《公司法》第六十六条第三款规定，对于修改公司章程、增加或者减少注册资本的决议，以及公司合并、分立、解散或者变更公司形式的决议，应当经代表三分之二以上表决权的股东通过。公司章程是对公司及全体成员有法律效力的文件，它的修改势必对公司有根本性的影响。

注册资本对公司自身的实力和债权人的权利也有影响，在增加或减少时需格外慎重。合并、分立、解散、变更公司形式更是涉及公司的变更和消亡。所以说，这些都是触及公司根本的事项，需要三分之二以上的表决权才能通过。这也是为什么刚刚提到乙要享有百分之三十四的表决权，如果他只有百分之三十的表决权，甲可以凭借百分之七十的表决权直接对公司的绝对多数决事项进行任何决定；但如果乙有百分之三十四的表决权，甲所享有的百分之六十六表决权就不足三分之二了，也就不能直接对绝对多数决事项进行拍板，或者说乙对于这类事项就享有了一票否决权。

在绝对多数决事项之外，其他的股东会表决事项就属于相对多数决事项了，比如董事、监事的选举，审议批准公司利润分配和弥补亏损方案等。根据新《公司法》第六十六条第二款，这类事项应当经代表过半数表决权的股东通过。原《公司法》在这里采取“二分之一以上”的表述，但是新《公司法》采用的是“过半数”，别看两个词语意思相近，但“二分之一以上”在法律上是包含本数的，也就是只要有百分之五十的赞同票这类表决就可以通过；但“过半数”不包含本数，只有百分之五十的赞同票，相当于没有表决通过。

此外，根据新《公司法》的规定，公司章程还可以对股东会的议事方式和表决程序做调整。比如章程可以约定，绝对多数决事项必须经过全体股东一致同意，或者经过四分之三以上表决权通过。但是对于绝对多数决事项，表决的比例是不可以低于三分之二的，即不能通过章程约定的方式将绝对多数决事项的表决通过比例调整至三分之二以下。这也是“绝对”的体现。同样，相对多数决事项的表决通过比例不得低于二分之一，否则并不符合法律规定的“多数决”特质。另外，有一部分相对多数决事项也可以由章程约定必须经过三分之二以上表决权通过等。换句话说，《公司法》对于表决比例的规定属于最低标准，章程完全可以在这个比例之上作进一步的约定。

3. 股东会的会议记录

股东会会议过程应当作会议记录，这是《公司法》第六十四条所要求的。股东会应当将所议事项的决定作成会议记录，出席会议的股东应当在会议记录上签名或者盖章。会议表决结束后，把会议记录置备至公司。至此为止，一场股东会会议就正式结束了。会议记录不仅方便各股东后续对会议过程的复盘，在一些时候也可以用来定责免责、定分止争。

关联法条

第六十三条　股东会会议由董事会召集，董事长主持；董事长不能履行职务或者不履行职务的，由副董事长主持；副董事长不能履行职务或者不履行职务的，由过半数的董事共同推举一名董事主持。

董事会不能履行或者不履行召集股东会会议职责的，由监事会召集和主持；监事会不召集和主持的，代表十分之一以上表决权的股东可以自行召集和主持。

第六十四条　召开股东会会议，应当于会议召开十五日前通知全体股东；但是，公司章程另有规定或者全体股东另有约定的除外。

股东会应当对所议事项的决定作成会议记录，出席会议的股东应当在会议记录上签名或者盖章。

第六十五条　股东会会议由股东按照出资比例行使表决权；但是，公司章程另有规定的除外。

第六十六条　股东会的议事方式和表决程序，除本法有规定的外，由公司章程规定。

股东会作出决议，应当经代表过半数表决权的股东通过。

股东会作出修改公司章程、增加或者减少注册资本的决议，以及公司合并、分立、解散或者变更公司形式的决议，应当经代表三分之二以上表决权的股东通过。

（四）只有一个股东的公司“股东会”

当公司只有一名股东的时候，股东一个人就能拍板决策了，也就不存在开会讨论的情况了。所以《公司法》第六十条也规定，只有一个股东的有限责任公司不设股东会。

既然公司没有股东会，那是不是股东一个人想怎么样就怎么样，一句话就决定公司的发展方向呢？答案是否定的。虽然股东的唯一性决定了这类只有一个股东的公司内部管理结构简单，但这不意味着股东就可以为所欲为。《公司法》明确规定了，只有一个股东的公司在行使关乎公司命脉的职权时，需要用书面的形式作出股东决定，并且要在股东决定上签字或盖章，再置备于公司。

需要说明的是，只有一个股东的有限公司不存在“股东会决议”，而是“股东决定”。如果在一人公司的文件中发现“股东会决议”，或者在非一人公司的文件中发现“股东决定”，这些表述都是不准确的。

《公司法》对只有一个股东的有限公司股东层面的决定有明确的形式要求，股东不能违反法律的规定任意地作出决策。股东决定的形式要求需要包含三个要点：第一是必须将决定的内容用书面形式固定下来，就好比你今天口头告诉大家决定要开始减肥，但是过了三天没坚持下来，你只需要说我之前没说过我要减肥就可以随时反悔。但如果你发了一条朋友圈昭告天下我要开始减肥了，通过书面形式固定下来了，想反悔可就有一定成本了。所以，书面形式不仅能妥善记录决定内容，还有减少内容被篡改的可能性。第二是必须有股东的签字或盖章，也就是股东对于决定内容的确认，这样登记机关在审查股东决定时，看到股东的签字盖章，形式上就可以认可它的真实性。第三是股东决定做好后必须置备在公司，有些只有一个股东的公司在管理上可能会比较随意，从法律层面要求统一置备股东决定可以保证材料的完整性，也便于未来查找和使用。所以，对于股东决定的形式要求并非多此一举，其具有必要性。

关联法条

第六十条　只有一个股东的有限责任公司不设股东会。股东作出前条第一款所列事项的决定时，应当采用书面形式，并由股东签名或者盖章后置备于公司。

二、有限公司的董事会

（一）有限公司董事会的定义与职权范围

董事会是由董事组成的负责公司经营管理活动的合议制机构。在股东会闭会期间，董事会是公司的日常决策机构，是代表公司行使经营决策权的公司常设性机构，发挥着上承股东会、下启经营管理层的重要作用，在公司治理中居于核心地位。前文介绍了有限公司股东会能够“管人”“管钱”和“管方向”，但董事会同样要对公司的日常管理、投资经营进行决策，那么在股东会已经确定了职权范围后，为了避免职权交叉，董事会又有多大的权力范围呢?

原《公司法》对有限公司董事会的职权进行了类型化的列举，相较于英美法系国家，我国公司董事会的权力范围小、强度弱，其在公司治理系统中存在着严重的“失焦”现象。为了扩张董事会权力、突出董事会在有限公司治理中的地位，在本次新《公司法》修订过程中，第一次审议稿中删除了对董事会职权的具体列举条款，采用了概括式的权力分配模式，即规定董事会“行使本法和公司章程规定属于股东会职权之外的职权”。也就是说，第一次审议稿的态度是，除法律明文规定属于股东会的职权不容董事会插手外，对于其他职权，董事会可以自由决策。然而，在后续的修订过程中，新《公司法》并没有采用第一次审议稿的态度，仍回归到原《公司法》的列举模式。但总体而言，新《公司法》仍加强并进一步保障了董事会在公司经营中的独立地位，强化了董事会的主观能动性与决策能力。

根据新《公司法》第六十七条，董事会有权召集股东会会议，执行股东会决议，决定公司的经营计划和投资方案，制订关于分红、补亏、增资减资、发行公司债券、公司合并分立、解散或者变更公司形式的方案，决定公司内部管理机构的设置，决定聘任或解聘经理及其报酬，并根据经理的提名决定聘任或者解聘公司副经理、财务负责人及其报酬，制定公司的基本管理制度等。除此之外，董事会还可行使公司章程规定或者股东会授予的其他职权。对比原《公司法》，新《公司法》删除了“制订公司的年度财务预算方案、决算方案”的职权，即财务预算与决算方案不用上董事会了，有利于提高预决算工作效率。同时，新《公司法》增加了“股东会授予的其他职权”这样的表述，延展了董事会的可能的行事空间。

需要说明的是，公司章程可以对董事会的职权范围做出约束，这是公司自治的应有之义。但是，这种限制不可避免地会对市场交易安全产生影响，比如和公司进行交易的第三人，可能无法看到公司的章程，也难以了解公司章程对于董事会职权的特殊安排，从而错误地做出决策或实施交易。因此，新《公司法》第六十七条第三款以“不得对抗善意相对人”来妥善地平衡公司自治与交易安全之间的制度冲突。所谓“不得对抗”，就是说公司内部的限制不对善意相对人产生影响，而是仅在公司内部产生效力，即不能以此为由要求善意相对人了解章程的特殊约定并据此进行交易安排。但是，对于恶意相对人，例如相对人作为公司前高管，其明知章程对董事会职权进行了特殊限制，公司对外担保应经股东会决议，而不能仅由董事会决议担保，在该情形下，相对人仍与公司完成交易，由公司提供担保，此时若相对人仅审查董事会决议，以此跳过股东会决议程序而获取担保利益，则其属于恶意相对人，章程内部关于董事会职权限制的约定可以对抗该恶意相对人。

关联法条

第六十七条　有限责任公司设董事会，本法第七十五条另有规定的除外。

董事会行使下列职权：

（一）召集股东会会议，并向股东会报告工作；

（二）执行股东会的决议；

（三）决定公司的经营计划和投资方案；

（四）制订公司的利润分配方案和弥补亏损方案；

（五）制订公司增加或者减少注册资本以及发行公司债券的方案；

（六）制订公司合并、分立、解散或者变更公司形式的方案；

（七）决定公司内部管理机构的设置；

（八）决定聘任或者解聘公司经理及其报酬事项，并根据经理的提名决定聘任或者解聘公司副经理、财务负责人及其报酬事项；

（九）制定公司的基本管理制度；

（十）公司章程规定或者股东会授予的其他职权。

公司章程对董事会职权的限制不得对抗善意相对人。

（二）有限公司董事会的成员

一般而言，董事会的成员要有三人以上，其中可以包含公司的职工代表。新《公司法》第六十八条取消了原《公司法》中董事会最多为十三人的人数上限，并要求职工人数在三百人以上的公司必须在董事会中设置职工代表。

前文介绍了，有限公司的股东会具有“管人”的职权，可以选举公司董事。但并非所有的董事会成员均是由股东会选举产生的，这种例外在于“职工代表”。如果是职工代表担任董事，则需由公司职工通过职工代表大会、职工大会或者其他形式民主选举产生；如果是其他董事，才由股东会选举聘任。不过并非所有人员都可以作为候选人参与董事的选举，新《公司法》第一百七十八条将一些“不合适的人”拉入了“黑名单”，如果一个自然人丧失或部分丧失行为能力、曾涉足贪污贿赂犯罪等，则不能担任公司董事。需要说明的是，上述资格中并不要求公司董事必须是公司的职工，公司的董事可以是母公司、关联公司委派的员工，也可以完全是外部人员。

被选举成为董事的董事会成员自然享有了参与董事会表决的权力。董事会决议的表决机制采取一人一票制，换句话说就是“数人头”。理论上每一个董事的地位都是平等的，所以在设置董事会人数时，最好设定为奇数，这样可以避免董事会投票时陷入平票困局。此外，就像班级里需要有一名班长在老师不在时维持秩序一样，董事会会议的召开也总要有个人来牵头，否则就会一团乱麻、效率低下。因此《公司法》设置了董事长来召集和主持董事会会议。此外，公司内还可以设置副董事长。董事长和副董事长的产生办法均由公司章程自治。

在日常生活中，大家经常听到的一个说法是，“董事长是公司的一把手”。这个说法“对”也“不对”。对的原因是这是由我国公司治理的特殊现状所决定的。一方面，一般情况下我国公司股权高度集中，多数公司的董事长均代表着大股东利益，因此“位高权重”；另一方面，在国有企业中，董事长往往与党委书记合一，自然就有了“一把手”的实名。既然都是“位高权重的一把手”了，为什么又说不对呢？虽然董事长“一把手”的定位，决定了其具有经营者（经理层成员）的身份，但董事会的一项重要职责，就是对经理层进行有效监督。这意味着，董事会必须与经理层分离，否则监督便无从谈起，或者名为监督、实为自我监督，监督效能大打折扣。若强化董事长的“一把手”定位，势必将会造成集监督者和被监督者于一身的矛盾窘境，这不利于公司治理的效能提升。

这里还有一个问题，如果公司规模很小，根本连三名董事都“凑不齐”，无法组成董事会该怎么办呢？《公司法》第七十五条规定，规模较小或者股东人数较少的有限责任公司，可以不设董事会，设一名董事，行使本法规定的董事会的职权。该董事可以兼任公司经理。这有助于小规模公司“轻装上阵”，稳步经营。

关联法条

第六十八条　有限责任公司董事会成员为三人以上，其成员中可以有公司职工代表。职工人数三百人以上的有限责任公司，除依法设监事会并有公司职工代表的外，其董事会成员中应当有公司职工代表。董事会中的职工代表由公司职工通过职工代表大会、职工大会或者其他形式民主选举产生。

董事会设董事长一人，可以设副董事长。董事长、副董事长的产生办法由公司章程规定。

第七十五条　规模较小或者股东人数较少的有限责任公司，可以不设董事会，设一名董事，行使本法规定的董事会的职权。该董事可以兼任公司经理。

（三）有限公司董事的任与辞

1. 有限公司董事的任期

《公司法》第七十条规定，董事任期由公司章程决定，但每届任期不得超过三年。董事任期届满，连选可以连任。也就是说，基于公司自治，公司章程可以约定董事每届任期为三年或低于三年，但法律不允许每届董事任期超过三年。董事任期届满时，如果经过公司有权机关决议继续聘任，那么董事就可以连任。

不过，有时还会存在某名董事已经不再继续担任公司董事，但公司仍未选举出新董事的“空档期”情形。例如，鉴于董事的重要性，有些公司在董事换届上往往极为慎重，现实中会出现各种董事换届延期的情形，比如候选人提名尚未完成导致董事无法按期换届。此外，还有一种情形是董事在任期内主动辞职导致董事会的成员低于法定人数的，也会导致空档期的出现。在这种空档期情形下，为了保证董事会工作的稳定性和连续性，《公司法》第七十条规定了空档期内原董事需要继续履职，直至改选出的董事就任。

2. 有限公司董事如何辞任

相较于原《公司法》，新《公司法》第七十条第三款增加了董事辞任的相关规定。实践中，一般将公司和董事之间的关系看作委托代理关系，董事作为代理人，可以单方向公司发出解除委托代理关系，也即辞任的通知，公司在收到通知之日起，董事的辞任就已经生效。但新《公司法》第七十条第三款作出了进一步规定：第一，董事辞任必须以书面形式向公司发出通知，不能仅仅以口头形式辞任。第二，一般情况下，公司收到通知之日起辞任就生效，但如果出现董事辞任导致董事会成员低于法定人数的，辞任董事应当继续履职，直到改选的新董事上任。在委托代理关系下，基于公司法律的特殊规范，董事对公司负有忠实义务和勤勉义务。所谓忠实义务，就是要求董事以公司利益作为自己行为的最高准则，这是一种信赖义务；所谓勤勉义务，就是要求董事必须作为一个谨慎、善意的人，以管理自己的财产时所具有的勤勉程度去管理公司，属于一种管理义务。在上述特殊情况下，辞任董事应当继续履职，同样是勤勉义务的体现之一。

此外，如果辞任的董事同时担任着公司的法定代表人，那么根据新《公司法》第十条第二款，该名董事辞任的时候，视为同时辞去法定代表人。法定代表人是公司对外进行意思表示的机关，由代表公司执行公司事务的董事或者经理担任。法定代表人以法人名义从事的民事活动，其法律后果由法人承受，法人章程或者股东会对法定代表人代表权的限制，同样和对董事职权的限制一样，不得对抗善意相对人。实践中，多数公司的法定代表人都是由董事长或董事担任，因其签字、签章关乎着公司经营的方方面面，故法定代表人必须要足够了解公司经营情况。而董事辞任后，对公司不再负有忠实、勤勉义务，对公司经营活动也不再负责。设想一下，如果董事辞去了其职务，却仍然担任公司的法定代表人，不再了解或不想了解公司经营，如何能代表公司对外进行真实、准确的意思表示，况且这也难以让公司外部第三人信服。实践中，法定代表人身份的争夺也十分激烈，董事卸任后同时视为辞去法定代表人身份，可以避免卸任董事对公司形成控制，避免其余董事相互推诿职责或者争夺职权，影响公司经营和稳定。

3. 有限公司董事可被解任

除董事主动向公司通知辞任外，公司也可以主动作出决议来解任董事。根据《公司法》第七十一条第一款，股东会可以决议解任董事，决议作出之日解任生效。该条是《公司法》新增的规定，不过《公司法司法解释（五）》第三条第一款此前也有类似规定，即董事任期届满前被股东会或者股东大会有效决议解除职务，其主张解除不发生法律效力的，人民法院不予支持。可见，《公司法》该条规定是对《公司法司法解释（五）》第三条第一款规定的延续。

从劳动关系角度来看，公司不可以无任何理由地随意解除劳动合同、辞退员工，但这只是《劳动合同法》针对公司员工的保护。如前文所述，董事与公司之间并不是劳动合同关系，而是委托代理关系，董事也并不一定是公司员工。所以公司解任董事理论上不应适用《劳动合同法》的规则，在委托代理关系下，公司作为委托人可以任意解除委托代理关系。当然，公司作出这样的意思表示必须通过公司内部决议的形式达成。

同时，公司解任董事也要遵循公平原则，不能无故损害董事的合法权益。《公司法》第七十一条第二款同时规定，董事在任期内被无正当理由解任的，可以要求公司给予赔偿。此前的《公司法司法解释（五）》第三条第二款也规定，董事职务被解除后，因补偿与公司发生纠纷提起诉讼的，人民法院应当依据法律、行政法规、公司章程的规定或者合同的约定，综合考虑解除的原因、剩余任期、董事薪酬等因素，确定是否补偿以及补偿的合理数额。

关联法条

第七十条　董事任期由公司章程规定，但每届任期不得超过三年。董事任期届满，连选可以连任。

董事任期届满未及时改选，或者董事在任期内辞任导致董事会成员低于法定人数的，在改选出的董事就任前，原董事仍应当依照法律、行政法规和公司章程的规定，履行董事职务。

董事辞任的，应当以书面形式通知公司，公司收到通知之日辞任生效，但存在前款规定情形的，董事应当继续履行职务。

第七十一条　股东会可以决议解任董事，决议作出之日解任生效。

无正当理由，在任期届满前解任董事的，该董事可以要求公司予以赔偿。

（四）有限公司董事会的召集与表决程序

董事会多久开一次？具体怎么召开？在影视剧中，我们有时会看到有些公司将董事会安排在三亚这种旅游胜地召开，或者是每半年才召开一次董事会，但这种开会方式合理合规吗？《公司法》是否对其有相关规定呢？

其实，鉴于有限公司人合性和封闭性的特点，董事会的表决程序和开会时间等都取决于公司的自治。《公司法》第七十三条第一款规定，董事会的议事方式和表决程序，除本法有规定的外，由公司章程规定。也就是说，董事会怎么开、开会的频率、表决方式等，都可以由公司章程来规定。

类似于公司的股东会，要开会，就需要有召集人和主持人。股东会一般由公司董事会召集、董事长主持，而根据《公司法》第七十二条，董事会的召集和主持都由董事长负责，当董事长不能负责的时候，由副董事长负责，如果副董事长也不能负责，就由过半数的董事们共同推举一名董事来召集和主持董事会。

对于参会的人数，相较于原《公司法》，新《公司法》第七十三条第二款有了新规定，要求董事会会议应有过半数的董事出席才可以举行，董事会决议也需要全体董事过半数通过。这种表决方式和股东会的表决方式有所不同，主要体现在：第一，股东会表决一般是按照股东所持有的出资比例进行表决，而董事会是按照人数进行表决；第二，股东会对出席人数没有限制，但董事会要求过半数董事出席会议才能举行；第三，《公司法》规定，股东会的表决方式可以由章程另行规定，但董事会的表决方式需要遵守《公司法》的规定，不能由章程改变。《公司法》的该项规定，体现了严格会议制度、提高会议质量、强化董事会运行规范性和有效性的立法精神，也是对董事会制度的进一步细化。

对于董事会的投票表决，根据《公司法》第七十三条第三款，是采取一人一票、按人头表决的方式，不会因为各个董事的持股比例、任职岗位、任职长短等产生变化，这也是为了防止有大股东通过董事控制董事会，继而阻碍董事会发挥其妥善经营公司的作用。

董事会开完后，根据《公司法》第七十三条第四款，还应当对所讨论决议的事项进行书面记录，以便于股东和监事们进行查阅监督，出席董事会的董事还应该在书面的会议记录上签名，这样一旦因为董事会的不恰当决议给公司造成了损失，就可以按照签名追究通过董事会决议的董事们的相关责任。

关联法条

第七十二条　董事会会议由董事长召集和主持；董事长不能履行职务或者不履行职务的，由副董事长召集和主持；副董事长不能履行职务或者不履行职务的，由过半数的董事共同推举一名董事召集和主持。

第七十三条　董事会的议事方式和表决程序，除本法有规定的外，由公司章程规定。

董事会会议应当有过半数的董事出席方可举行。董事会作出决议，应当经全体董事的过半数通过。

董事会决议的表决，应当一人一票。

董事会应当对所议事项的决定作成会议记录，出席会议的董事应当在会议记录上签名。

（五）公司经理

《公司法》第七十四条第一款规定，有限公司可以设经理。大家在影视剧中常会看到某某公司总经理、总裁、CEO 等光鲜亮丽的角色，这些顶着“老总”头衔的人物常常是这家公司运营的核心，掌握着公司的发展命脉。但实际上，所谓的“总经理”“总裁”“CEO”都不是《公司法》上的法定职位，在《公司法》上，只有“经理”才是法定的机关。公司经理也可以由公司的董事来兼任，在公司业务运营方面经理和董事常常互相配合、共同发挥作用。

有限公司经理的制度主要规定在新《公司法》第七十四条，与原《公司法》相比，有限公司经理职权的规定发生了翻天覆地的变化。新《公司法》没有采取原《公司法》对经理职权逐一列举的立法模式，而是规定“经理对董事会负责，根据公司章程的规定或者董事会的授权行使职权”。这就将经理的职权范围完全交给了公司自治，《公司法》不再插手公司自己的内部安排，公司想要为经理设置多大的权力都可以，只需要公司章程规定或者董事会授权即可。

这种立法模式进一步拓展了公司自治的空间，顺应了本次《公司法》修订的潮流。然而，由此带来的问题是，经理的职权不再来源于法定，而是由各个公司自己的公司章程或者董事会授权，那么在公司经理对外从事活动的时候，就可能会出现经理的对外代理权不确定的问题。因为公司的交易相对方毕竟是公司外部人，知悉公司内部的章程或者授权肯定是难上加难，难免会出现表见代理的问题，即经理在何种情况下作出的对外活动虽然没有授权或者章程规定，但仍然是有效的呢？事实上，虽然《公司法》在此没有明确规定，但我们也可以结合《公司法》第六十七条第三款等规定作出理解，公司章程和董事会授权对经理职权所作的限制不应对抗善意相对人，除非这个相对人已经知道经理的职权范围。

除此之外，《公司法》第七十四条第二款还规定经理应列席董事会会议。也就是说，公司经理应参加董事会会议，但其只能对会议讨论的内容发表一些意见建议，并没有表决的权利。经理可以自己开会，比如经理办公会等，来商讨公司具体业务开展等相关事宜，但这种会议是公司内部自己决定的，而不是《公司法》上规定的会议，所以也并不适用董事会和股东会的议事规则，总体上赋予了经理层面相关会议更大的自治权。

关联法条

第七十四条　有限责任公司可以设经理，由董事会决定聘任或者解聘。

经理对董事会负责，根据公司章程的规定或者董事会的授权行使职权。经理列席董事会会议。

（六）有限公司不设董事会的情形

有限公司董事会属于非必设机构，有限公司不一定要有董事会。根据《公司法》第七十五条，规模较小或者股东人数较少的有限责任公司，可以不设董事会，设一名董事，行使本法规定的董事会的职权。该董事可以兼任公司经理。因此在《公司法》的规定下，公司股东可以共同选择一名信任的董事，行使原本属于董事会的职权。从本质上讲，董事会是公司规模逐渐扩大的情况下，由股东选任的代理人。在规模较大的公司中，股东不能对公司的任何事务亲力亲为，所以股东聘用董事会作为其代理人，行使经营管理权。而在规模较小或者股东人数较少的有限责任公司中，往往股东有能力管理公司，董事会也并无设置的必要。这也是《公司法》第七十五条规定的原理之所在。

事实上小微公司是公司的基本形态，在经济中扮演着相当重要的角色。由于小微公司的规模不大，因此更需要节约成本。其中一个方面的成本就是机构和人员的成本。取消在小微公司中并不能发挥作用的董事会，可以大大减少公司的相关成本。与此同时，小微公司的其中一个关键优势即为决策效率高，公司中往往由控股股东控制公司的发展与经营，而设立“叠床架屋”式的公司机构徒增决策效率的繁琐程度，并无实际用处。

不过,《公司法》第七十五条的“规模较少”以及“股东人数较少”的含义较为模糊。一般而言,“规模较小”的认定可以综合考虑注册资本额、职工人数以及股东人数等方面的因素。《公司法》并未对规模较小以及股东人数较少进行具体的规定,这是由于考虑到实践中公司的情况往往复杂多样,公司对于组织机构的需求也各不相同,因此很难由法律作出统一的规定,一旦设置具体标准,在实践中可能不具有灵活性与合理性。在不违反法律强制性规定的前提下,如何确立公司治理结构、提高运营效率、维护股东权益,都应交由股东自己决定。因此,《公司法》充分地授权投资者自主判断公司规模,进而决定是否设置董事会。

此外,相较于原《公司法》,新《公司法》关于只设置一名董事的规定有些变化。第一,新《公司法》不再将这一名董事称为“执行董事”,执行董事不再是准确、专业的法律表述。第二,原《公司法》将执行董事的职权交由公司章程进行规定,而新《公司法》修改了这一规定,明确其“行使本法规定的董事会的职权”,即该董事可以径行适用新《公司法》第六十七条关于董事会职权的规定,行使其在有限公司中的职权,修订后的规定降低了法律规范在适用层面的繁琐程度。

关联法条

第七十五条　规模较小或者股东人数较少的有限责任公司,可以不设董事会,设一名董事,行使本法规定的董事会的职权。该董事可以兼任公司经理。

三、有限公司的监事会

（一）有限公司监事会的定义与职权范围

为提升公司的管理效能，保护股东及利益相关者的利益，除外部的法律监督、社会监督外，作为内部监督机构的监事会成为公司监督体系的重要组成部分。监事会与董事会为平行关系，由监事会负责监督公司的董事和高级管理人员，并对股东会负责。对公司而言，制度监督是关键，民主参与管理是制度监督的补充，二者缺一不可，由此可见监事会的重要性。

《公司法》第七十八条以列举的方式详细规定了监事会的职权，将法条规定的六项职权进行简单划分，可分类为“监督钱”“监督人”和“开会”三种职权。“监督钱”具体是指监事会检查公司财务。“监督人”具体是指监事会对董事、高级管理人员执行职务的行为进行监督，对违反法律、行政法规、公司规章或股东会决议的前述人员提出解任的建议，并且监事会可以纠正董事和高管损害公司利益的行为，必要时可以对董事和高管提起诉讼以维护公司的利益。“开会”是指监事会不仅有权提议召开临时股东会会议，也可以召集并主持股东会的定期会议。但需要注意的是，监事会的召集权在程序层面劣后于董事会，只有当董事会不履行《公司法》规定的召集和主持股东会会议职责时，监事会才可以召集和主持股东会会议。此外，根据《公司法》第七十九条第一款，监事还可以列席董事会会议，并对董事会决议事项提出质询或者建议。

不过，监事会在行使上述监督职权时，需要以公司内部的一些原始资料或者其他情况作为依据，因此，新《公司法》第八十条第二款规定了董事、高级管理人员应当如实向监事会提供有关情况和资料，不得妨碍监事会或者监事行使职权。不过除此之外，新《公司法》较于原《公司法》，在第八十条第一款还另外增加了“监事会可以要求董事、高级管理人员提交执行职务的报告”的规定，此项变动在一定程度上扩张了监事会的权利，监事会由过去只能被动等待董事、高管提交相关材料，到如今可以主动要求董事、高管提交报告，增强了监事会履职的主动性，有助于激活监事会的监督效能。

为了调动监事会行使职权的积极性，《公司法》第八十二条规定，监事会行使职权所必需的费用由公司承担。此处的“必需费用”除《公司法》第七十九条第二款规定的监事会发现公司经营情况异常进行调查时，聘请会计师事务所等协助其工作产生的必要费用外，实践中还包括：聘请会计师事务所对财务会计报告进行审计的报酬等费用，以公司名义起诉董事、高级管理人员支付的诉讼费用和律师代理费用，依法召集和主持股东会会议支付的会议经费等。总而言之，“必要费用”仅限于监事会行使职权的必需开支，与职权无关的费用公司没有承担的义务。

关联法条

第七十八条　监事会行使下列职权：

（一）检查公司财务；

（二）对董事、高级管理人员执行职务的行为进行监督，对违反法律、行政法规、公司章程或者股东会决议的董事、高级管理人员提出解任的建议；

（三）当董事、高级管理人员的行为损害公司的利益时，要求董事、高级管理人员予以纠正；

（四）提议召开临时股东会会议，在董事会不履行本法规定的召集和主持股东会会议职责时召集和主持股东会会议；

（五）向股东会会议提出提案；

（六）依照本法第一百八十九条的规定，对董事、高级管理人员提起诉讼；

（七）公司章程规定的其他职权。

第七十九条　监事可以列席董事会会议，并对董事会决议事项提出质询或者建议。

监事会发现公司经营情况异常，可以进行调查；必要时，可以聘请会计师事务所等协助其工作，费用由公司承担。

第八十条　监事会可以要求董事、高级管理人员提交执行职务的报告。

董事、高级管理人员应当如实向监事会提供有关情况和资料，不得妨碍监事会或者监事行使职权。

第八十二条　监事会行使职权所必需的费用，由公司承担。

（二）有限公司监事会的组成成员

有限公司的监事会由监事组成。监事是为了防止董事、高级管理人员滥用职权，损害公司及股东的利益，而在公司内部设立的“监察人员”。根据《公司法》第七十六条第二款，有限公司监事会成员为三人以上，监事会成员应当包括股东代表和职工代表。监事会作为监督机构，为了维持客观公正的立场，由股东代表和职工代表组成自然具有重要意义。同时该款明确规定，监事会成员中职工代表的比例不得低于三分之一，具体比例由公司章程规定。这些职工代表是通过职工代表大会、职工大会或者其他形式民主选举产生的，这也是公司职工参与公司管理的一种方式。从名称上可知，职工监事既是公司的职工，同时也是监事，在该双重身份之下，职工监事既要遵守监事的相关规定，又因职工代表的身份有其“独特”之处。

监事会组成后，需要设一名监事会主席。监事会主席需要由全体监事过半数选举产生。根据《公司法》第七十六条第三款，监事会主席负有召集和主持监事会会议的义务，如果监事会主席不能履行职务或者不履行职务的，则由过半数的监事共同推举一名监事召集和主持监事会会议。

由于监事是由股东会和公司职工民主选举产生的，为了保证监事的独立性，有效行使监督职权，避免既当裁判员又当运动员的情况出现，《公司法》第七十六条第四款还规定了“董事、高级管理人员不得兼任监事”。

对于有限公司监事的任期，《公司法》第七十七条规定，监事的任期每届为三年。监事任期届满，连选可以连任。监事任期届满未及时改选，或者监事在任期内辞任导致监事会成员低于法定人数的，在改选出的监事就任前，原监事仍应当依照法律、行政法规和公司章程的规定，履行监事职务。正常情况下，监事会换届大致流程是：发布换届公告、召开监事会提名候选人、进行选举。但实践中经常因各种原因无法按时换届的情况时有发生。在这种情况下，与董事换届的规则相同，相应监事应当继续履行监事职务，直至改选出的新监事就任。

关联法条

第七十六条　有限责任公司设监事会，本法第六十九条、第八十三条另有规定的除外。

监事会成员为三人以上。监事会成员应当包括股东代表和适当比例的公司职工代表，其中职工代表的比例不得低于三分之一，具体比例由公司章程规定。监事会中的职工代表由公司职工通过职工代表大会、职工大会或者其他形式民主选举产生。

监事会设主席一人，由全体监事过半数选举产生。监事会主席召集和主持监事会会议；监事会主席不能履行职务或者不履行职务的，由过半数的监事共同推举一名监事召集和主持监事会会议。

董事、高级管理人员不得兼任监事。

第七十七条　监事的任期每届为三年。监事任期届满，连选可以连任。

监事任期届满未及时改选，或者监事在任期内辞任导致监事会成员低于法定人数的，在改选出的监事就任前，原监事仍应当依照法律、行政法规和公司章程的规定，履行监事职务。

（三）有限公司监事会的召集与表决程序

根据新《公司法》第八十一条第一款，监事会每年度至少召开一次会议，监事可以提议召开临时监事会会议。需要注意的是，《公司法》仅对有限公司监事会的定期会议最低频率进行了规定，而有限公司股东会及董事会的定期会议的频率均由公司自行确定，并无最低频率的规定。

根据新《公司法》第八十一条第三款，监事会的表决规则类似于董事会，必须经全体监事的过半数通过，也即按照全体监事的人头数，而非出席会议监事的人头数。不过监事会的程序不要求过半数监事出席。相较于原《公司法》，新《公司法》第八十一条第四款还增加了监事会表决“应当一人一票”的规定。此外，类似于董事会，新《公司法》第八十一条第五款也规定，监事会应当对所议事项的决定作成会议记录，出席会议的监事应当在会议记录上签名。

关于监事会开会的其他程序性事宜，新《公司法》第八十一条第二款授权给公司章程自行规定。

关联法条

第八十一条　监事会每年度至少召开一次会议，监事可以提议召开临时监事会会议。

监事会的议事方式和表决程序，除本法有规定的外，由公司章程规定。

监事会决议应当经全体监事的过半数通过。

监事会决议的表决，应当一人一票。

监事会应当对所议事项的决定作成会议记录，出席会议的监事应当在会议记录上签名。

（四）有限公司不设监事会的情形

《公司法》第七十六条第一款规定，有限公司一般设监事会，但根据《公司法》第六十九条、第八十三条另有规定的除外。那么到底是在哪些情形下有限公司可以不设置监事会呢？

1. 有限公司在董事会中设置审计委员会

《公司法》第六十九条开创了有限公司治理中可选的监督机构的改革。根据该条规定，有限公司可以在董事会中设置由董事组成的审计委员会，代替监事会行使《公司法》规定的应该由监事会行使的职权。

这种对于监督机构的改革规定实际上源于实践中监事会的监督不力。虽然《公司法》对监事会的法定职权进行了列举，但是在现实的公司中，相较于董事会成员，监事会在公司中往往属于从属地位，其监督权的行使往往也因这种地位而受限。因此在实践中，公司的监事会被长期虚置，甚至被大众称为“花瓶监事”。同时，实践中公司由董事会行使经营管理权，监事会往往不了解公司日常状况，不参与公司经营管理，只能对公司的经营管理活动进行有限的事后监督。在这样的监督过程中，他们无法及时防范公司在经营过程中存在的风险，因此监事会行使监督权的内容也十分狭窄。此外，由于监事会成员空有监督权，但没有与之匹配的人事权、薪酬决定权，并不能对监督的对象施加实质影响，因此监督也很难有说服力。在这样的背景下，监事会长期处于公司治理的边缘地位，监督权的行使极为受限，监督机制的改革便呼之欲出。

对于在股东会下设立平行的董事会与监事会的机制，一般称之为“二元式公司监督机制”；而在股东会下仅仅设立一个董事会，由董事会中的审计委员会行使监督权的机制，则一般被称为“一元式公司监督机制”。在美国的公司治理中，董事会中同时存在审计委员会、薪酬委员会、提名委员会等。同时，美国公司法对于其中董事的独立性进行规定，保证了监督权行使的独立性。本次《公司法》修订引入的“一元式公司监督机制”一定程度上是对于美国监督机制的借鉴。根据《公司法》的规定，有限公司可以根据自身的结构特点、经营模式在“二元式公司监督机制”和“一元式公司监督机制”中做出选择，以平衡公司经营中的制度成本，并探索建立良性高效的监管机制。

审计委员会的成员来自董事会，这一规定实际上是对专门委员会制度惯例的法律确认。专门委员会制度在欧美国家的发展起源就是为了解决独立性很高且人数规模较大的董事会决策问题，将众多独立董事根据其专业特征分布到不同的专门委员会中以更好地发挥其专业职能，这也是有一定规模的股份有限公司设置审计委员会的原因。

但在规模较小的有限责任公司中，是否有设置审计委员会的必要、审计委员会成员是否会与董事会成员高度重合、审计委员会是否能真正发挥监督效果等，均值得再思考。原因在于，审计委员会行使的是监事会职权，监事会承担的主要职责之一就是对董事会的监督，但审计委员会成员也是董事，这便陷入了自己监督自己的窘境和怪圈。

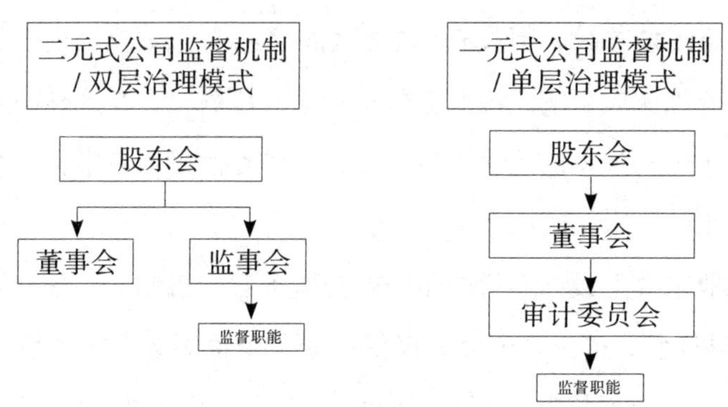

一元式公司监督机制与二元式公司监督机制

2. 规模较小或者股东人数较少的公司可以不设监事会

《公司法》第八十三条规定，对于规模较小或者股东人数较少的有限责任公司，可以不设监事会，设一名监事，由该监事行使《公司法》规定的监事职权。另外，在全体股东一致同意的情况下，公司也可以不再设监事。

总体而言，是否设置监事会，是否采取设置审计委员会或一名监事的形式替代监事会，这些问题都将由众多的有限公司在未来的实践中，结合自身情况进行摸索。

关联法条

第六十九条　有限责任公司可以按照公司章程的规定在董事会中设置由董事组成的审计委员会，行使本法规定的监事会的职权，不设监事会或者监事。公司董事会成员中的职工代表可以成为审计委员会成员。

第八十三条　规模较小或者股东人数较少的有限责任公司，可以不设监事会，设一名监事，行使本法规定的监事会的职权；经全体股东一致同意，也可以不设监事。

第二节　股份公司的组织机构

总体而言，股份公司的组织机构的设置、机构组成、职权分配、议事规则、表决方式等均与有限公司具有一定的同质性。但鉴于股份公司具有更强的公众性、资合性，故《公司法》对于股份公司相关组织机构的要求相较有限公司更为严格，由此也产生了一些股份公司特有的制度安排。另外，根据股票是否在证券交易所上市交易，股份公司可分为上市公司与非上市公司。针对涉及广泛投资者利益的上市公司，为维护资本市场交易安全，《公司法》在第五章设专节规定了“上市公司组织机构的特别规定”，在组织机构设置、特别决议、信息披露、持股限制方面有更为细致、严格的规定。对此，本节将围绕股份公司的股东会、董事会、监事会展开分析，并注重区分其与有限公司组织机构在法律规范层面的特殊性，同时对上市公司基本概念及相关特别规则进行介绍。

一、股份公司的股东会

（一）股份公司股东会的定义及职权范围

《公司法》第一百一十一条规定，股份有限公司股东会由全体股东组成。股东会是公司的权力机构，依照本法行使职权。《公司法》第一百一十二条规定，本法第五十九条第一款、第二款关于有限责任公司股东会职权的规定，适用于股份有限公司股东会。可见，股份公司与有限公司股东会的职权具有一致性，具体包括：选举和更换董事、监事，决定有关董事、监事的报酬事项；审议批准董事会、监事会的报告；审议批准公司的利润分配方案和弥补亏损方案；对公司增、减资以及发行公司债券作出决议；对公司合并、分立、解散、清算或者变更公司形式作出决议；修改公司章程；公司章程规定的其他职权。

需要注意的是，原《公司法》将股份公司的权力机构称之为“股东大会”，同有限公司进行了区分，但新《公司法》将所有公司的权力机构统称为“股东会”，避免了不必要的混乱，使得法律规定的适用更加顺畅。未来“股东大会”将不再是标准的法律用语。

与有限公司股东会一致，股份公司的股东会会议同样可以分为定期会议和临时会议。不过不同于有限公司可以由章程自行约定，《公司法》明确规定了股份公司召开定期会议的频率，以及召开临时会议的法定事由。《公司法》第一百一十三条明确规定，股东会应当每年召开一次年会，即股份公司股东会至少每年召开一次定期会议。此外，临时股东会会议作为处置公司突发重大变故而召开的会议，《公司法》第一百一十三条规定了六种公司必须在两个月内召开临时股东会会议的情形，具体包括：（一）董事人数不足本法规定人数或者公司章程所定人数的三分之二时；（二）公司未弥补的亏损达股本总额三分之一时；（三）单独或者合计持有公司百分之十以上股份的股东请求时；（四）董事会认为必要时；（五）监事会提议召开时；（六）公司章程规定的其他情形。需要说明的是，《公司法》第一百一十三条关于股份公司股东会的召开是法律的强制性规定，不可由公司章程或股东之间的协议加以排除。

《公司法司法解释（二）》第一条将公司持续两年以上无法召开股东会，公司经营管理发生严重困难，视为公司僵局的情形之一。当公司僵局出现时，持有公司全部股东表决权百分之十以上的股东，可以请求人民法院解散公司。股东会会议与司法强制解散关系甚密，由此可见股东会会议的重要性。

关联法条

第一百一十一条　股份有限公司股东会由全体股东组成。股东会是公司的权力机构，依照本法行使职权。

第一百一十二条　本法第五十九条第一款、第二款关于有限责任公司股东会职权的规定，适用于股份有限公司股东会。

本法第六十条关于只有一个股东的有限责任公司不设股东会的规定，适用于只有一个股东的股份有限公司。

第一百一十三条　股东会应当每年召开一次年会。有下列情形之一的，应当在两个月内召开临时股东会会议：

（一）董事人数不足本法规定人数或者公司章程所定人数的三分之二时；

（二）公司未弥补的亏损达股本总额三分之一时；

（三）单独或者合计持有公司百分之十以上股份的股东请求时；

（四）董事会认为必要时；

（五）监事会提议召开时；

（六）公司章程规定的其他情形。

（二）股份公司股东会的召集程序与股东提案权

1. 股份公司股东会的召集和主持

召集和主持兼具权利和义务的双重属性，股东会是股东行使表决权的基础，如果公司各方推卸责任，没有人召集或主持股东会，股东权利也将会失去保障，这也是《公司法》详细规定股份公司股东会会议召集和主持规则的原因。股份公司股东会会议的召集和主持规则基本与有限公司一致，根据

《公司法》第一百一十四条第一款、第二款的规定，股东会会议由董事会召集，董事长主持；董事长不能履行职务或者不履行职务的，依次分别由副董事长、过半数董事推举的董事、监事会、连续九十日以上单独或者合计持有公司百分之十以上股份的股东召集和主持。股份公司的规则除在股东自行召集和主持的情形下，对于股东的资格要求与有限公司不同外，其他规则均与有限公司的规则相同。

此外，根据《公司法》第一百一十四条第三款，单独或者合计持有公司百分之十以上股份的股东可以请求召开临时股东会会议，但不同于《公司法》第六十二条第二款关于有限公司只要代表十分之一以上表决权的股东提议就应当召开临时会议，股份公司的临时股东会会议并不是在有资格的股东请求后就必须召开的，而是要由董事会、监事会在收到请求后十日内作出是否召开临时股东会会议的决定，并书面答复股东，即存在股份公司董事会、监事会不同意召开临时股东会会议的情形。

2. 股份公司股东会会议的通知

股份公司股东既可以选择参加股东会行使投票权，当然也可以放弃投票权的行使。但是无论如何，公司必须以合理方式对股东进行通知。因此《公司法》第一百一十五条第一款规定了详细的股东会会议召开前的通知义务。具体而言，召开股东会会议，应当将会议召开的时间、地点和审议的事项于会议召开二十日前通知各股东；临时股东会会议应当于会议召开十五日前通知各股东。设置较长的通知期限主要是为了防止公司突袭召开股东会，从而架空中小股东的出席权以及表决权的情形出现，保证股东能够选择是否出席股东会。

此外，《公司法》第一百一十五条第三款还规定，公开发行股份的公司，应当以公告方式作出前两款规定的通知。公司在召开会议前，应当将审议的事项通知各股东。这是为了能留给股东时间，让他们充分地行使表决权。

因此，《公司法》第一百一十五条第四款还规定，股东会不得对通知中未列明的事项作出决议。这也是保护股东表决权的应有之义。

3. 股份公司股东的提案权

除保证股东能够出席，《公司法》还保护了股东的提案权，在股东会会议既有的议题和决议事项外，还可能包括额外的临时提案。但是并不是所有股东都享有临时提案权。这是由于在股份公司中，股权流动很快，往往持股比例较低的股东并不关心公司的经营状况，而是抱着投机的想法购买股票。为了防止临时提案权的滥用，也为了真正筛选出对公司具有价值的提案，《公司法》第一百一十五条第二款规定，单独或者合计持有公司百分之一以上股份的股东，可以在股东会会议召开十日前提出临时提案并书面提交董事会。临时提案应当有明确议题和具体决议事项。董事会应当在收到提案后二日内通知其他股东，并将该临时提案提交股东会审议；但临时提案违反法律、行政法规或者公司章程的规定，或者不属于股东会职权范围的除外。《公司法》对于有权提出临时提案的股东的持股比例要求比原《公司法》的百分之三有所降低，同时明确规定“公司不得提高提出临时提案股东的持股比例”，这是对股东提案权利的保护，但《公司法》同时对于股东提出的临时提案内容进行了一定限制。在提案主体和提案内容均符合《公司法》规定后，董事会就有义务将该提案提交股东会审议。

关联法条

第一百一十四条　股东会会议由董事会召集，董事长主持；董事长不能履行职务或者不履行职务的，由副董事长主持；副董事长不能履行职务或者不履行职务的，由过半数的董事共同推举一名董事主持。

董事会不能履行或者不履行召集股东会会议职责的，监事会应当及时召集和主持；监事会不召集和主持的，连续九十日以上单独或者合计持有公司百分之十以上股份的股东可以自行召集和主持。

单独或者合计持有公司百分之十以上股份的股东请求召开临时股东会会议的，董事会、监事会应当在收到请求之日起十日内作出是否召开临时股东会会议的决定，并书面答复股东。

第一百一十五条　召开股东会会议，应当将会议召开的时间、地点和审议的事项于会议召开二十日前通知各股东；临时股东会会议应当于会议召开十五日前通知各股东。

单独或者合计持有公司百分之一以上股份的股东，可以在股东会会议召开十日前提出临时提案并书面提交董事会。临时提案应当有明确议题和具体决议事项。董事会应当在收到提案后二日内通知其他股东，并将该临时提案提交股东会审议；但临时提案违反法律、行政法规或者公司章程的规定，或者不属于股东会职权范围的除外。公司不得提高提出临时提案股东的持股比例。

公开发行股份的公司，应当以公告方式作出前两款规定的通知。

股东会不得对通知中未列明的事项作出决议。

（三）股份公司股东会的表决

1. 股份公司股东会会议表决的原则

《公司法》第一百一十六条第一款规定，股东出席股东会会议，所持每一股份有一表决权。这就是《公司法》所规定的“一股一权”原则。“一股一权”原则也就是资本平等，股东根据其出资的多少从而享有相应的表决权，实质上是股东平等原则的体现。

然而，股东平等原则在表决权上的体现也存在例外规则，这就是类别股制度。相较于原《公司法》，新《公司法》第一百一十六条第一款增加了类别股股东的除外规定。这是由于类别股产生于投资者的多元化投资需求以及公司管理的需要。类别股作为一种股份类型，与普通股相对，具体是指在公司的股份设置中，存在两个以上不同种类、不同权利的股份，这些股份因认购时间和价格不同、认购者身份各异、交易场所有别，而在流通性、价格、权利及义务上有所区别。相比之下，普通股的股东拥有完整股权的各项权能，而类别股的股东权利在不同方面被扩张或限制。因此，新《公司法》在此处强调了类别股股东排除“一股一权”原则的适用。新《公司法》设立的类别股制度既满足了投资者优先获得收益的需求，又满足了管理者维持控制权的需要。与此同时，新《公司法》第一百一十六条第一款还规定，公司持有的本公司股份没有表决权。公司持有本公司股份通常是由于公司减少注册资本、与持有本公司股份的其他公司合并、将股份用于股权激励或员工持股计划以及在股东提出回购请求权的情况下履行回购义务。公司持有本公司股份没有表决权，这是由于表决权是股东权利的其中一种，是股东作为出资的对价，股东放弃了出资财产的所有权，而换取了公司的股权。而公司持有的本公司股份是没有发行出去的股份，即没有财产所有权（没有出资）作为对价，是“空股”，因此也就不应享有表决权。

根据《公司法》第一百一十六条第二款、第三款，原则上来讲，股东会作出决议，应当经出席会议的股东所持表决权过半数通过。而例外地，对于一些公司的重大决策，由于其关涉全体股东的权利义务，这些重大决策的作出因而需要更加谨慎和慎重，并兼顾尽量多的股东的利益。这与有限公司股东会表决的规则是一致的。一般情况下，公司经股东过半数通过的决议，称为普通决议，而对于重大决策的决议，则称为特别决议。在股份公司的股东作出特别决议时，应当经出席会议的股东所持表决权的三分之二以上通过。根据《公司法》第一百一十六条第三款规定，这些重大决策包括公司作出修改公司章程的决议、增加或者减少注册资本的决议，以及公司合并、分立、解散或者变更公司形式的决议。此外，对于上市公司，《公司法》第一百三十五条还规定，上市公司在一年内购买、出售重大资产或者向他人提供担保的金额超过公司资产总额百分之三十的，也应当由股东会作出决议，并经出席会议的股东所持表决权的三分之二以上通过。

需要说明的是，《公司法》并未规定股东会股东的最低参会比例，这是由于出席股东会与行使表决权都是股东的权利，而非义务，但是公司可以在章程中对此进行特别规定。

2. 可供股份公司选择的累积投票制度

根据《公司法》第一百一十七条规定，股东会选举董事、监事，可以按照公司章程的规定或者股东会的决议，实行累积投票制。累积投票制是指股东会选举两名以上的董事或者监事时，股东所持的每一股份拥有与待选董事或者监事总人数相同的投票权，股东拥有的投票权既可以集中投票选举一人，也可以分散投票选举多人，最终按得票多少依次决定董事或者监事入选的表决权制度。累积投票制度是股份公司的特有制度，实际上是为中小股东特别设计的，保护他们表决权充分行使的制度。

我们可以举一个例子来介绍累积投票制。比如一个股份公司发行的股份数量为 100 股，某一控股股东持有 51 股，其余中小股东持有 49 股。现在有一项股东会议案是要在众多董事候选人中选举 5 名董事。如果采用一般的投票规则，控股股东和其他中小股东分别拥有 51 票和 49 票，则控股股东对于每一位董事的选举都具有实质上的多数决定权，而中小股东始终无法与该名控股股东抗衡，中小股东也就不能使得自己推选的董事候选人当选为董事。而在采取累积投票制的情况下，中小股东拥有 5×49=245 票，控股股东拥有 5×51=255 票，由于中小股东可以选择将表决权累积行使，因此，无论该名控股股东如何投票，中小股东都可以将全部票数对他所推举的候选人集中行使，确保至少董事候选人中的 1 ～ 2 名当选为董事。从这个例子中我们可以看到，累积投票制的目的就在于防止大股东利用表决权优势操纵董事、监事的选举，从而达到控制公司经营管理、鱼肉中小股东的效果。因此，累积投票制度对于中小股东的保护而言，是至关重要的。

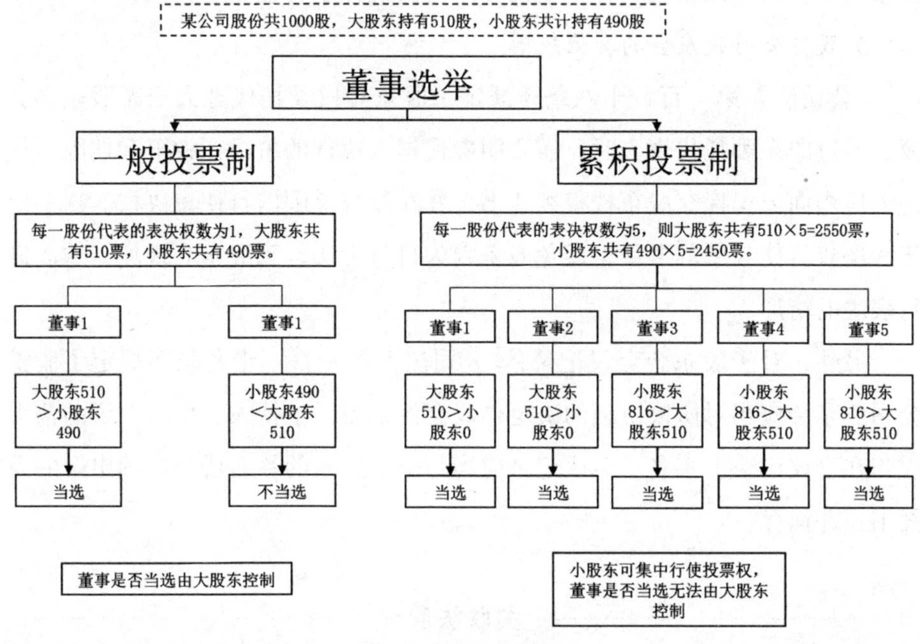

累积投票制示意图

此外，《国务院办公厅关于进一步加强资本市场中小投资者合法权益保护工作的意见》规定："完善中小投资者投票等机制。引导上市公司股东大会全面采用网络投票方式。积极推行累积投票制选举董事、监事。"该意见足以看出目前对于中小股东的保护以及对累积投票制度的重视程度。《上市公司治理准则》第十七条更是明确规定："单一股东及其一致行动人拥有权益的股份比例在30%及以上的上市公司，应当采用累积投票制。"也就是说，如果上市公司单一股东拥有权益的股份比例达到30%的，就应当采取累积投票制选举董事、监事。这是因为，上市公司的股份多被市场中形形色色的投资者分散持有，单一股东的持股比例达到30%，实际上就可以达到控制公司的目的。为了维护证券市场的稳定，保护中小投资者的利益，上市公司控股股东的权利应当被特别限制。需要说明的是，对于未上市的其他股份公司，《公司法》第一百一十七条并不强制在选举董事、监事时采取累积投票制，公司可以根据章程自治的方式自由选择是否适用。

3. 股份公司股东会的其他规则

《公司法》第一百一十八条还规定了股东有权委托代理人出席股东会会议，不过股东委托代理人时，需要明确代理人代理的事项、权限和期限。代理人应当向公司提交股东授权委托书，并在授权范围内行使表决权。这是出于表决权行使效率的考量，避免股东因为自身无法赶到股东会现场，难以进行表决的情形。

另外，对于股东会会议记录，《公司法》第一百一十九条还规定了股份公司股东会应当对所议事项的决定作成会议记录，主持人、出席会议的董事应当在会议记录上签名。会议记录应当与出席股东的签名册及代理出席的委托书一并保存。

关联法条

第一百一十六条　股东出席股东会会议，所持每一股份有一表决权，类别股股东除外。公司持有的本公司股份没有表决权。

股东会作出决议，应当经出席会议的股东所持表决权过半数通过。

股东会作出修改公司章程、增加或者减少注册资本的决议，以及公司合并、分立、解散或者变更公司形式的决议，应当经出席会议的股东所持表决权的三分之二以上通过。

第一百一十七条　股东会选举董事、监事，可以按照公司章程的规定或者股东会的决议，实行累积投票制。

本法所称累积投票制，是指股东会选举董事或者监事时，每一股份拥有与应选董事或者监事人数相同的表决权，股东拥有的表决权可以集中使用。

第一百一十八条　股东委托代理人出席股东会会议的，应当明确代理人代理的事项、权限和期限；代理人应当向公司提交股东授权委托书，并在授权范围内行使表决权。

第一百一十九条　股东会应当对所议事项的决定作成会议记录，主持人、出席会议的董事应当在会议记录上签名。会议记录应当与出席股东的签名册及代理出席的委托书一并保存。

二、股份公司的董事会

（一）股份公司董事会的特别规定

《公司法》第一百二十条第一款规定，股份公司设董事会。该条第二款进一步规定，《公司法》关于有限公司董事会的职权、成员、任期、聘任、辞任与解任的相关规定，均适用于股份公司的董事会。事实上，《公司法》第一百二十四条关于股份公司董事会的表决程序与第七十三条规定的有限公司董事会的表决程序基本一致，只是不允许股份公司通过章程变更法定的表决程序；《公司法》第一百二十八条关于规模较小或股东人数较少的股份公司可以不设董事会只设一名董事的规定与第七十五条有限公司的相关规定也完全一致。这再次体现了有限公司和股份公司组织机构的同质性。不过，股份公司董事会也存在一些特殊规定。

1. 明确董事长、副董事长的产生及职权

有限公司和股份公司的董事会均设董事长一人，可以设副董事长。但原《公司法》关于有限公司董事长、副董事长的产生办法交给公司章程进行规定，而新《公司法》第一百二十二条第一款明确规定董事长和副董事长由董事会以全体董事的过半数选举产生，该选举方法并没有授权公司章程进行调整和变更。

此外，新《公司法》第一百二十二条第二款还规定了股份公司董事长和副董事长的职责。即董事长召集和主持董事会会议，检查董事会决议的实施情况。副董事长协助董事长工作，董事长不能履行职务或者不履行职务的，由副董事长履行职务；副董事长不能履行职务或者不履行职务的，由过半数的董事共同推举一名董事履行职务。

2. 明确董事会会议的召开条件

《公司法》并未对有限公司董事会定期会议的召开频率和临时会议的召开条件进行规定。而对于股份公司董事会，《公司法》第一百二十三条第一款规定，董事会每年度至少召开两次会议，每次会议应当于会议召开十日前通知全体董事和监事。《公司法》之所以明确规定了股份公司董事会至少每年召开两次会议，是因为股份有限公司很有可能涉及社会上的不特定投资者，规定定期会议的目的在于让公司董事们能够及时处理公司事务、监督公司高管的行为，以便股份公司的良好运转，进而保护公司利益和社会不特定投资者们的利益。会议的通知事项一般包括会议时间、会议地点和议项范围等。

此外，《公司法》第一百二十三条第二款还规定，代表十分之一以上表决权的股东、三分之一以上董事或者监事会，可以提议召开临时董事会会议。董事长应当自接到提议后十日内，召集和主持董事会会议。董事长在接到相应的临时会议提议后，有义务召集和主持临时董事会会议。此种情况下，根据《公司法》第一百二十三条第三款规定，董事会可以另定召集董事会的通知方式和通知时限。

3. 强化董事出席董事会的义务和对董事会决议的责任

《公司法》第一百二十五条第一款规定，董事会会议，应当由董事本人出席；董事因故不能出席，可以书面委托其他董事代为出席，委托书应当载明授权范围。该条强调了股份公司董事出席董事会的义务，如果相关董事无法亲自出席，也应当书面委托其他董事代为出席。需要注意的是，委托必须采取书面形式，口头委托不算数；有权接受委托的必须是公司的其他董事，其他任何人不得代理；授权范围必须是明确的，如一般代理，仅代理参加会议，特别代理，能够明确表决或否决某事项。

《公司法》第一百二十五条第二款还规定，董事会的决议违反法律、行政法规或者公司章程、股东会决议，给公司造成严重损失的，参与决议的董事对公司负赔偿责任；经证明在表决时曾表明异议并记载于会议记录的，该董事可以免除责任。这是对于董事应当对公司负有勤勉忠实义务的必然体现，如果董事会集体决策损害公司利益，对于同意该决议的董事，当然应承担责任。此时，仅有明确在会议中表明异议并记载于会议记录的董事才能免除责任，这也印证了董事会等在会议召开过程中通过会议记录记载会议内容的必要性。

4. 股份公司必须设置经理

《公司法》第一百二十六条关于股份公司设置经理与第七十四条关于有限公司设置经理的规则基本相同，只是在第一款处存在“可以”一词的差异，也即有限公司“可以”设经理，但《公司法》第一百二十六条规定为“股份有限公司设经理”，因此股份公司设置经理是必要的。

此外，根据《公司法》第一百二十七条的规定，公司董事会成员可以兼任经理，但必须经过董事会的决定。

5. 董监高的报酬披露规则

《公司法》第一百二十九条规定，公司应当定期向股东披露董事、监事、高级管理人员从公司获得报酬的情况。为了避免股份公司董监高侵害公司利益，挪用公司资产，《公司法》专门规定了向股东定期披露董监高报酬的制度。因该条制度规定在股份公司董事会一节，且董事会作为公司的经营、执行主体，对相关人员的报酬更加了解，因此虽然该条没有明确，但公司内具体负责披露相关事宜的义务主体应当为董事会。

关联法条

第一百二十条　股份有限公司设董事会，本法第一百二十八条另有规定的除外。

本法第六十七条、第六十八条第一款、第七十条、第七十一条的规定，适用于股份有限公司。

第一百二十二条　董事会设董事长一人，可以设副董事长。董事长和副董事长由董事会以全体董事的过半数选举产生。

董事长召集和主持董事会会议，检查董事会决议的实施情况。副董事长协助董事长工作，董事长不能履行职务或者不履行职务的，由副董事长履行职务；副董事长不能履行职务或者不履行职务的，由过半数的董事共同推举一名董事履行职务。

第一百二十三条　董事会每年度至少召开两次会议，每次会议应当于会议召开十日前通知全体董事和监事。

代表十分之一以上表决权的股东、三分之一以上董事或者监事会，可以提议召开临时董事会会议。董事长应当自接到提议后十日内，召集和主持董事会会议。

董事会召开临时会议，可以另定召集董事会的通知方式和通知时限。

第一百二十四条　董事会会议应当有过半数的董事出席方可举行。董事会作出决议，应当经全体董事的过半数通过。

董事会决议的表决，应当一人一票。

董事会应当对所议事项的决定作成会议记录，出席会议的董事应当在会议记录上签名。

第一百二十五条　董事会会议，应当由董事本人出席；董事因故不能出席，可以书面委托其他董事代为出席，委托书应当载明授权范围。

董事应当对董事会的决议承担责任。董事会的决议违反法律、行政法规或者公司章程、股东会决议，给公司造成严重损失的，参与决议的董事对公司负赔偿责任；经证明在表决时曾表明异议并记载于会议记录的，该董事可以免除责任。

第一百二十六条　股份有限公司设经理，由董事会决定聘任或者解聘。

经理对董事会负责，根据公司章程的规定或者董事会的授权行使职权。经理列席董事会会议。

第一百二十七条　公司董事会可以决定由董事会成员兼任经理。

第一百二十八条　规模较小或者股东人数较少的股份有限公司，可以不设董事会，设一名董事，行使本法规定的董事会的职权。该董事可以兼任公司经理。

第一百二十九条　公司应当定期向股东披露董事、监事、高级管理人员从公司获得报酬的情况。

（二）股份公司的审计委员会

新《公司法》第一百二十一条第一款规定，股份有限公司可以按照公司章程的规定在董事会中设置由董事组成的审计委员会，行使本法规定的监事会的职权，不设监事会或者监事。这与有限公司审计委员会的规则基本一致，是对原《公司法》公司治理结构安排的一个重大突破。

相较于有限公司审计委员会的相关规则，新《公司法》在第一百二十一条第二款至第五款就股份公司审计委员会的组成、选任资格、议事规则、表决方式等进行了进一步规定。股份公司的审计委员会成员为三名以上，过半数成员不得在公司担任除董事外的其他职务，且不得与公司存在任何可能影响其独立客观判断的关系。公司董事会成员中的职工代表可以成为审计委员会成员。审计委员会作出决议，应当经审计委员会成员的过半数通过。审计委员会决议的表决，应当一人一票。审计委员会的议事方式和表决程序，除本法有规定的外，由公司章程规定。

最后，《公司法》第一百二十一条第六款还作出倡导性规定，即股份公司可以按照公司章程的规定在董事会中设置其他委员会。实践中，其他委员会可能包括战略委员会、提名委员会、薪酬与考核委员会等，分别负责对公司长期发展战略和重大投资决策进行研究并提出建议、研究董事、高级管理人员的选择标准、完成绩效评价、报酬分配等专项事宜。

关联法条

第一百二十一条　股份有限公司可以按照公司章程的规定在董事会中设置由董事组成的审计委员会，行使本法规定的监事会的职权，不设监事会或者监事。

审计委员会成员为三名以上，过半数成员不得在公司担任除董事以外的其他职务，且不得与公司存在任何可能影响其独立客观判断的关系。公司董事会成员中的职工代表可以成为审计委员会成员。

审计委员会作出决议，应当经审计委员会成员的过半数通过。

审计委员会决议的表决，应当一人一票。

审计委员会的议事方式和表决程序，除本法有规定的外，由公司章程规定。

公司可以按照公司章程的规定在董事会中设置其他委员会。

（三）董事对决议负责

《公司法》第一百二十五条第二款规定，董事应当对董事会的决议承担责任。董事会的决议违反法律、行政法规或者公司章程、股东会决议，给公司造成严重损失的，参与决议的董事对公司负赔偿责任；经证明在表决时曾表明异议并记载于会议记录的，该董事可以免除责任。

董事对公司负有较高的勤勉义务，为实现公司利益最大化而恪尽职守。董事会决议是董事履职方式之一，是董事经营管理的意思表示，董事在决议作出的过程中要尽到最大限度的注意义务，并且对决议承担责任。当董事会的决议违反法律、行政法规或者公司章程、股东会决议，给公司造成严重损失的时候，董事明显没有尽到最基本的注意义务，与董事应有的专业、谨慎相悖，应当对公司承担赔偿责任。但要注意的是，董事对公司的赔偿责任是公司内部的责任追偿，并不等同于公司作为独立法人主体对外承担的责任，区分内部责任与外部责任是法人独立人格制度的应有之义。举个简单的例子，因董事会决议内容违反法律规定而无效，给外部债权人造成了损失，公司需对外部债权人承担赔偿责任，而作出决议的董事需要对公司承担赔偿责任，董事并不直接对外部债权人负责。

董事会形成决议是通过表决达到合意的过程，遵循了少数服从多数原则，因此，法律给予了少数派董事的自我保护权。经证明在表决时曾表明异议并记载于会议记录的，该董事可以免除责任。具体而言，异议董事要想实现自我保护，第一，要明确地在董事会召开过程中提出异议，不可以模棱两可，或者弃权，也不可以是在会后才提出；第二，要确保董事会会议记录中有记载自己的异议内容，否则应当不予签字。

三、股份公司的监事会

《公司法》第一百三十条第五款规定，本法第七十七条关于有限责任公司监事任期的规定，适用于股份有限公司监事。《公司法》第一百三十一条第一款规定，本法第七十八条至第八十条的规定，适用于股份有限公司监事会。也即股份公司监事会的任期、职权、履职方式均与有限公司相同。此外，《公司法》在股份公司监事会一节下的相关规定还有很多与有限公司的监事会一致，这再次体现了有限公司与股份公司组织机构的同质性。二者的主要区别如下。

第一，《公司法》第一百三十条第三款规定，股份公司监事会设主席一人，可以设副主席。主席和副主席由全体监事过半数选举产生。监事会主席召集和主持监事会会议；监事会主席不能履行职务或者不履行职务的，由监事会副主席召集和主持监事会会议；监事会副主席不能履行职务或者不履行职务的，由过半数的监事共同推举一名监事召集和主持监事会会议。而《公司法》第七十六条第三款规定，有限公司监事会设主席一人，由全体监事过半数选举产生，并没有关于“副主席”的规定。

第二，《公司法》第一百三十二条第一款规定，股份公司监事会每六个月至少召开一次会议。而《公司法》第八十一条第一款规定，有限公司监事会每年度至少召开一次会议。股份公司可能会面向更多的中小股东，法律规定提高股份公司监事会会议的召开频率更有利于监事会发挥其监督作用，保护中小股东的合法权利。

另外，需要说明的是，股份公司监事会中的职工监事同时作为公司的监事和职工，具有双重身份。因其监事身份，根据《公司法》第一百二十九条，其报酬情况还需要定期向股东进行披露。

关联法条

第一百三十条　股份有限公司设监事会，本法第一百二十一条第一款、第一百三十三条另有规定的除外。

监事会成员为三人以上。监事会成员应当包括股东代表和适当比例的公司职工代表，其中职工代表的比例不得低于三分之一，具体比例由公司章程规定。监事会中的职工代表由公司职工通过职工代表大会、职工大会或者其他形式民主选举产生。

监事会设主席一人，可以设副主席。监事会主席和副主席由全体监事过半数选举产生。监事会主席召集和主持监事会会议；监事会主席不能履行职务或者不履行职务的，由监事会副主席召集和主持监事会会议；监事会副主席不能履行职务或者不履行职务的，由过半数的监事共同推举一名监事召集和主持监事会会议。

董事、高级管理人员不得兼任监事。

本法第七十七条关于有限责任公司监事任期的规定，适用于股份有限公司监事。

第一百三十一条　本法第七十八条至第八十条的规定，适用于股份有限公司监事会。

监事会行使职权所必需的费用，由公司承担。

第一百三十二条　监事会每六个月至少召开一次会议。监事可以提议召开临时监事会会议。

监事会的议事方式和表决程序，除本法有规定的外，由公司章程规定。

监事会决议应当经全体监事的过半数通过。

监事会决议的表决，应当一人一票。

监事会应当对所议事项的决定作成会议记录，出席会议的监事应当在会议记录上签名。

四、上市公司的特别规则

（一）上市公司的定义

大家经常会听说“上市公司”这个词，并且往往将上市公司和“实现财富自由，走上人生巅峰”画等号。那么什么是上市公司呢？《公司法》第一百三十四条规定：“本法所称上市公司，是指其股票在证券交易所上市交易的股份有限公司。”即上市公司指的是在证券交易所上市并交易股票的股份有限公司。因此，在股份有限公司中，只有那些可以在证券交易所公开对广大投资者发行股票的公司，才是上市公司。公司上市是为了扩大融资。一般的股份有限公司只能对特定的群体发行股票。而随着公司的发展壮大，公司往往需要更多的资金来支持市场开拓以及业务扩张，面对特定人的融资已经不能再满足公司融资的需要了。而一旦公司上市，就可以把股票拿到股市里去融资，股市中的投资者有很多，公司可以用融来的这些钱从事生产经营活动，这样就可以很好地解决公司融资的问题了。

目前我国的证券交易所只有三家，分别为1990年11月26日成立的上海证券交易所，1990年12月1日成立的深圳证券交易所和2021年9月3日成立的北京证券交易所。中国上市公司的数量不少，截至2023年年底，

A 股上市公司的数量已经高达五千多家。随着注册制改革的施行，上市公司的数量也会进一步随之扩大。可以说，上市公司在经济生活中具有举足轻重的地位。

我国证券市场主要分为场内交易市场和场外交易市场。主板、创业板和科创板属于场内交易市场，而新三板，也就是全国中小企业股份转让系统，属于场外交易市场。场内交易市场对应上市公司，场外交易市场对应非上市公众公司。主板也称为一板市场，是证券发行、上市及交易的主要场所，包括沪市主板和深市主板。在主板上市的企业多为大型优秀企业。创业板，又称二板市场，在创业板市场中，许多在此融资的企业都是具有高成长性的中小企业和高科技企业。一般而言，在创业板市场上市的企业规模较小、上市条件相对较低。而科创板针对的是符合国家战略、突破关键核心技术、市场认可度高的科技创新企业。在新三板融资的企业称为挂牌，而非上市，股票在新三板、区域性股权市场交易的公司不是上市公司，而被称为挂牌公司。此外，上市公司也可以在境外交易所上市，比如我国香港交易所、纳斯达克证券交易所、纽约证券交易所等。但是，在境外交易所上市的上市公司并不属于我国《公司法》所指的上市公司。另外，发行的债券在交易所上市的公司也不是上市公司，许多非上市公司也可以在证券交易所公开发行债券，但是只有上市公司才能在证券交易所发行股票。

关联法条

第一百三十四条　本法所称上市公司，是指其股票在证券交易所上市交易的股份有限公司。

（二）上市公司重大交易的特殊规则

《公司法》第一百三十五条规定，上市公司在一年内购买、出售重大资产或者向他人提供担保的金额超过公司资产总额百分之三十的，应当由股东会作出决议，并经出席会议的股东所持表决权的三分之二以上通过。

一般而言，公司购买、出售重大资产属于自己日常经营的行为，《公司法》没有必要作出限制。对于公司向他人提供担保，也只需要遵守《公司法》第十五条的规定，区分对内担保与对外担保，由董事会或股东会决议。但对于上市公司在一定期限、一定数额的范围内处置重大资产以及对外担保，《公司法》第一百三十五条则规定了更为严格的程序。这是由上市公司的性质和商业地位的特殊性所决定的。

上市公司的股东由广大公众投资者组成，上市公司不仅自己在市场上从事经营活动，更重要的是它还维系着证券市场的稳定和秩序。因此，法律法规对于上市公司的信息披露程度以及经营程序规范的要求都更加严格。《公司法》规定，在满足一定数额、期限的情况下，上市公司处置重大资产以及对外提供担保时，应当经过股东会决议，而不是董事会决议。这是因为，在上市公司中，董事往往是由上市公司的大股东选出的，他们不可避免地代表了这些大股东的意志，如果凡事都由董事会作出决议，那么决议的结果也只能代表那些大股东的利益，广大中小股东的利益还是无法得到维护。因此，上市公司在处置重大资产以及对外担保时需要召开股东会，此时中小股东就可以通过参会的方式为自己的利益投票。另外，《公司法》还将此类事项的表决比例设置在三分之二以上通过，也即此类事项属于绝对多数决的事项，这也是以保护中小股东为目的。

司法实践中，如果上市公司没有经过股东会决议，仅依据董事会决议等即作出违规处置重大资产以及对外提供担保的行为，法院都会以上市公司的决议违反法律规定为由，从而认定这一决议无效。根据无效的决议，公司就不能进一步实际处置资产以及提供担保了。

另外，针对上市公司对外担保，即使不属于满足一定数额、期限要求的情形，其仍具有区别于非上市股份公司的特殊性，即有特殊的公开披露要求且担保权人具有审查义务。根据《担保制度解释》第九条的规定，第一，上市公司及公开披露的控股子公司对外担保，必须通过董事会或股东会决议，并进行公开披露；第二，对外担保已经股东会或董事会决议，但未予公告，则担保无效；第三，虽有公告但未经股东会或董事会决议，担保有效。

关联法条

第一百三十五条　上市公司在一年内购买、出售重大资产或者向他人提供担保的金额超过公司资产总额百分之三十的，应当由股东会作出决议，并经出席会议的股东所持表决权的三分之二以上通过。

（三）上市公司的独立董事

《公司法》第一百三十六条规定，上市公司设独立董事，具体管理办法由国务院证券监督管理机构规定。上市公司的公司章程除载明本法第九十五条规定的事项外，还应当依照法律、行政法规的规定载明董事会专门委员会的组成、职权以及董事、监事、高级管理人员薪酬考核机制等事项。

独立董事，顾名思义就是与公司、公司股东彼此独立的董事。与普通的董事不同，独立董事不在上市公司担任除董事外的其他职务，并与其所受聘的上市公司及其主要股东、实际控制人不存在直接或者间接利害关系，或者其他可能影响其进行独立客观判断的关系。独立董事制度实际上滥觞于美国，美国公司中引入独立董事的目的就在于防止控股股东和管理层的内部控制，进而损害公司和中小股东的利益。我国最早于2001年引入独立董事制度，同年8月，证监会发布《关于在上市公司建立独立董事制度的指导意见》(已废止)，要求上市公司建立独立董事制度。2006年，独立董事制度被写入《公司法》，自此，独立董事制度以法律的形式正式确立。

目前，对于独立董事制度体系的详细规定主要规定于国务院办公厅发布的《关于上市公司独立董事制度改革的意见》以及证监会发布的《上市公司独立董事管理办法》。独立董事应当独立履行职责，不受上市公司及其主要股东、实际控制人等单位或者个人的影响，并且和普通的董事一样对上市公司及全体股东负有忠实与勤勉义务。在人数规模上，独立董事占董事会成员的比例不得低于三分之一，且至少包括一名会计专业人士。在独立董事的任职方面，原则上，一个人最多在三家境内上市公司担任独立董事，并应当确保有足够的时间和精力有效地履行独立董事的职责。在任期方面，独立董事每届任期与上市公司其他董事任期相同，可以连选连任，但是连续任职不得超过六年。

从实践来看，独立董事承担法律责任的情形多为上市公司信息披露违法违规。2019年《证券法》修订的出台以及"康美药业案"中独立董事被判决承担巨额连带责任曾引发了独立董事的风险忧虑。《公司法》也进一步强化了董事、监事、高级管理人员的责任。因此从法律层面来看，《公司法》和《证券法》还负有进一步完善独立董事义务体系、赋予独立董事与其职责相匹配的经营管理权力的任务和使命。与此同时，《公司法》还倡导引入董事责任保险，董事责任保险制度正是基于不断强化的董事赔偿责任而出现的，一定程度上，相关保险制度的完善也能够有助于发挥独立董事在公司治理领域的效用。

关联法条

第一百三十六条 上市公司设独立董事，具体管理办法由国务院证券监督管理机构规定。

上市公司的公司章程除载明本法第九十五条规定的事项外，还应当依照法律、行政法规的规定载明董事会专门委员会的组成、职权以及董事、监事、高级管理人员薪酬考核机制等事项。

（四）上市公司的审计委员会

《公司法》第一百三十七条规定，上市公司在董事会中设置审计委员会的，董事会对下列事项作出决议前应当经审计委员会全体成员过半数通过：（一）聘用、解聘承办公司审计业务的会计师事务所；（二）聘任、解聘财务负责人；（三）披露财务会计报告；（四）国务院证券监督管理机构规定的其他事项。

实际上，在国际领先的上市公司中，审计委员会并不是新鲜事物。就监管法规方面来说，从软性建议到硬性要求，上市公司设立审计委员会，有据可查的历史也很长了。基于自身经济发展的需求，我国也早在 2002 年就颁布实施了《上市公司治理准则》，这奠定了审计委员会在上市公司中的地位，承认了审计委员会在信息披露监督中所能发挥的重要作用。2018 年，中国证监会对准则进行了修订，《上市公司治理准则》进一步将审计委员会确定为上市公司必设机构。2023 年 4 月，国务院办公厅发布《关于上市公司独立董事制度改革的意见》。其中指出，上市公司董事会应当设立审计委员会，成员全部由非执行董事组成，其中独立董事占多数。审计委员会承担审核公司财务信息及其披露、监督及评估内外部审计工作和公司内部控制等职责。

财务会计报告及其披露等重大事项应当由审计委员会事前认可后，再提交董事会审议。

需要说明的是，根据《公司法》第一百三十六条第二款，如果上市公司设置审计委员会，需要在上市公司章程中载明相应审计委员会的组成、职权等事项。

关联法条

第一百三十七条　上市公司在董事会中设置审计委员会的，董事会对下列事项作出决议前应当经审计委员会全体成员过半数通过：

（一）聘用、解聘承办公司审计业务的会计师事务所；

（二）聘任、解聘财务负责人；

（三）披露财务会计报告；

（四）国务院证券监督管理机构规定的其他事项。

（五）上市公司的董事会秘书

董事会秘书一般简称为董秘，是上市公司的高级管理人员，由董事会选聘并对董事会负责。根据《公司法》第一百三十八条的规定，上市公司设董事会秘书，其职责可分为对内与对外两部分，董事会秘书对内负责公司股东会和董事会会议的筹备、文件保管以及公司股东资料的管理，对外办理信息披露事务等事宜。董事会秘书是上市公司与证券交易所之间的指定联络人，可谓是真正因上市而存在的公司高级管理职位。各板块的《股票上市规则》以及《自律监管指南》对董事会秘书均有专章（节）规定。鉴于董事会秘书的上述工作职责，做好董事会秘书需要具备以下几项素质：丰富的信息披露和上市公司合规治理的工作经验、丰富的投融资工作经验、出色的投资者关系管理能力及沟通能力。

成为董事会秘书需要满足程序要求与实体要求两方面。程序要求方面，董事会秘书的聘任时间应当是在首次公开发行的股票上市后3个月内，或者原任董事会秘书离职后3个月内。聘任的具体流程包括：提名候选人，召开董事会会议对董事会秘书选聘事项进行审议，审议通过后及时公告选任结果，新董事会秘书签署声明文件并向交易所报送相关材料。董事会秘书上岗后，还需要接受专业培训，并将培训情况等相关信息报送至交易所记录。

实体要求可分为董事会秘书的任职条件以及任职负面清单。任职条件包括对董事会秘书的道德品质与专业素质的考察，要求董事会秘书具有良好的职业道德和个人品质；具备履行职责所必需的财务、管理、法律等专业知识；具备履行职责所必需的工作经验；受聘前提供以下任职证明文件之一：第一，董事会秘书资格证；第二，董事会秘书任职培训证明；第三，具备任职能力的其他证明。《公司法》第一百七十八条所规定的不得担任公司董监高的情形同样适用于董事会秘书，其中对于任职的禁止性条件作出了详细规定，包括公司董监高必须是完全民事行为能力人、不得存在违法犯罪等行为、不得是失信被执行人、不得因个人原因导致公司破产或吊销营业执照等。具体针对董事会秘书的负面清单我们在第五章董监高的任职资格部分展开。

关联法条

第一百三十八条　上市公司设董事会秘书，负责公司股东会和董事会会议的筹备、文件保管以及公司股东资料的管理，办理信息披露事务等事宜。

（六）上市公司的关联董事回避制度

为了防止上市公司董事为牟取个人不正当利益损害公司利益，《公司法》第一百三十九条规定了上市公司的关联董事回避制度。上市公司董事与董事会会议决议事项所涉及的企业或者个人有关联关系的，该董事应当及时向董事会书面报告。有关联关系的董事不得对该项决议行使表决权，也不得代理其他董事行使表决权。

在股份公司的一般性规定中，《公司法》第一百二十四条要求董事会会议应当有过半数的董事出席方可举行，董事会作出决议，应当经全体董事的过半数通过。而在上市公司的特别规定中，存在关联董事时，董事会的召开规则与董事会决议有所变化。该董事会会议由过半数的无关联关系董事出席方可举行，董事会会议所作决议须经无关联关系董事过半数通过。此外，当出席董事会会议的无关联关系董事人数不足三人时，应当将该事项提交上市公司股东会审议。

在了解相关法律规定后，我们借助我国商业史上的经典案例——宝万之争，来更加深入地理解关联董事回避制度。我们的关注重点不是宝能系与万科系的控制权之争，而是在宝万之争第二阶段中万科召开董事会会议讨论与深铁集团的重组方案的决议是否有效的问题。

第一个问题是关联董事回避的影响。根据万科《公司章程》规定，引入深铁这类重大资产重组属于特别决议事项，必须经董事会三分之二以上的董事赞成通过。万科董事会总计 11 名董事，其中 7 票赞成，3 票反对，万科独立董事以利益冲突为由回避表决。针对表决结果，华润与万科得出了完全相反的结论。华润认为关联董事虽然不得行使表决权，但是应当计入通过比例的分母，即该决议的赞成票未达到 2/3 的比例限制，万科不得引入深铁。但万科认为，关联董事既然不能行使表决权，则同样不得计入通过比例的分母，即该决议因赞成票达到 2/3 而通过，万科可以引入深铁。基于此，这次董事会按照 10 位董事具有表决权作为基数计算，7 票赞成即通过相关议案，并发布了决议公告。由此，我们可以看到董事会席位的重要性，这也是为什么在投融资中投资方常常会要求占据董事会席位。

第二个问题是关联董事的认定。无论是原《公司法》还是新《公司法》，对于关联董事的定义都比较笼统，一方面是为了最大程度保护公司的利益，另一方面是法律无法穷尽实践中可能出现的关联情形，因而难以作出硬性规定。不过在潜在交易中，通常认为只有代表交易主体双方利益的董事才称得上是关联董事。但是，“宝万之争”中独立董事并不代表深铁集团的利益，将其认定为关联董事是否合理？深交所在万科决议公告后向万科出具重组问询函，第一个问题就是要求万科补充披露独立董事在本次董事会会议上回避表决是否符合《深圳证券交易所股票上市规则》，是否符合万科的《公司章程》和《董事会议事规则》。最后，万科从多个角度论证独立董事回避的合理性，以回复本次决议中关键计算题所引发的监管问询。[①]

关联法条

第一百三十九条　上市公司董事与董事会会议决议事项所涉及的企业或者个人有关联关系的，该董事应当及时向董事会书面报告。有关联关系的董事不得对该项决议行使表决权，也不得代理其他董事行使表决权。该董事会会议由过半数的无关联关系董事出席即可举行，董事会会议所作决议须经无关联关系董事过半数通过。出席董事会会议的无关联关系董事人数不足三人的，应当将该事项提交上市公司股东会审议。

① 参见华生:《万科模式 : 控制权之争与公司治理》，东方出版社 2017 年版。

（七）上市公司对股东和实控人的信息披露义务

信息披露一直是上市公司合规管理的一个重要方面，是股票发行注册制改革的核心，亦是上市公司监管工作的重心。《证券法》以及 2021 年证监会发布的《上市公司信息披露管理办法》都在强调控股股东、实际控制人信息披露义务，这是信息披露中的一项核心内容。《公司法》第一百四十条为新增条款，该条第一款规定：上市公司应当依法披露股东、实际控制人的信息，相关信息应当真实、准确、完整。该款旨在防止实际控制人实施不正当的关联交易损害公司及债权人的利益。上市公司控制权的归属将直接影响公司未来的经营计划以及投资者的判断。无论在发行上市阶段，还是上市公司的持续存续期，控制权的情况都应当真实披露。

如实披露、及时披露是控股股东、实际控制人信息披露义务的基本要求。违反该义务将会承担法律责任。典型案例如四环生物实际控制人陆某因信息披露违法违规，被采取终身市场禁入措施[①]。2020 年 4 月，四环生物收到证监会《行政处罚决定书》，根据处罚决定书显示，陆某自 2014 年开始增持四环生物股票，达 5% 时及增持过程中每增加 5% 时未依法公告、报告，且存在限制交易期内违法买卖股票的行为。证监会认为，陆某不晚于 2014 年 5 月 23 日成为四环生物实际控制人，且其在 2014 年 5 月 23 日至 2018 年 4 月 11 日期间实际控制四环生物。四环生物在 2014 年至 2018 年年度报告中披露“无实际控制人”等关于公司实际控制人的信息存在虚假记载。四环生物从事信息披露违法行为，违法行为持续时间长，手段特别恶劣，涉案数额特别巨大，严重扰乱市场秩序并造成严重社会影响，在重大违法活动中起主要作用，致使投资者利益遭受特别严重的损害。依据《证券法》相关规

① 参见中国证监会，http://www.csrc.gov.cn/csrc/c101928/c1042339/content.shtml，最后访问日期 2024 年 4 月 26 日。

定，证监会决定对陆某采取终身市场禁入措施。

（八）禁止违法代持上市公司股票

《公司法》第一百四十条第二款规定，禁止违反法律、行政法规的规定代持上市公司股票。事实上，本款并不是否认所有代持上市公司股票协议的效力。《最高人民法院关于适用〈中华人民共和国民法典〉合同编通则若干问题的解释》第十六条明确了对于“违反强制性规定”的认定标准。实践中，审查代持协议效力的认定标准应当是判断该协议是否破坏金融市场的公共秩序、是否损害广大非特定投资者利益。2023 年，在“上海某进出口公司与阮某等股票权利确认纠纷案”【案号：（2023）沪 74 民终 706 号】中，上海金融法院认为：法人股代持并未违反法律、行政法规的效力性强制性规定，不构成合同无效的情形，且该代持行为发生在上海银行股票上市流通之前数年，且阮某作为员工持股，代持比例极低，并不涉及侵害广大非特定投资者的合法权益的情形，不存在无效的情形。

关联法条

第一百四十条　上市公司应当依法披露股东、实际控制人的信息，相关信息应当真实、准确、完整。

禁止违反法律、行政法规的规定代持上市公司股票。

（九）上市公司交叉持股的限制

交叉持股，顾名思义，就是两个或者多个公司之间互相持有对方公司的股份。交叉持股是资本市场很常见的现象，举例而言，也就是 A 公司持有 B 公司 50% 的股份，同时 B 公司持有 A 公司 30% 的股份。

公司交叉持股的分类方式很多，按照交叉持股的公司之间是否存在控制关系，可以分为纵向型交叉持股和横向型交叉持股。如A公司持有B公司60%的股份，为B公司的控股母公司，此时B公司持有A公司10%股份，属于纵向型交叉持股；如A公司持有B公司10%股份，B公司持有A公司10%股份，A、B两家公司不存在控制关系，属于横向型交叉持股。除此以外还有环状型、网状型、放射型和其他各种类型的交叉持股。

公司交叉持股最基本的目的就是使公司价值最大化，追求经济效益。这种操作能使得实际控制人达到以较少的资金投入控制整个集团公司的目的，也能稳定股权结构，防止恶意收购。以中国国航与国泰航空的交叉持股为例[①]，双方在业务等方面展开合作。通过交叉持股，充分利用中国国航在内地的优势与国泰航空在国际上的影响力，进而打开内部及国际市场。这样的战略安排，使得中国国航与国泰航空在资本市场等外部环境层面均有较大提升，形成优势互补。在股权协议公布后，中国国航子公司中航兴业与国泰航空的股价均大幅上涨，成为了港交所当时升幅最大的股票。

但是，交叉持股也存在缺点，这也是《公司法》要限制交叉持股的原因。两个公司之间交叉持股，实际上是只有一笔资金在两家公司之间辗转，两家公司实际资本并未发生变化，因此容易引起注册资本虚增。此外，还容易架空股东表决权，诱发公司间的“自我选任”“相互选任”等问题。因为交叉持股导致资本虚增，公司总股权数额增多，对应的股东表决权总数额随之增多。在母子公司交叉持股的情形中，资本虚增所对应增加的表决权实质上处于大股东的控制下，如此便将中小股东的表决权稀释，可能会使得中小股东表决权受到限制，削弱其话语权，损害其合法权益。

① 参见冉明东：《论企业交叉持股的“双刃剑效应”——基于公司治理框架的案例研究》，载《会计研究》2011年第5期，78-85、96页。

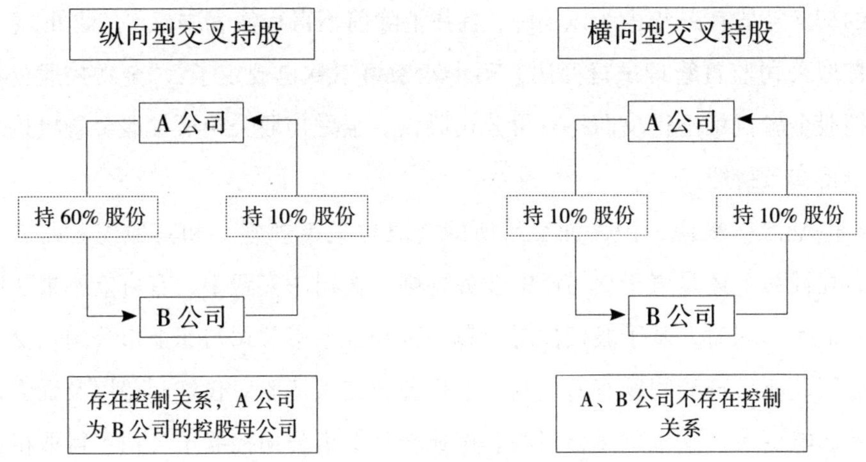

交叉持股的类型

其实早在 1992 年的《深圳市股份有限公司暂行规定》《股份有限公司规范意见》（已失效）《海南经济特区股份有限公司条例》（已失效）中，就有关于交叉持股的相关规定。但在法律层面上，首次出现对交叉持股的相关规定还是本次《公司法》的修订出台。《公司法》第一百四十一条规定，上市公司控股子公司不得取得该上市公司的股份。上市公司控股子公司因公司合并、质权行使等原因持有上市公司股份的，不得行使所持股份对应的表决权，并应当及时处分相关上市公司股份。

此前，《上海证券交易所股票上市规则》《上海证券交易所科创板股票上市规则》均规定，上市公司控股子公司不得取得该上市公司发行的股份。确因特殊原因持有股份的，应当在一年内依法消除该情形。前述情形消除前，相关子公司不得行使所持股份对应的表决权。深交所也表示，明确上市公司不得形成交叉持股，鉴于交叉持股可能会引致资产虚增、股权结构不清晰等问题，根据现行监管规定和监管做法，这次修订明确上市公司控股子公司不得取得该上市公司发行的股份，并要求因司法划转、被动持有等特殊原因形成的交叉持股在一年内予以消除，且在消除前不得行使表决权[①]。此外，《金融控股公司监督管理试行办法》第十八条第二款也规定了："金融控股公司所控股金融机构不得反向持有母公司股权。金融控股公司所控股金融机构之间不得交叉持股。"

但是严格来说，沪、深交易所的《股票上市规则》和其他配套监管要求，在性质上还是属于交易所的业务规则。在司法实践中，有可能不被法院参照适用。同时，基于股权情况分布的区别，上市公司与非上市公司在交叉持股层面所呈现的问题有所差别，上市公司交叉持股对投资利益以及证券市场的影响更大，这也是《公司法》正式将"上市公司控股子公司不得取得该上市公司的股份"纳入法律体系的原因，有利于维护证券市场正常的交易秩序。

关联法条

第一百四十一条　上市公司控股子公司不得取得该上市公司的股份。

上市公司控股子公司因公司合并、质权行使等原因持有上市公司股份的，不得行使所持股份对应的表决权，并应当及时处分相关上市公司股份。

① 参见《深交所修改上市规则：明确上市公司控股子公司不得取得该上市公司发行股份》，来源北京商报网，https://www.bbtnews.com.cn/2019/0430/298806.shtml，最后访问时间 2024 年 5 月 9 日。

第三节　国家出资公司的特殊规则

2015年《中共中央、国务院关于深化国有企业改革的指导意见》的出台，拉开了新一轮国企改革的序幕。从实践来看，本轮国企改革取得了显著成效。国有企业的体制机制发生了深刻变化，积累了值得推广和复制的经验。

本次《公司法》全面修订的一大亮点，即落实了中央关于国有企业改革的重大部署，完善了国家出资公司相关规定。2021年年底公布的关于《公司法（修订草案）》的说明中明确指出："修改公司法，是深化国有企业改革、完善中国特色现代企业制度的需要。"

与传统公司相比，国家出资公司的三会及治理架构存在显著差异。本节将重点探讨国家出资公司的特殊规则。通过对这些特殊规则的深入分析，我们可以更好地理解国家出资公司在法律框架下的运作，并为其未来的改革和发展提供参考。

一、国家出资公司的概念

《公司法》第一百六十八条第二款规定了国家出资公司的范围，即国家出资的国有独资公司、国有资本控股公司，包括国家出资的有限责任公司、股份有限公司。国有企业在多年的股权多元化改革和混合所有制改革之后，绝大部分变成了股权多元化的公司。因此，新《公司法》增设了"国家出资公司"的概念，将原《公司法》第二章"有限责任公司的设立和组织机构"项下第四节"国有独资公司的特别规定"调整为专章，也就是新《公司法》第七章"国家出资公司组织机构的特别规定"，这一章将特别规定的范围扩张到国有资本控股公司，至于这些公司是股份公司还是有限公司，在所不问。

新《公司法》第一百六十九条第一款规定，国家出资公司，由国务院或者地方人民政府分别代表国家依法履行出资人职责，享有出资人权益。国务院或者地方人民政府可以授权国有资产监督管理机构或者其他部门、机构代表本级人民政府对国家出资公司履行出资人职责。原《公司法》规定的国有独资公司的出资人代表机构只有“本级人民政府国有资产监督管理机构”。但实践中，部分国家出资公司实际上是由财政等部门受权履行出资人职责的，因此，新《公司法》将“其他部门、机构”也囊括进来，以切合实践情况。实践中，除了各级国资委，财政部门、党政部门和事业单位管理自己的国有企业的现象进一步“合法化”，如金融国资、文化国资、高校国资公司等。

关联法条

第一百六十八条　国家出资公司的组织机构，适用本章规定；本章没有规定的，适用本法其他规定。

本法所称国家出资公司，是指国家出资的国有独资公司、国有资本控股公司，包括国家出资的有限责任公司、股份有限公司。

第一百六十九条　国家出资公司，由国务院或者地方人民政府分别代表国家依法履行出资人职责，享有出资人权益。国务院或者地方人民政府可以授权国有资产监督管理机构或者其他部门、机构代表本级人民政府对国家出资公司履行出资人职责。

代表本级人民政府履行出资人职责的机构、部门，以下统称为履行出资人职责的机构。

第一百七十条　国家出资公司中中国共产党的组织，按照中国共产党章程的规定发挥领导作用，研究讨论公司重大经营管理事项，支持公司的组织机构依法行使职权。

二、国家出资公司组织机构的特殊规则

1. 党的领导作用。需要关注的是，根据《公司法》第一百七十条规定，国家出资公司中必须设中国共产党组织，党组织按照中国共产党章程的规定在公司的重大经营管理事项中发挥领导作用，如重大事项决策、重要干部任免、重要项目安排、大额资金的使用方面，必须经党委会集体讨论、决策。这个规定充分明确了党组织在公司治理结构中的法定地位和党委会前置的治理模式。

2. 公司章程。根据《公司法》第一百七十一条规定，国有独资公司章程由履行出资人职责的机构制定。《公司法》第一百六十九条第二款明确，履行出资人职责的机构是代表本级人民政府履行出资人职责的机构、部门，该机构的地位就类似于国有企业的唯一股东。章程是公司的“宪法”。国有独资公司的章程主要用于约束董事会、经理层，而不是股东之间的约定。值得注意的是，国有独资公司的董事全部由履行出资人职责的机构委派，因此获得的信任更多，实践中有制定与修改章程的权利。

3. 股东会。根据《公司法》第一百七十二条规定，国有独资公司不设股东会，而履行出资人职责的机构可以授权公司董事会行使股东会的除特别重大事项之外的职权，特别重大事项包括公司章程的制定和修改，公司的合并、分立、解散、申请破产，增加或者减少注册资本，分配利润。这些董事会无法决定的事项，仍应由履行出资人职责的机构决定。值得注意的是，《公司法》没有直接规定需要报请政府决定的事项，但在《企业国有资产法》第三十四条规定，对于涉及公司合并、分立、解散等重大事项，履行出资人职责的机构还需要报请本级人民政府批准。

4. 董事会。根据《公司法》第一百七十三条规定，国有独资公司的董事会成员中，应当过半数为外部董事，并应当有公司职工代表。董事会成员由履行出资人职责的机构委派。其中外部董事不在任职企业领取薪酬，与任职

企业不存在劳动合同关系，因此能保持一定的独立性，能够制约经理层和内部董事，实现决策权与执行权分离，防止内部人控制。而职工董事由公司职工代表大会选举产生，则能够充分代表职工利益，维护国有企业广大职工当家作主的权利。需要注意的是，外部董事和独立董事这两者是有区别的，所谓独立董事是除董事关系外与公司没有任何其他关系的外部董事，但外部董事除“非本公司职员”之外，还可能与公司存在其他关系，如公司的供应商、退休的公司经理等，其事实上可能与公司之间存在利益联系。

5. 经理。根据《公司法》第一百七十四条规定，国有独资公司的经理将由董事会聘任或解聘。这是为了改变此前国有独资公司经理人员由上级党组织直接任免的现状，探索建立职业经理人制度，实行董事会向社会公开招聘总经理，将党管干部与市场化选人用人相结合。职业经理人由董事会聘任，为绩效负责，其业绩决定薪酬导向，故职业经理人制度是确立国企市场主体地位、完善治理结构、创新经营机制、提高市场竞争力、更好地发挥企业家作用的重要途径。

6. 董事、高管和监事。根据《公司法》第一百七十五条规定，国有独资公司的董事、高级管理人员，未经履行出资人职责的机构同意，不得在其他有限责任公司、股份有限公司或者其他经济组织兼职。即使获准在其他企业、事业单位、社会团体、中介机构兼任领导职务，也不能擅自领取薪酬及其他收入。甚至该类人员在退休后兼职仍有严格的规定和报批程序。对于利用兼职搞利益输送，情节严重的，《刑法》还规定了非法经营同类营业罪。根据《公司法》第一百七十六条，国有独资公司可以选择不设监事会或监事，而在董事会中设置审计委员会，代为行使监事会职权。

7. 合规管理。根据《公司法》第一百七十七条规定，国家出资公司要求建立国有企业内部控制、风险管理、合规管理“三位一体”的大监督体系，加强内部合规管理。

关联法条

第一百七十一条　国有独资公司章程由履行出资人职责的机构制定。

第一百七十二条　国有独资公司不设股东会，由履行出资人职责的机构行使股东会职权。履行出资人职责的机构可以授权公司董事会行使股东会的部分职权，但公司章程的制定和修改，公司的合并、分立、解散、申请破产，增加或者减少注册资本，分配利润，应当由履行出资人职责的机构决定。

第一百七十三条　国有独资公司的董事会依照本法规定行使职权。

国有独资公司的董事会成员中，应当过半数为外部董事，并应当有公司职工代表。

董事会成员由履行出资人职责的机构委派；但是，董事会成员中的职工代表由公司职工代表大会选举产生。

董事会设董事长一人，可以设副董事长。董事长、副董事长由履行出资人职责的机构从董事会成员中指定。

第一百七十四条　国有独资公司的经理由董事会聘任或者解聘。

经履行出资人职责的机构同意，董事会成员可以兼任经理。

第一百七十五条　国有独资公司的董事、高级管理人员，未经履行出资人职责的机构同意，不得在其他有限责任公司、股份有限公司或者其他经济组织兼职。

第一百七十六条　国有独资公司在董事会中设置由董事组成的审计委员会行使本法规定的监事会职权的，不设监事会或者监事。

第一百七十七条　国家出资公司应当依法建立健全内部监督管理和风险控制制度，加强内部合规管理。

第四节　外国公司分支机构的特殊规则

《公司法》的第十三章名为“外国公司的分支机构”，共用七条规定了外国公司设立分支机构的各项特殊规则。

根据《公司法》第二百四十三条规定，外国公司，是指依照外国法律在中国境外设立的公司。外国公司分支机构的设立以外国公司存在为前提，外国公司要在中国境内设立分支机构，其本身必须是在外国已注册成立的公司，否则，不存在设立分支机构的问题。

根据《公司法》第二百四十四条规定，外国公司在中国境内设立分支机构，应当向中国主管机关提出申请，并提交其公司章程、所属国的公司登记证书等有关文件，经批准后，向公司登记机关依法办理登记，领取营业执照。外国公司分支机构的审批办法由国务院另行规定。1983 年，原工商总局出台了《关于外国公司、中外合资企业、全国性公司的分公司或分支机构、代表处登记问题的通知》，其中就规定了外国公司分支机构的登记要求。目前，《公司法》仍只是作出了原则性的规定，日后具体审批办法由国务院另行规定。这是因为，实务中不同的行业有不同的要求，尤其是对于银行、保险这些与广大居民切身利益相关的行业，要求会更加地详细、严格。

根据《公司法》第二百四十五条规定，外国公司在中国境内设立分支机构，应当在中国境内指定负责该分支机构的代表人或者代理人，并向该分支机构拨付与其所从事的经营活动相适应的资金。对外国公司分支机构的经营资金需要规定最低限额的，由国务院另行规定。由于分支机构并不是独立的法人，因此，需要指定一名代表人或代理人来对分支机构的行为负责。需要注意的是，外国公司分支机构在中国境内的业务活动以营利为目的，运用自身的资金、技术、设备等在中国境内营业，这也是外国公司分支机构与外国企业常驻代表机构的关键区别。

根据《公司法》第二百四十六条规定，外国公司的分支机构应当在其名称中标明该外国公司的国籍及责任形式。外国公司的分支机构应当在本机构中置备该外国公司章程。2003 年，原工商总局出台《关于规范外国公司分支机构名称的通知》，还进一步要求“对外国公司来华设立分支机构从事经营活动的企业名称进行规范，在其名称中应标明该外国公司的国籍及责任形式，后缀以所在地地名及分支机构类型”。

根据《公司法》第二百四十七条规定，外国公司在中国境内设立的分支机构不具有中国法人资格。外国公司对其分支机构在中国境内进行经营活动承担民事责任。此规定与对我国公司的分支机构的规定相同，分支机构都不具有法人资格。这意味着，外国公司的总公司需要对分支机构的行为承担连带民事责任。

根据《公司法》第二百四十八条规定，经批准设立的外国公司分支机构，在中国境内从事业务活动，应当遵守中国的法律，不得损害中国的社会公共利益，其合法权益受中国法律保护。

根据《公司法》第二百四十九条规定，外国公司撤销其在中国境内的分支机构时，应当依法清偿债务，依照本法有关公司清算程序的规定进行清算。未清偿债务之前，不得将其分支机构的财产转移至中国境外。外国公司分支机构在撤销之前，需要依法进行清算，比如成立清算组，通知债权人，制定清算方案，进行财产分配等。其中最重要的是要清偿债务。在债务清偿前，不能将分支机构财产转移至境外。否则，如果分支机构在没有清偿债务前将财产全部转移到国外，再想追回财产将会非常困难。

最后，《公司法》在第十四章“法律责任”的第二百六十一条还规定了违反外国公司设立分支机构规定的法律责任，即“外国公司违反本法规定，擅自在中华人民共和国境内设立分支机构的，由公司登记机关责令改正或者关闭，可以并处五万元以上二十万元以下的罚款”。

关联法条

第二百四十三条　本法所称外国公司，是指依照外国法律在中华人民共和国境外设立的公司。

第二百四十四条　外国公司在中华人民共和国境内设立分支机构，应当向中国主管机关提出申请，并提交其公司章程、所属国的公司登记证书等有关文件，经批准后，向公司登记机关依法办理登记，领取营业执照。

外国公司分支机构的审批办法由国务院另行规定。

第二百四十五条　外国公司在中华人民共和国境内设立分支机构，应当在中华人民共和国境内指定负责该分支机构的代表人或者代理人，并向该分支机构拨付与其所从事的经营活动相适应的资金。

对外国公司分支机构的经营资金需要规定最低限额的，由国务院另行规定。

第二百四十六条　外国公司的分支机构应当在其名称中标明该外国公司的国籍及责任形式。

外国公司的分支机构应当在本机构中置备该外国公司章程。

第二百四十七条　外国公司在中华人民共和国境内设立的分支机构不具有中国法人资格。

外国公司对其分支机构在中华人民共和国境内进行经营活动承担民事责任。

第二百四十八条　经批准设立的外国公司分支机构，在中华人民共和国境内从事业务活动，应当遵守中国的法律，不得损害中国的社会公共利益，其合法权益受中国法律保护。

第二百四十九条　外国公司撤销其在中华人民共和国境内的分支机构时，应当依法清偿债务，依照本法有关公司清算程序的规定进行清算。未清偿债务之前，不得将其分支机构的财产转移至中华人民共和国境外。

第二百六十一条　外国公司违反本法规定，擅自在中华人民共和国境内设立分支机构的，由公司登记机关责令改正或者关闭，可以并处五万元以上二十万元以下的罚款。

offer

第五章

掌控公司的人：

公司的董监高与“双控人”规则

公司是拟制的主体，具体的运作还得靠人，主要就是董监高。基于我国特色的公司实践，一般公司会存在控股股东和实际控制人（双控人），实际影响和控制公司。公司董监高接受公司股东委托，管理公司事务，但其也可能在管理过程中为私益而滥用权利、损害公司利益。公司的双控人更是有“一手遮天”的能力，转移输送公司的财产，损害公司和其他股东的利益。因此，《公司法》对公司董监高、双控人的履职资格、行为规范、具体义务等进行了详尽规定，以此维护公司的平稳运行，减少董监高的履职风险和双控人的侵权风险。

第一节　公司的董监高

董监高作为公司治理的实际参与者，并非任何人都能够担任，《公司法》对其任职资格进行了明确规定。在相关规范体系中，上市公司独立董事、董事会秘书等限制性规定尤为严苛。同时，新《公司法》在承继原《公司法》董监高的义务、责任体系的基础上，进一步完善了公司董监高的忠实义务和勤勉义务等规定。

一、公司的董监高及任职资格

（一）公司董监高的定义

在公司的组织机构一章中，本书已经介绍了各类公司的股东会、董事会和监事会。显而易见，董事和监事分别是董事会和监事会的成员。而对于公司的高级管理人员，我们一般简称为“高管”，其完整的定义出现在《公司法》第二百六十五条，根据该条规定：“高级管理人员，是指公司的经理、副经理、财务负责人，上市公司董事会秘书和公司章程规定的其他人员”。即《公司法》默认的高级管理人员为经理、副经理、财务负责人等，公司可以根据自身情况定义该公司的高级管理人员，并非一定要使用《公司法》所使用的名称。例如，万科企业股份有限公司章程规定：“本章程所称高级管理人员，是指由公司董事会聘任在公司承担管理职责的总裁、执行副总裁、董事会秘书和财务负责人等人员”。①

关联法条

第二百六十五条　本法下列用语的含义：

（一）高级管理人员，是指公司的经理、副经理、财务负责人，上市公司董事会秘书和公司章程规定的其他人员。

（二）控股股东，是指其出资额占有限责任公司资本总额超过百分之五十或者其持有的股份占股份有限公司股本总额超过百分之五十的股东；出资额或者持有股份的比例虽然低于百分之五十，但依其出资额或者持有的股份所享有的表决权已足以对股东会的决议产生重大影响的股东。

（三）实际控制人，是指通过投资关系、协议或者其他安排，能够实际支配公司行为的人。

（四）关联关系，是指公司控股股东、实际控制人、董事、监事、高级管理人员与其直接或者间接控制的企业之间的关系，以及

① 参见《万科企业股份有限公司章程 A+H》，来源万科集团官网，https://vanke.com/upload/file/2022-08-31/8624499a-84a8-4c89-94c6-e4313bec38d5.PDF，最后访问时间 2024 年 5 月 14 日。

可能导致公司利益转移的其他关系。但是，国家控股的企业之间不仅因为同受国家控股而具有关联关系。

（二）公司董监高的任职资格

董监高都是公司的实际经营管理人员，可以理解为股东的代理人，在公司里具有举足轻重的地位。因此，关于董监高的任职资格，法律作了严格规定。

1.《公司法》关于董监高任职的限制性规定

《公司法》第一百七十八条第一款规定，有下列情形之一的，不得担任公司的董事、监事、高级管理人员：（一）无民事行为能力或者限制民事行为能力；（二）因贪污、贿赂、侵占财产、挪用财产或者破坏社会主义市场经济秩序，被判处刑罚，或者因犯罪被剥夺政治权利，执行期满未逾五年，被宣告缓刑的，自缓刑考验期满之日起未逾二年；（三）担任破产清算的公司、企业的董事或者厂长、经理，对该公司、企业的破产负有个人责任的，自该公司、企业破产清算完结之日起未逾三年；（四）担任因违法被吊销营业执照、责令关闭的公司、企业的法定代表人，并负有个人责任的，自该公司、企业被吊销营业执照、责令关闭之日起未逾三年；（五）个人因所负数额较大债务到期未清偿被人民法院列为失信被执行人。

相较于原《公司法》，新《公司法》第一百七十八条第一款第（二）项增加了“被宣告缓刑的，自缓刑考验期满之日起未逾二年”，第（四）项增加了“责令关闭之日”，第（五）项增加了“被人民法院列为失信被执行人”的限制条件。

2. 上市公司关于董监高任职的限制性规定

根据《上海证券交易所上市公司自律监管指引第1号——规范运作（2023年12月修订）》《上海证券交易所科创板上市公司自律监管指引第1

号——规范运作（2023 年 12 月修订）》《深圳证券交易所上市公司自律监管指引第 1 号——主板上市公司规范运作（2023 年 12 月修订）》和《深圳证券交易所上市公司自律监管指引第 2 号——创业板上市公司规范运作（2023 年 12 月修订）》相关规定，董事、监事和高级管理人员候选人存在下列情形之一的，不得被提名担任上市公司董事、监事和高级管理人员：（一）根据《公司法》等法律法规及其他有关规定，不得担任董事、监事、高级管理人员的情形；（二）被中国证监会采取不得担任上市公司董事、监事、高级管理人员的市场禁入措施，期限尚未届满；（三）被证券交易场所公开认定为不适合担任上市公司董事、监事和高级管理人员，期限尚未届满；（四）法律法规、本所规定的其他情形。

董事、监事和高级管理人员候选人存在下列情形之一的，公司应当披露该候选人具体情形、拟聘请该候选人的原因以及是否影响公司规范运作：（一）最近三十六个月内受到中国证监会行政处罚；（二）最近三十六个月内受到证券交易所公开谴责或者三次以上通报批评；（三）因涉嫌犯罪被司法机关立案侦查或者涉嫌违法违规被中国证监会立案调查，尚未有明确结论意见；（四）存在重大失信等不良记录。

3. 上市公司关于独立董事任职的限制性规定

独立董事在上市公司应当独立履职，不受上市公司及其主要股东、实际控制人等单位或个人影响，独立董事基于其身份特殊性而具有更多的任职资格限制。根据《上市公司独立董事管理办法》第六条规定，独立董事必须保持独立性。下列人员不得担任独立董事：（一）在上市公司或者其附属企业任职的人员及其配偶、父母、子女、主要社会关系；（二）直接或者间接持有上市公司已发行股份百分之一以上或者是上市公司前十名股东中的自然人股东及其配偶、父母、子女；（三）在直接或者间接持有上市公司已发行股份百分之五以上的股东或者在上市公司前五名股东任职的人员及其配偶、父母、子女；（四）在上市公司控股股东、实际控制人的附属企业任职的人员及其配偶、父母、子女；（五）与上市公司及其控股股东、实际控制人或者其各自的附属企业有重大业务往来的人员，或者在有重大业务往来的单位及其控股股东、实际控制人任职的人员；（六）为上市公司及其控股股东、实际控制人或者其各自附属企业提供财务、法律、咨询、保荐等服务的人员，包括但不限于提供服务的中介机构的项目组全体人员、各级复核人员、在报告上签字的人员、合伙人、董事、高级管理人员及主要负责人；（七）最近十二个月内曾经具有第一项至第六项所列举情形的人员；（八）法律、行政法规、中国证监会规定、证券交易所业务规则和公司章程规定的不具备独立性的其他人员。前款第四项至第六项中的上市公司控股股东、实际控制人的附属企业，不包括与上市公司受同一国有资产管理机构控制且按照相关规定未与上市公司构成关联关系的企业。

上述是《上市公司独立董事管理办法》的相关规定，上交所、深交所、北交所在其各自的自律指引中均对独立董事的任职资格进行了进一步细化。

4. 上市公司关于董事会秘书任职的限制性规定

董事会秘书是上市公司与证券交易机构的联络人，负责上市公司信息披露、投资者关系管理等重要事项，除需满足上市公司一般董监高所应具备的任职资格外，还需要满足以下条件。根据《上海证券交易所股票上市规则（2024 年 4 月修订）》和《深圳证券交易所股票上市规则（2024 年 4 月修订）》相关规定，上市公司董事会秘书应当具备履行职责所必需的财务、管理、法律专业知识，具有良好的职业道德和个人品德。有下列情形之一的人士不得担任公司董事会秘书：（一）最近三十六个月受到中国证监会行政处罚；（二）最近三十六个月受到证券交易所公开谴责或者三次以上通报批评；（三）本公司现任监事；（四）本所认定不适合担任董事会秘书的其他情形。根据《深圳证券交易所上市公司自律监管指引第 2 号——创业板上市公司规范运作（2023 年 12 月修订）规定，在创业板的上市公司，拟聘任董事会秘书因涉嫌犯罪被司法机关立案侦查或者涉嫌违法违规被中国证监会立案调查，尚未有明确结论意见的，上市公司应当及时披露拟聘任该人士的原因以及是否存在影响上市公司规范运作的情形，并提示相关风险。

根据《上海证券交易所科创板上市公司自律监管指引第 1 号——规范运作（2023 年 12 月修订）》规定，具有下列情形之一的人士不得担任科创公司董事会秘书：（一）《公司法》第一百四十六条规定的情形；（二）最近 3 年曾受中国证监会行政处罚，或者被中国证监会采取市场禁入措施，期限尚未届满；（三）曾被证券交易所公开认定为不适合担任科创公司董事会秘书；（四）最近 3 年曾受证券交易所公开谴责或者 3 次以上通报批评；（五）本公司现任监事；（六）本所认定不适合担任董事会秘书的其他情形。

（三）公司董监高违规选举、委派的处理方法

《公司法》第一百七十八条第二款、第三款明确规定，违规选举、委派董事、监事或者聘任高级管理人员的，该选举、委派或者聘任无效。董事、监事、高级管理人员在任职期间出现《公司法》所列的违规情形时，公司应当解除其职务。

虽然沪主板、深主板等规范运作规则中没有明确说明违规的选举、委派或者聘任无效，但同样规定了董事、监事、高级管理人员在任职期间出现违规情形时，公司应按照规定解除其职务。相关董事、监事应被解除职务但仍未解除，参加董事会及其专门委员会会议、独立董事专门会议、监事会会议并投票的，其投票无效。

如果公司未按照上述规定及时解除相关董监高的职务，根据《市场主体登记管理条例》第四十六条规定，市场主体未依照本条例办理变更登记的，由登记机关责令改正；拒不改正的，处 1 万元以上 10 万元以下的罚款；情节严重的，吊销营业执照。

董监高的任职资格事关公司的经营状况与成长路径，牵扯着公司发展、股东利益、社会责任以及董监高自身职业发展等，是法律规范的重点，也是

实践操作的难点。换个角度看，董监高任职资格的限制深刻体现了“以人为本”，董监高代理能力不仅表现在专业水平，也体现在诚实信用可靠等人格特征上。

关联法条

第一百七十八条　有下列情形之一的，不得担任公司的董事、监事、高级管理人员：

（一）无民事行为能力或者限制民事行为能力；

（二）因贪污、贿赂、侵占财产、挪用财产或者破坏社会主义市场经济秩序，被判处刑罚，或者因犯罪被剥夺政治权利，执行期满未逾五年，被宣告缓刑的，自缓刑考验期满之日起未逾二年；

（三）担任破产清算的公司、企业的董事或者厂长、经理，对该公司、企业的破产负有个人责任的，自该公司、企业破产清算完结之日起未逾三年；

（四）担任因违法被吊销营业执照、责令关闭的公司、企业的法定代表人，并负有个人责任的，自该公司、企业被吊销营业执照、责令关闭之日起未逾三年；

（五）个人因所负数额较大债务到期未清偿被人民法院列为失信被执行人。

违反前款规定选举、委派董事、监事或者聘任高级管理人员的，该选举、委派或者聘任无效。

董事、监事、高级管理人员在任职期间出现本条第一款所列情形的，公司应当解除其职务。

二、公司董监高的主要义务

（一）遵守法律法规和章程的义务

《公司法》第一百七十九条规定，董事、监事、高级管理人员应当遵守法律、行政法规和公司章程。遵守法律法规、公司章程是公司董监高的第一义务。

（二）忠实义务和勤勉义务

《公司法》第一百八十条规定了公司董监高的忠实义务和勤勉义务。就忠实义务而言，公司董监高应当采取措施避免自身利益与公司利益冲突，不得利用职权牟取不正当利益。就勤勉义务而言，公司董监高执行职务应当为公司的最大利益尽到管理者通常应有的合理注意。

从法律定义上看，董监高忠实义务的认定标准是董监高不得利用职权牟取不正当利益，属于消极义务。而董监高的勤勉义务则相反，要求董监高积极主动地发挥管理者才能，尽到管理者应当尽到的合理注意义务，为公司利益最大化而执行事务，属于积极义务。董监高是否尽到注意义务的认定标准较为复杂，其中，“主观标准说”认为，董事须尽自身最大努力，其相关决策应符合自身的专业能力水平。该学说的弊端在于，高能力意味着高要求，容易致使出现怕担责而不履责的局面，无法在监管与激励作用之间取得有效平衡。“客观标准说”则认为，董事勤勉义务的判断标准在于，其行为是否达到了理性第三人或专业人士在类似职位及情况下应具有的注意义务，但该标准实际上在可操作层面仍有欠缺。“主客观结合说”则属于实践中的主流观点，其将董事的主观心理状态与客观决策行为相结合，用最高标准和最低标准划出一个区间，最低标准即类似情况下，一般的理性人应当尽到的注意义务；最高标准即基于该董监高自身专业水平等综合素质，其应当尽到的注意义务。

另外，对于上市公司，中国证监会在《上市公司章程指引（2023修正）》中明确了上市公司董事勤勉义务的内容，第九十八条规定，董事的勤勉义务包括：（一）应谨慎、认真、勤勉地行使公司赋予的权利，以保证公司的商业行为符合国家法律、行政法规以及国家各项经济政策的要求，商业活动不超过营业执照规定的业务范围；（二）应公平对待所有股东；（三）及时了解公司业务经营管理状况；（四）应当对公司定期报告签署书面确认意见。保证公司所披露的信息真实、准确、完整；（五）应当如实向监事会提供有关情况和资料，不得妨碍监事会或者监事行使职权；（六）法律、行政法规、部门规章及本章程规定的其他勤勉义务。上述指引并非规范性文件，且能否作为评价非上市公司董事勤勉义务的相应标准存在探讨空间，但是，从中也能够间接明确董事勤勉义务可能涉及的具体内容，作为董事履职的参考标准。

相较于原《公司法》，新《公司法》对董监高的忠实义务和勤勉义务进行了分别规定，尽管“谨慎”“合理的注意义务”等标准并不清晰，但对于司法实践仍意义重大，给很多公司董监高忠实、勤勉尽责指明了方向。

（三）列席及接受质询义务

《公司法》第一百八十七条规定，股东会要求董事、监事、高级管理人员列席会议的，董事、监事、高级管理人员应当列席并接受股东的质询。

（四）报酬披露义务

《公司法》第一百二十九条规定，股份公司应当定期向股东披露董事、监事、高级管理人员从公司获得报酬的情况。董监高接受质询和定期披露报酬均是对股东会负责的表现，是股东会监督董监高履行忠实、勤勉义务的方式之一。

总体而言，忠实义务和勤勉义务是董监高履职的底色，其他义务均发源于忠实义务和勤勉义务。董监高所作所为均应当以忠实、勤勉为准绳，以实现公司利益最大化为目标。

关联法条

第一百二十九条　公司应当定期向股东披露董事、监事、高级管理人员从公司获得报酬的情况。

第一百七十九条　董事、监事、高级管理人员应当遵守法律、行政法规和公司章程。

第一百八十条　董事、监事、高级管理人员对公司负有忠实义务，应当采取措施避免自身利益与公司利益冲突，不得利用职权牟取不正当利益。

董事、监事、高级管理人员对公司负有勤勉义务，执行职务应当为公司的最大利益尽到管理者通常应有的合理注意。

公司的控股股东、实际控制人不担任公司董事但实际执行公司事务的，适用前两款规定。

第一百八十七条　股东会要求董事、监事、高级管理人员列席会议的，董事、监事、高级管理人员应当列席并接受股东的质询。

三、公司董监高禁止或限制开展的行为

公司董监高是公司治理的中流砥柱，在公司的日常经营中担任着“当家人”的角色，既然是“当家人”，公司董监高就必须严格履行其义务，不能开展《公司法》所规定的禁止开展的行为，也要依法开展《公司法》所规定

的限制开展的行为，这些行为本质上都是违反忠实义务的行为。毕竟对公司忠诚，是董监高最重要的品质。

（一）董监高禁止从事的违背忠实义务的行为

《公司法》第一百八十一条具体规定了董监高违反忠实义务的几种情形，包括：（一）侵占公司财产、挪用公司资金，具体指董监高利用自己的职权，将公司财产据为己有，挪作他用；（二）将公司资金以其个人名义或者以其他个人名义开立账户存储，具体指用董监高的个人银行账户存储公司资金，这不仅会使资金所有权产生争议，也会使得公司资金脱离监管，导致一系列合规问题；（三）利用职权贿赂或者收受其他非法收入，具体指作为公司决策者、掌握公司经营命脉的董监高，接受贿赂、影响公司正常经营的情形；（四）接受他人与公司交易的佣金归为己有，也就是我们常说的“吃回扣”，这种行为自然不被法律所允许，甚至还会面临犯罪的风险；（五）擅自披露公司秘密，具体指董监高擅自发布具有商业价值的公司信息，这往往会破坏公司在竞争中的优势地位，进而损害公司利益。对于这些行为，公司法的态度是绝对禁止。相比之下，对于后文提到的其他可能违反忠实义务的行为，公司法采取的是限制的态度，并非一棒子打死，完全禁止。

（二）限制董监高开展自我交易与关联交易

董监高自我交易与关联交易，简单地说，就是自己和自己做生意，如A公司的董事甲同时是B公司的股东，正好A公司需要采购的商品B公司在生产，这时董事甲从中协调，让A、B两家公司达成交易。自我交易与关联交易固然有其方便的一面，但又因为董事甲自身存在利益冲突，其可能违反作为A公司董事所对A公司负有的忠实义务，损害公司利益。但要注意的是，《公司法》并不一棍子将董监高的关联交易打死，只是对它进行了程序上的限制。毕竟在实践中，很多情形下的关联交易对公司也是有好处的。

《公司法》第一百八十二条对关联交易制度有着较为充分的规定。一方面是扩大了关联交易限制的适用主体，从原《公司法》的董事、高级管理人员的直接自我交易扩大到了董监高三方，并且增加了董监高的近亲属和有其他关联关系的人，对关联交易和自我交易进行了广义上的定义。另一方面是明确了关联交易的类型，包括董事、监事、高管直接或间接与公司订立合同或进行交易。

此外，新《公司法》还从程序上对自我交易与关联交易进行了详细规定，要求董事、监事、高管就相关交易向董事会或股东会报告，并按照公司章程的规定经董事会或者股东会决议，以保证此交易的公平性。并且在参与关联交易的决议表决时，根据《公司法》第一百八十五条，关联董事不得参与表决，其表决权不计入表决权总数，也就是关联董事应回避与其存在利益关联的表决事项。

（三）限制董监高谋取公司的商业机会

在公司日常经营中，存在各种各样的商业机会，而这些机会一般都由公司的董监高最先接触。公司董监高理应妥善利用这些商业机会为公司谋利，但如果公司董监高私欲作祟，将这些信息私自利用起来为自己谋取利益，而不是为公司创造价值，则会损害公司的利益，本质上是对自身忠实义务的违反。

《公司法》第一百八十三条对董监高不得谋取公司的商业机会进行了详细的规定。首先，在主体上，新《公司法》将监事也纳入了义务主体的范围，对原《公司法》规定的董事、高级管理人员进行了扩充。其次，在行为上，《公司法》禁止董监高“利用职务便利”谋取商业机会，那什么是“利用职务便利”呢？一般可以从商业机会是否属于公司、公司获取该商业机会是否做出了实质性努力、董监高是否采取了剥夺或者谋取行为等角度来判断。

并且，新《公司法》在本条中的亮点之一就是对利用公司机会进行了例外规定。原《公司法》仅规定了“公司同意”的情形，而新《公司法》在

“公司同意”的基础上，还增加了两种董监高可以利用公司机会的例外情况：一是向董事会或者股东会报告，并经董事会或者股东会决议通过；二是根据法律、行政法规或者公司章程的规定，公司不能利用该商业机会。简言之，第一种情况就是公司的董事会和股东会都知道相关情况，并且已经决议通过，那么自然董监高就不再受到这些限制。需要说明的是，这时的决议需要遵守《公司法》第一百八十五条关于关联董事回避表决的相关规则。第二种情况是法律、行政法规或公司章程有规定，公司不能利用该商业机会，例如，公司的经营范围属于证券、银行、保险等特殊行业，这种情形下，就没必要还让董监高恪守不利用商业机会的忠实义务，毕竟公司也无法利用。

最高人民法院在2014年发布的公报案例“林某恩与李某山等损害公司利益纠纷案”中，对董监高谋取公司商业机会的行为进行了认定。在该案中，最高法对商业机会的判定条件为，公司是否满足确定地获得该机会所需满足的条件以及是否为满足特定条件做出努力。详细来说，就是指董事、监事、高级管理人员、公司的控股股东或者实际控制人利用其身份或者公司资源获取的，或者他人向公司提供的，与公司正在从事或者将要从事的经营活动有关的商业机会，且该商业机会对于公司来说，取得是可能的，也即公司满足取得该机会的条件，这种才是法院所认定的“商业机会”。

（四）董监高的竞业限制

《公司法》第一百八十四条规定了公司董监高的竞业限制，这本质上也是公司董监高忠实义务的体现。简单来说，就是董监高不得经营与其所任职公司同类或具有竞争性质的业务，因为董监高掌握了公司大量的商业信息，如果其同时在其他地方从事与任职公司相同种类的业务，难免存在泄露商业秘密，夺取商业机会的风险。具体而言，与之前提到的关联交易一样，新《公司法》同样将规制的主体扩张到了监事层面，使相关规则更加完善和体系化。

需要注意的是，董监高要想从事同类业务也并不是没有可能，只不过需要向董事会或者股东会报告，并经董事会或者股东会决议。在参与决议投票的时候，根据《公司法》第一百八十五条规定，同样适用关联董事回避表决制度。在董事会或者股东会决议通过以后，公司董监高也可以从事同类业务，体现了公司的高度自治性。

而对于“竞业”的定义，也就是“同类业务”的概念认定，新《公司法》仅仅停留在业务的相同种类上，还是一种形式上的判断标准。但在实践中，如果董监高从事的业务与公司存在着实质上的直接或者间接的竞争关系，也很容易被法院认定为“竞业”，也就是从实质上进行竞业的规制。具体而言，“竞业”标准可以从公司的经营范围、预期利益、经营活动等多方面进行综合考量，从而对董监高从事的活动是否属于“同类业务”进行实质判断。

最高人民法院在2021年审理的“李某、深圳市某在线网络有限公司损害公司利益责任纠纷案”【案号：（2021）最高法民申1686号】中，甚至还将公司董事的竞业禁止的忠实义务扩张到了全资子公司，确立了公司董事对公司全资子公司负有忠实义务，违反竞业禁止义务的应赔偿全资子公司的损失的裁判规则，使得竞业禁止法律体系更为完善。该规则后来被新《公司法》第一百八十九条所吸收。

关联法条

第一百八十一条　董事、监事、高级管理人员不得有下列行为：

（一）侵占公司财产、挪用公司资金；

（二）将公司资金以其个人名义或者以其他个人名义开立账户存储；

（三）利用职权贿赂或者收受其他非法收入；

（四）接受他人与公司交易的佣金归为己有；

（五）擅自披露公司秘密；

（六）违反对公司忠实义务的其他行为。

第一百八十二条　董事、监事、高级管理人员，直接或者间接与本公司订立合同或者进行交易，应当就与订立合同或者进行交易有关的事项向董事会或者股东会报告，并按照公司章程的规定经董事会或者股东会决议通过。

董事、监事、高级管理人员的近亲属，董事、监事、高级管理人员或者其近亲属直接或者间接控制的企业，以及与董事、监事、高级管理人员有其他关联关系的关联人，与公司订立合同或者进行交易，适用前款规定。

第一百八十三条　董事、监事、高级管理人员，不得利用职务便利为自己或者他人谋取属于公司的商业机会。但是，有下列情形之一的除外：

（一）向董事会或者股东会报告，并按照公司章程的规定经董事会或者股东会决议通过；

（二）根据法律、行政法规或者公司章程的规定，公司不能利用该商业机会。

第一百八十四条　董事、监事、高级管理人员未向董事会或者股东会报告，并按照公司章程的规定经董事会或者股东会决议通过，不得自营或者为他人经营与其任职公司同类的业务。

第一百八十五条　董事会对本法第一百八十二条至第一百八十四条规定的事项决议时，关联董事不得参与表决，其表决权不计入表决权总数。出席董事会会议的无关联关系董事人数不足三人的，应当将该事项提交股东会审议。

四、公司董监高违反义务时股东的救济

《公司法》第一百八十八条规定了董事、监事、高级管理人员执行职务违反法律、行政法规或者公司章程的规定，给公司造成损失的，应当承担赔偿责任。就董监高具体应当承担的责任，将在本书第七章进一步介绍。但公司股东应当如何维护权益，让有过错的董监高承担《公司法》第一百八十八条所规定的责任呢？

（一）股东代表诉讼

股东代表诉讼，顾名思义，是指股东要代表某主体进行诉讼，这个主体在《公司法》的语境下，指代的就是公司。通俗来讲，股东代表诉讼是指公司利益受损以后，公司有权力的部门迟迟不采取措施，有股东看不下去了，随后以自己的名义起诉，而后所得利益归公司的诉讼。为什么会出现这种情况呢？一般来讲，公司作为一个法人主体，其利益受到损害时，应该是由公司这个主体本身去维权。但有些时候公司拟维权的对象可能是公司实际控制人的关联方。在这样“自己起诉自己”的情况下，公司自身可能不具有维权的动力。所以，《公司法》规定了股东代表诉讼的制度，让中小股东在公司怠于维护权利时，提起诉讼，减少损失。

《公司法》第一百八十九条具体规定了股东代表诉讼制度，其权利主体为有限责任公司的股东、股份有限公司连续一百八十日以上单独或者合计持有公司百分之一以上股份的股东。另外，该条第一款规定了交叉请求制度，即符合前述条件的股东在发现董事、高管有损害公司利益的行为时，可以书面请求监事会提起诉讼；发现监事有损害公司利益的行为时，可以书面请求董事会提起诉讼。该制度设置明显突出了公司的主体地位，不管是董事会还是监事会提起诉讼，其代表的都是公司利益，法律也希望公司尽可能以自己的名义维护公司主体的利益。

《公司法》第一百八十九条第二款规定，监事会或者董事会收到前款规定的股东书面请求后拒绝提起诉讼，或者自收到请求之日起三十日内未提起诉讼，或者情况紧急、不立即提起诉讼将会使公司利益受到难以弥补的损害的，前款规定的股东有权为公司利益以自己的名义直接向人民法院提起诉讼。该款主要规定了股东代表诉讼的前置条件，股东代表诉讼虽然是为中小股东维护公司利益提供了途径，但在提起股东代表诉讼之前，必须满足前置程序的要求，故总体上制度设计还是处于相对抑制的状态，属于股东“为公司利益不得不”提起代表诉讼的情形。

股东代表诉讼制度主体及程序要求

<table>
<tr><th>侵权人</th><th>股东代表诉讼
股东资格</th><th>前置程序</th><th>股东代表诉讼
条件（满足其一）</th></tr>
<tr><td>董事、高管</td><td rowspan="3">①有限责任公司：任一股东。
②股份有限公司：连续 180 日以上单独或合计持有公司 1% 以上股份的股东。</td><td>监事会→股东</td><td rowspan="3">①前置主体拒绝提起诉讼。
②前置主体自收到请求之日起 30 日内未提起诉讼。
③情况紧急下股东可未经前置程序直接提起诉讼。</td></tr>
<tr><td>监事</td><td>董事会→股东</td></tr>
<tr><td>公司以外的他人</td><td>董事会或监事会→股东</td></tr>
</table>

那么，股东代表诉讼在《民事诉讼法》的衔接上，有什么要注意的呢？首先要明确的是，股东代表诉讼，提起诉讼的主体是股东而不是公司，这意味着，诉讼中原告应列明为股东，被告则列明为侵权人。但是，公司又作为利益的直接相关者，诉讼的利益直接关联公司利益，此时公司应当列明为无独立请求权的第三人。该情形下，公司并不享有积极的诉讼程序权利，即不得变更、放弃诉请等，而只能提供证据、发表意见等。另外，一审法庭辩论终结前，符合上述条件的其他股东，以相同的诉讼请求申请参加诉讼的，应

当列明为共同原告。

需要注意的是，在股东代表诉讼制度中，股东仍属于名义原告，而公司是被股东所代表的实质原告，故相关胜诉利益仍然应当归属于公司。当然，股东代表诉讼请求部分或者全部得到人民法院支持的，公司应当承担股东因参加诉讼支付的合理费用。

另外，新《公司法》在原《公司法》的基础上，将股东代表诉讼的股东范围进行了扩张，这是一项很重大的制度更新，即全资子公司的控股公司的股东在符合条件的情况下，可以书面请求全资子公司的监事会、董事会向人民法院提起诉讼或者以自己的名义直接向人民法院提起诉讼。

（二）董高损害股东利益引起的股东直接诉讼

《公司法》第一百九十条规定，董事、高级管理人员违反法律、行政法规或者公司章程的规定，损害股东利益的，股东可以向人民法院提起诉讼。

从文本来看，本条规定并不难理解，就是简单地规定董事、高管违反法律、行政法规或者公司章程的规定的情况下，利益受损的股东可以向人民法院提起诉讼。从结构上来看，这就是对于董高对股东的侵权，股东得以以诉讼方式进行救济。

但本条并未规定股东有权直接向公司监事提起诉讼，这可能是基于监事“监督”的职责，实践中很难对股东的权利直接造成损害。需要注意的是，《公司法》第一百九十二条规定，公司的控股股东、实际控制人指示董事、高级管理人员从事损害公司或者股东利益的行为的，与该董事、高级管理人员承担连带责任。也就是说，股东在维权时，还可以去查一查控股股东或者实际控制人是否参与了侵害自身利益的行为。如果有，那么也可以将公司控股股东、实际控制人列为共同被告，要求其承担连带责任。

关联法条

第一百八十八条　董事、监事、高级管理人员执行职务违反法律、行政法规或者公司章程的规定，给公司造成损失的，应当承担赔偿责任。

第一百八十九条　董事、高级管理人员有前条规定的情形的，有限责任公司的股东、股份有限公司连续一百八十日以上单独或者合计持有公司百分之一以上股份的股东，可以书面请求监事会向人民法院提起诉讼；监事有前条规定的情形的，前述股东可以书面请求董事会向人民法院提起诉讼。

监事会或者董事会收到前款规定的股东书面请求后拒绝提起诉讼，或者自收到请求之日起三十日内未提起诉讼，或者情况紧急、不立即提起诉讼将会使公司利益受到难以弥补的损害的，前款规定的股东有权为公司利益以自己的名义直接向人民法院提起诉讼。

他人侵犯公司合法权益，给公司造成损失的，本条第一款规定的股东可以依照前两款的规定向人民法院提起诉讼。

公司全资子公司的董事、监事、高级管理人员有前条规定情形，或者他人侵犯公司全资子公司合法权益造成损失的，有限责任公司的股东、股份有限公司连续一百八十日以上单独或者合计持有公司百分之一以上股份的股东，可以依照前三款规定书面请求全资子公司的监事会、董事会向人民法院提起诉讼或者以自己的名义直接向人民法院提起诉讼。

第一百九十条　董事、高级管理人员违反法律、行政法规或者公司章程的规定，损害股东利益的，股东可以向人民法院提起诉讼。

五、董事责任保险

《公司法》第一百九十三条倡导，公司可以在董事任职期间为董事因执行公司职务承担的赔偿责任投保责任保险。公司为董事投保责任保险或者续保后，董事会应当向股东会报告责任保险的投保金额、承保范围及保险费率等内容。这条提及的责任保险便是“董责险”。《公司法》下，“董事很忙，压力很大”，第一百九十三条是针对董事规避职业风险问题的一个很有意义的指导性规定。

董责险全称为“董监事及高级管理人员责任险”（Directors and Officers Liability Insurance，简称 D&O 保险），是一种主要为董监高三类人员在履职过程中因重大过失造成的第三方的经济损失提供补偿的保险产品。董责险起源于 20 世纪 30 年代的美国，且率先在英美法系国家发展繁荣起来，并且逐渐成为促进公司治理结构改革及提升上市公司质量的重要手段之一。我国 2019 年修订的《证券法》的实施及全面注册制的不断推进，加重了上市公司董事、高级管理人员的履职义务和履职风险。特别是在现代公司所有权与经营权相互分离的背景下，公司的治理结构由原先的“股东会中心主义”向现有的“董事会中心主义”转变。在“康美药业案”等独立董事天价赔偿案件的刺激之下，我国的董责险制度迎来了新的发展契机。

就董责险本身的保险性质而言，其属于责任保险的子险种，归属于特殊的执业风险保险。通过实践中对上市公司公告的观察总结，一般上市公司会以自身作为投保人，以公司董事、监事、高级管理人员为被保险人进行投保。相关公告通常还会公开责任限额、保险费总额、保险期限等信息供公司权力机构参考决策。投保人并非为某个具体的董监高提供保险，而是对被保险人身上的职务进行投保。保险并不因董监高卸任、辞职而失效，而是在保险期限内直接适用于新任职的董监高。

董责险的保险标的是董监高在履职过程中因个人过失造成的赔偿责任。也即如果董事、监事、高管在履职的过程中因为违法、失职、疏忽、实施不当行为等给第三人造成了损害，对第三人的赔偿便可以由保险公司在责任限额内按约定比例报销。失职、不当行为等情形的具体范围，即保险公司的承保范围，以投保人购买产品时的选择为准。例如，违反法定或约定义务、违反信托责任、违反授权保证；疏忽过失；错误性陈述、误导性陈述；口头或书面诽谤中伤；其他不当作为或不作为。另外，保险人可以拒绝承担保险责任的范围，一般是在保险合同的除外条款中明确地进行列明，最终的目的是实现对于保险人责任范围的有效限制，如对于身体或精神损害赔偿的除外责任条款等。此前的康美药业事件、瑞幸财务造假事件类似，因此导致的民事赔偿、和解金、公关费用、律师费用等，均属于董责险覆盖范围。

需要注意的是，董责险作为一种职业责任险，其“职业程度”仅是相较于一般责任险而言的。而如果相较于一些更为特殊的职业责任险，董责险的“职业程度”并不高，或者说并没有到“专业”的程度。例如，证券公司的工作人员（以保荐承销人员为主）、律师事务所的律师、建设工程中的监理人等，这类人群的职业化程度更高，为之设计的职业责任险更为典型。因此，行业内人士有时并不把董责险称为“职业责任险”，或者“管理责任险”，而与之相对的被称为“专业责任险”。

但关于董责险也存在一些争议。一方面，董事、高管在面临天价索赔时，董责险可以为董事、高管提供庇护，让董事、高管免于恐惧而不敢履职；但与此同时，董责险可能使董事、高管落入不负责任导致的道德风险陷阱。如何在董事的适度免责和对董事的合理问责之间实现平衡，是始终缠绕在董责险发展过程中的基本命题。

关联法条

第一百九十三条　公司可以在董事任职期间为董事因执行公司职务承担的赔偿责任投保责任保险。

公司为董事投保责任保险或者续保后，董事会应当向股东会报告责任保险的投保金额、承保范围及保险费率等内容。

第二节　公司的“双控人”

“双控人”是对公司控股股东和实际控制人的合称。控股股东以直接拥有的表决权或实际支配的表决权对公司决策产生决定性或重大影响，实控人通过投资关系、协议等，实际支配公司。实践中，控股股东与实控人滥用控制权损害公司以及第三人利益的事件频发，故《公司法》修订回应现实需要，加强了对“双控人”的行为规制，加重了“双控人”的责任承担。

一、“双控人”的概念

《公司法》第二百六十五条明确规定了控股股东和实际控制人的含义。该条规定，控股股东，是指其出资额占有限责任公司资本总额超过百分之五十或者其持有的股份占股份有限公司股本总额超过百分之五十的股东；出资额或者持有股份的比例虽然低于百分之五十，但依其出资额或者持有的股份所享有的表决权已足以对股东会的决议产生重大影响的股东。实际控制人，是指通过投资关系、协议或者其他安排，能够实际支配公司行为的人。

先看控股股东。控股股东一般可以分为绝对控股股东和相对控股股东。绝对控股股东是指其出资额占有限责任公司资本总额或股份有限公司股本总额超过 50% 的股东。相对控股股东是指出资额或者持有股份的比例虽然低于 50%，但依其出资额或者持有的股份所享有的表决权已足以对股东会的决议产生重大影响的股东。相对控股股东享有表决权比例大于其持有股份比例的方式有很多种，如与其他股东签署一致行动人协议、与其他股东成为共同控股股东、接受他人投票权委托、通过决定公司董事会成员进一步影响股东会决议等。一家公司未必一定会有一个控股股东，如股权高度分散的公司，未必会有能够对股东会决议产生重大影响的股东。

再看实际控制人。原《公司法》中，实控人还存在一项特征，即“不是公司的股东”，彼时通常理解为实际控制人是公司的“隐名股东”，控股股东是“显名股东”。但新《公司法》删除了该项特征，解决了实务中存在的持有公司少量股权却控制公司的股东既不能被认定为控股股东，也没能被认定为实际控制人的问题。

除《公司法》以外，其他法规、规章也有对控股股东和实际控制人进行界定的相关规则，如《上市公司收购管理办法》《首次公开发行股票注册管理办法》等。一定程度上，这些规则可以为新《公司法》关于控股股东的“重大影响”“实际支配”的考量因素提供细化参照。

为什么《公司法》等法律法规在公司治理上坚持规制控股股东和实际控制人的行为呢？因为控股股东和实际控制人能够高度操控公司股东会、董事会、经营管理层的决策、实际操作，最终导致中小股东长期处于无话语权的境况。具体表现为：第一，若控股股东滥用表决权，故意或过失损害公司利益，中小股东只能任由摆布、缺乏改变局面的渠道。第二，控股股东和实际控制人有方便快捷的方式让公司资源为其所用，可以利用公司资源、商业机会为其谋取不正当利益，实施抽逃出资、滥用股东权利等违法行为，直接损害中小股东利益，中小股东难以维护自身权益。第三，控股股东和实际控制人也可能为自身利益、公司利益而损害公司管理者、经营者、劳动者的利益，逃避企业应承担的社会责任。当然，也要承认的是，绝大多数控股股东、实际控制人是公司的创始人、核心人物，是公司发展的强大动力。因此，也不能过于片面地强调“双控人”的恶，而忽略了他们的善。

关联法条

第二百六十五条　本法下列用语的含义：

（一）高级管理人员，是指公司的经理、副经理、财务负责人，上市公司董事会秘书和公司章程规定的其他人员。

（二）控股股东，是指其出资额占有限责任公司资本总额超过百分之五十或者其持有的股份占股份有限公司股本总额超过百分之五十的股东；出资额或者持有股份的比例虽然低于百分之五十，但依其出资额或者持有的股份所享有的表决权已足以对股东会的决议产生重大影响的股东。

（三）实际控制人，是指通过投资关系、协议或者其他安排，能够实际支配公司行为的人。

（四）关联关系，是指公司控股股东、实际控制人、董事、监事、高级管理人员与其直接或者间接控制的企业之间的关系，以及可能导致公司利益转移的其他关系。但是，国家控股的企业之间不仅因为同受国家控股而具有关联关系。

二、"双控人"的新规则

新《公司法》为平衡公司内各个主体的利益、优化公司治理，在前面提到的公司担保规则、关联交易规则对控股股东、实际控制人直接进行规定外，对规制控股股东和实际控制人的相关规范进行不少新增和修改，强化了控股股东、实际控制人的责任，其中的亮点主要包括：

（一）明确横向人格否认制度

《公司法》第二十三条规定，股东利用其控制的两个以上公司实施"滥用公司法人独立地位和股东有限责任，逃避债务，严重损害公司债权人利益的"，各公司应当对任一公司的债务承担连带责任。

司法实践中经常谈到的人格否认，主要指的是"纵向否认"，即否定股东以出资为限对公司债务承担有限责任，而判令股东对公司债务承担连带责任。而"横向否认"则是指不限于否定股东的有限责任，而是进一步要求股东控制下的子公司或者关联公司相互承担连带责任。

（二）明确滥用股东权利时的股权收购规则

基于股东会的表决规则，在控股股东能够进行表决权压制时，中小股东的反对或异议根本不会阻碍控股股东的意见落地，并且有限责任公司的退出渠道非常有限，中小股东也无法"说散就散"。《公司法》第八十九条一定程度上解决了这一问题，对股东会会议上控股股东进行决议压制的，或者是控股股东滥用股东权利的，若严重损害公司或者其他股东利益，其他股东可以请求公司按照合理的价格收购其股权。

（三）明确上市公司应当披露实际控制人

《公司法》第一百四十条将上市公司应当依法披露实际控制人的信息的

义务规定至法律层级。

（四）明确事实董事的忠实、勤勉义务

《公司法》第一百八十条规定了公司的控股股东、实际控制人不担任公司董事但实际执行公司事务的，也对公司负有忠实、勤勉义务，应以公司利益最大化为原则。此时的“双控人”被称为事实董事。

（五）明确“影子董事”规则

影子董事（Shadow Directors），是指那些虽然名义上不是董事，但是公司董事常常都会听命于他们的指示或命令而行事的人。我国《公司法》虽然并未使用“影子董事”的概念，但实践中最典型的能够控制并影响公司的主体即控股股东、实际控制人，本次《公司法》修订对此建立了相应的责任制度。《公司法》第一百九十二条新增规定了控股股东、实际控制人指示董事、高管损害公司或股东利益的，与该董事、高管承担连带责任，即扩大了控股股东、实际控制人承担责任的情形。

关联法条

第二十三条　公司股东滥用公司法人独立地位和股东有限责任，逃避债务，严重损害公司债权人利益的，应当对公司债务承担连带责任。

股东利用其控制的两个以上公司实施前款规定行为的，各公司应当对任一公司的债务承担连带责任。

只有一个股东的公司，股东不能证明公司财产独立于股东自己的财产的，应当对公司债务承担连带责任。

第八十九条　有下列情形之一的，对股东会该项决议投反对票的股东可以请求公司按照合理的价格收购其股权：

（一）公司连续五年不向股东分配利润，而公司该五年连续盈利，并且符合本法规定的分配利润条件；

（二）公司合并、分立、转让主要财产；

（三）公司章程规定的营业期限届满或者章程规定的其他解散事由出现，股东会通过决议修改章程使公司存续。

自股东会决议作出之日起六十日内，股东与公司不能达成股权收购协议的，股东可以自股东会决议作出之日起九十日内向人民法院提起诉讼。

公司的控股股东滥用股东权利，严重损害公司或者其他股东利益的，其他股东有权请求公司按照合理的价格收购其股权。

公司因本条第一款、第三款规定的情形收购的本公司股权，应当在六个月内依法转让或者注销。

第一百四十一条　上市公司控股子公司不得取得该上市公司的股份。

上市公司控股子公司因公司合并、质权行使等原因持有上市公司股份的，不得行使所持股份对应的表决权，并应当及时处分相关上市公司股份。

第一百八十条 董事、监事、高级管理人员对公司负有忠实义务，应当采取措施避免自身利益与公司利益冲突，不得利用职权牟取不正当利益。

董事、监事、高级管理人员对公司负有勤勉义务，执行职务应当为公司的最大利益尽到管理者通常应有的合理注意。

公司的控股股东、实际控制人不担任公司董事但实际执行公司事务的，适用前两款规定。

第一百九十二条　公司的控股股东、实际控制人指示董事、高级管理人员从事损害公司或者股东利益的行为的，与该董事、高级管理人员承担连带责任。

offer

第六章

公司的金融：

公司的财务会计和公司债券规则

公司的钱，主要有三部分的来源，一是股东出资的资本；二是经营所得的收入；三是融资，也就是向债权人“借”来的钱，其中最重要的借钱方式是发行债券。公司作为营利性法人，“赚钱”自然是其存续的核心目的。但“赚钱”的前提是能够管好钱，如果公司连自己的账都没有搞明白，也自然无法了解公司是盈是亏。《公司法》专门规定了公司的财务会计制度和公司债券的相关规则，前者旨在妥善解决公司“管钱”的问题，后者则为公司顺利融资提供指引。本章将分两节分别介绍公司的财务会计和公司的债券规则。第一节包括公司的财务会计制度、利润分配以及如何聘用审计机构的内容，第二节介绍了公司债券的概念、公开发行公司债券的流程以及债券投资者的保护机制。

第一节　公司财务会计

公司的财务会计制度，其实就是一本账。小家庭记账有个本子就行，公司记账则需要按照财务会计制度进行。公司大多数的利益纷争，其实本质上就是在算这笔账。由于公司独立于股东，公司的决策和执行又需要依靠董监高，如何记好、看好这本账就成为一个大问题。为此，《公司法》专门规定了财务会计制度。

一、公司的财务会计制度

（一）财务会计制度的设置

公司作为独立的法人，拥有独立的法人财产，享有法人财产权。而财产独立最直观的表现就是，公司有清清楚楚的“一本账”。这本账的背后，就是指公司的财务会计制度。

《公司法》第二百零七条要求公司依照法律、行政法规和国务院财政部门的规定建立本公司的财务、会计制度。这是一个强制性规定，任何公司都不能成为“漏网之鱼”。这里的“法律、行政法规和国务院财政部门的规定”主要是指《会计法》《企业财务会计报告条例》《企业财务通则》以及《企业会计准则——基本准则》。

具体来说，公司的财务制度、会计制度是两套制度。首先是财务制度，它是公司内组织资金运营、处理公司与各方财务关系的一系列经济管理工作规程。一般来说，公司财务制度由财务业务、财务关系和财务管理三部分组成。所谓财务业务，是指公司因筹资、投资、日常经营及分配而引起的财务活动。财务关系包括公司与股东、债权人、债务人、职工、税务机关等之间的资金流转关系。财务管理则包括筹资管理、成本管理、投资管理、经营资金管理以及财务的预算、控制和分析等。简单来说，公司库存现金怎么管理、费用报销要走什么流程、对外开支由谁审批等都由财务制度负责规范。其次是会计制度，它是指借助法律法规等规范所形成的一系列会计核算规则。比如，会计报表、资产负债表、现金流量表等文件的制作和管理，都与会计制度密切相关。

简单来说，财务制度管钱怎么花，会计制度则负责花钱之后怎么记录。财务制度和会计制度是现代公司治理的核心，这二者的完善，将大幅减少不必要的公司纠纷，有利于切实保障公司的营利性以及股东和债权人的利益。

关联法条

第二百零七条　公司应当依照法律、行政法规和国务院财政部门的规定建立本公司的财务、会计制度。

（二）财务会计人员的安排

对于有意向设立一家公司的小伙伴来说，可能最关心的问题是，如果开一家公司，应该怎么来配备财务人员？

理论上讲，一家公司最少要有两名财务人员。一是出纳，二是会计。出纳负责管钱，会计负责管账。一般来说，出纳的日常工作主要包括现金收付、现金日记账、银行存款日记账以及日常费用的报销。会计的主要工作是根据整理后的原始凭证，填写记账凭证，并根据审核无误的记账凭证，登记账簿、制作报表等。但在实践中，很多小公司的会计和出纳是同一个人，这其实是违反《会计法》第三十七条的。会计与出纳，职务不同，职责不同，二者应相互制衡。

这里要特别提醒各位正在或准备筹办公司的朋友，一定要让会计和出纳分两人任职，否则可能会面临行政机关的处罚。当然，如果公司规模比较小，不希望产生过高的运营成本开支，在职责分工上，可以设置专职会计一名，而出纳由其他人员，如人力资源管理人员兼任，并由会计指导完成收付款及日记账登记工作。此外，会计本身也可兼任其他工作。

所以，在公司内安排财务人员真不是个简单的活儿。有的老板认为太麻烦了，自己捋不清楚这些，该怎么办呢？在实践中，有一些公司就会把财务工作外包出去，即找人“代记账”。“代记账”合不合法呢？需要区分具体情况来看。

财政部发布的《代理记账管理办法》第二十六条规定：“未经批准从事代理记账业务的单位或者个人，由县级以上人民政府财政部门按照《中华人民共和国行政许可法》及有关规定予以查处。”这意味着，代理记账的必须是依法设立的企业，个人代理记账不受法律保护。因此要提醒大家，一定不能找个人代记账。

在寻找中介机构代理记账时，公司要重点关注中介机构是否取得了从事代理记账业务的行政许可。确定机构进行委托时，一定要与中介机构签订书面的委托协议，对双方的权利义务及违约责任作出详细约定。

（三）公司会计账簿的设置

实践中，有些企业存在两套账，即内账和外账。内账供内部使用，是企业真实的经营数据，而外账则常被提交给税务或工商等行政部门以供查验。企业做两套账的目的一般有二：一是隐藏收入、虚增成本，以此达到少交或不交税的目的；二是方便企业实际的业务管理，进行业务分析，确定企业长期发展战略目标等。

但毫无疑问，做两套账的行为是违法的。无论是《公司法》第二百一十七条第一款还是《会计法》第十六条，都明文规定，公司不能在法定的会计账簿外另立会计账簿。也就是说，企业只能做一套账。

做“两套账”风险巨大，被查证属实后不仅会被罚款，如果情节严重的话，老板或会计可能还会面临牢狱之灾。《会计法》第四十二条规定，企业私设会计账簿的，由县级以上人民政府财政部门责令限期改正，可以对单位并处三千元以上五万元以下的罚款；对其直接负责的主管人员和其他直接责任人员，可以处二千元以上二万元以下的罚款。如果构成犯罪，应依法追究刑事责任。此外，会计人员如果实施私设账簿行为，且情节严重，则五年内不得从事会计工作。

比如，在 2022 年 7 月，福州市税务局对某公司 2010 年 7 月 1 日至

2020 年 2 月 20 日期间的涉税情况进行检查，发现该公司以外账瞒报收入，进而偷税漏税，最终税务局对该公司处以罚款二百八十六万元。该公司即为内外“两套账”的典型案例[①]。

此外，公司的资金，只能以公司的名义存储，而不能以任何个人的名义存储。实践中，常常有股东将出资款汇至大股东个人账户或法定代表人个人账户，有的企业的对外开支或报销均走的是大股东个人账户，这些做法统统错误。如果公司的财务状况混乱，公司财产与股东财产无法分离，则属于财务混同，有被法人人格否认，即“刺破公司面纱”的高度可能性。在“刺破公司面纱”后，股东就不能受到有限责任的保护，而是需要对公司债务承担连带责任。

关联法条

第二百一十七条　公司除法定的会计账簿外，不得另立会计账簿。

对公司资金，不得以任何个人名义开立账户存储。

（四）公司财务会计报告的管理

根据《会计法》第十三条的规定，公司财务会计信息的载体包括会计凭证、会计账簿、财务会计报告和其他会计资料。其中，最为重要的是财务会计报告，简称为财报。

根据记载内容的多寡，财务会计报告被分为年度财务会计报告和中期财务会计报告。年度财务会计报告，顾名思义，是指以整个会计年度为基础

① 参见关于送达闽清县建城新型建材有限公司《税务处罚决定书》的公告，来源国家税务总局福州市税务局，http://fujian.chinatax.gov.cn/fzsswj/xxgk/gsgg/qtl/202207/t20220711_466521.htm，最后访问时间 2024 年 5 月 10 日。

所编制的财报。这个会计年度又是指什么呢？根据《会计法》第十一条的规定，会计年度自公历 1 月 1 日起至 12 月 31 日止，也就是我们所说的一年。以短于一个完整的会计年度的期间（如半年度、季度和月度）编制的财务会计报告称为中期财务会计报告。

根据《公司法》第二百零八条第一款的规定，不论是有限公司，还是股份公司，都应当在每一会计年度终了时编制财务会计报告，并依法经会计师事务所审计。其目的是借助专业性强的中介机构，督促公司规范经营治理。每年审计一次，也有助于公司经营者对公司摸底，为下一步投资决策提供信息支撑。根据该条第二款的规定，财务会计报告应当依照法律、行政法规和国务院财政部门的规定制作。一般来说，财务会计报告包括财务报表、财务报表附注和其他相关信息。其中，财务报表是财务会计报告的核心内容。它由资产负债表、利润表和现金流量表等组成。资产负债表，可以反映企业在某一特定日期的资产和负债情况；利润表，则能够告诉经营者公司在一定时期内的收入和支出有多少，最后用收入减去支出，就是利润；现金流量表，是公司开支的“流水账”，它反映了公司在一段时间内资金的流动情况，告诉经营者公司的钱是怎么赚来的，花在哪里，最后是多了还是少了，这高度类似于微信和支付宝出具的每月账单统计。

根据《公司法》第二百零九条规定，有限责任公司应当按照公司章程规定的期限将财务会计报告送交各股东。这里需要提醒的是，建议公司在章程内对财务报告的送交期间作出明确规定，以免日后产生争议。股份有限公司的财务会计报告应当在召开股东会年会的二十日前置备于本公司，供股东查阅。至于公开发行股份的股份有限公司，结合《证券法》第七十九条的规定，它的年度财务报告和中期财务报告都属于法定信息披露事项。年度财务报告需要在每一个会计年度结束之日起的四个月内报送并公告。而中期报告则在每一会计年度的上半年结束之日起两个月内报送并公告。为什么一定要求上市公司披露财务报告呢？这是因为《证券法》的核心要义就在于：发行必须公开，公开必须真实，不真实就要赔钱。归根结底，这是上市公司持续信息披露义务的要求，是发行上市信息披露义务的延续。

关联法条

第二百零八条　公司应当在每一会计年度终了时编制财务会计报告，并依法经会计师事务所审计。

财务会计报告应当依照法律、行政法规和国务院财政部门的规定制作。

第二百零九条　有限责任公司应当按照公司章程规定的期限将财务会计报告送交各股东。

股份有限公司的财务会计报告应当在召开股东会年会的二十日前置备于本公司，供股东查阅；公开发行股份的股份有限公司应当公告其财务会计报告。

二、公司的利润分配

公司建立了完备的财务会计制度之后，日常的经营运转就有了重大保障，日后一旦赚了钱便需要向股东给予回报，进行利润分配。公司利润分配的基本规则是，在法律的制约下兼顾多重利益。利润分配先是要有长远的目光，进行公司风险管理，提取公积金，防范未来需要大规模用钱却无钱可用的风险。在此前提下，公司向股东分配利润。但同时要避免出现违法分红的情形，以防赔偿责任的产生。

（一）公司利润分配的基本规则

首先需要明确的是，公司挣的钱并不能因为进了公司的账本就完全归公司支配并随意分配，公司的利润依然关系到股东、公司、员工、债权人等多方利益，对利润进行处置仍然需要受到法律的制约。

公司利润分配的基础在于公司有利润，也就是说，营业收入减去营业支出的数额大于零。根据《公司法》第二百一十条的规定，在确保了利润能够分配后，第一步，需要确认公司是否存在亏损。如果有，则需要先用公积金弥补亏损，如果公积金不足以弥补，就先用利润总额去弥补亏损。

第二步，需要缴纳企业所得税。目前，一般企业的税率是25%。企业每一纳税年度的收入总额，减除不征税收入、免税收入、各项扣除以及允许弥补的以前年度亏损后的余额，即为应纳税所得额。经历这一步骤后所得出

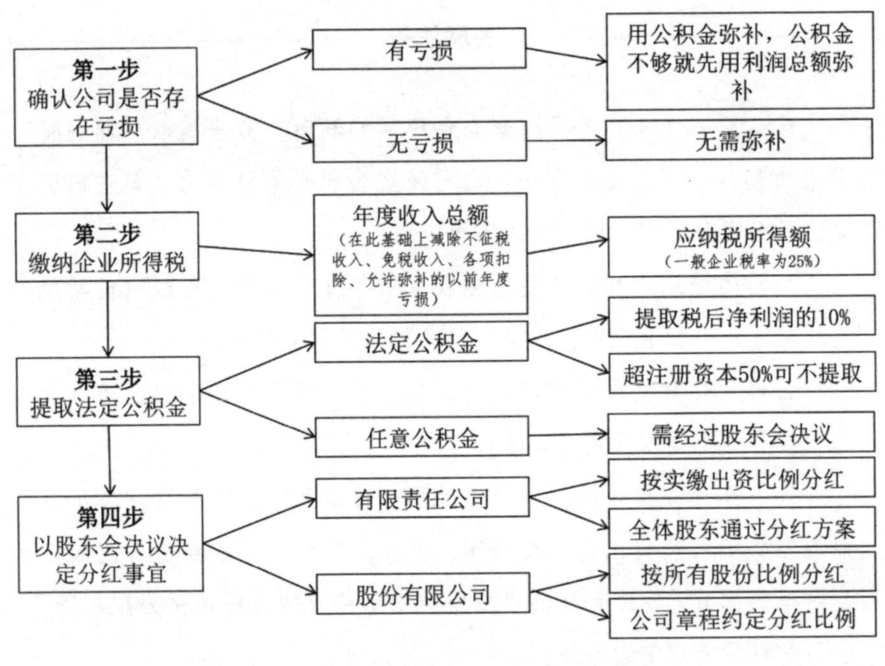

公司利润分配的流程图

的就是税后净利润。

第三步，税后净利润还需要提取法定公积金。《公司法》强制要求将利润的10%列入公司的法定公积金，此后经股东会决议，还可以从税后利润中提取任意公积金。公司法定公积金累计额为公司注册资本的50%以上的，则可以选择不再提取法定公积金。

第四步，在获得弥补亏损和提取公积金后所余税后利润之后，公司可以作出股东会决议来决定分红事宜。有限责任公司可以按实缴出资比例分红，全体股东也可以自行通过利润分配方案来约定分红比例；而股份有限公司则按所有股份比例分红，但同时允许公司章程对分红比例另行约定。公司持有的本公司股份不得参与分红。《公司法》第二百一十二条特别规定，在股东会作出分红决议后，董事会必须在决议作出六个月内完成分配。如果没有按时分配的，股东可以依法向公司提起利润分配请求权之诉。

关联法条

第二百一十条　公司分配当年税后利润时，应当提取利润的百分之十列入公司法定公积金。公司法定公积金累计额为公司注册资本的百分之五十以上的，可以不再提取。

公司的法定公积金不足以弥补以前年度亏损的，在依照前款规定提取法定公积金之前，应当先用当年利润弥补亏损。

公司从税后利润中提取法定公积金后，经股东会决议，还可以从税后利润中提取任意公积金。

公司弥补亏损和提取公积金后所余税后利润，有限责任公司按照股东实缴的出资比例分配利润，全体股东约定不按照出资比例分配利润的除外；股份有限公司按照股东所持有的股份比例分配利润，公司章程另有规定的除外。

公司持有的本公司股份不得分配利润。

第二百一十二条 股东会作出分配利润的决议的，董事会应当在股东会决议作出之日起六个月内进行分配。

（二）公司提取公积金的基本规则

公积金是一种公司风险管理制度，一方面，可以弥补亏损，为未来可能出现的大规模支出做准备，防患于未然；另一方面，公积金是公司的储蓄行为，可以为公司未来的发展打基础，避免股东出现短视行为，将公司利润等吃光分净。

公司公积金分为盈余公积金和资本公积金。从字面意思理解，盈余公积金是指从公司盈余中提取的公积金。而在《公司法》意义上，盈余公积金即从公司税后利润中提取的公积金，分为法定公积金和任意公积金。如前文提到的公司利润分配的必要步骤之一，根据《公司法》第二百一十条规定，公司分配当年税后利润时，应当提取利润的百分之十列入公司法定公积金。公司法定公积金累计额为公司注册资本的百分之五十以上的，可以不再提取。公司的法定公积金不足以弥补以前年度亏损的，在依照前款规定提取法定公积金之前，应当先用当年利润弥补亏损。公司从税后利润中提取法定公积金后，经股东会决议，还可以从税后利润中提取任意公积金。公司弥补亏损和提取公积金后所余税后利润，有限责任公司按照股东实缴的出资比例分配利润，全体股东约定不按照出资比例分配利润的除外；股份有限公司按照股东所持有的股份比例分配利润，公司章程另有规定的除外。公司持有的本公司股份不得分配利润。简单来说，在提取法定公积金后，经过股东会决议，公司还可以提取任意公积金，这就相当于公司可以自愿多攒一些“钱”。

而资本公积金和盈余公积金不一样，资本公积金与公司经营无关，是由资本、资产本身及其他原因所形成的股东权益收入，具体来源有：股票溢价款、发行无面额股所得股款未计入注册资本的金额以及国务院财政部门规定列入资本公积金的其他项目。股票溢价款是最常见的资本公积金来源。值得注意的是，《公司法》第一百四十二条首次规定了公司可以发行无面额股，采用无面额股的，应当将发行股份所得股款的二分之一以上计入注册资本。也就是说，公司应当将不超过无面额股股款的二分之一计入资本公积金。《公司法》第二百一十三条还将资本公积金来源之一的“国务院财政部门规定列入资本公积金的其他收入”改为“国务院财政部门规定列入资本公积金的其他项目”，在表述上更加准确。

关于公积金的用途，总言之有以下三个方面：弥补公司的亏损、扩大公司生产经营、转增公司注册资本。需要特别说明的是，新《公司法》第二百一十四条新增资本公积金可以用来弥补亏损，但应当先使用任意公积金和法定公积金；仍不能弥补的，可以按照规定使用资本公积金。在立法上，资本公积金弥补亏损经历了“能—否—能”的起起伏伏，一开始立法并没有禁止资本公积金弥补亏损，2005 年《公司法》明确了资本公积金不得用于弥补亏损。新《公司法》重新放开“资本公积金可以弥补亏损”，和现行低迷的经济形势不无关系，有利于企业充分利用资金，尽快扭亏为盈，尤其是中小企业。另外，公司得时刻手里有“钱”，以便应对亏损等不时之需，所以法定公积金不能无限制转增注册资本。《公司法》第二百一十四条第三款规定，法定公积金转为增加注册资本时，所留存的该项公积金不得少于转增前公司注册资本的百分之二十五。

关联法条

第一百四十二条　公司的资本划分为股份。公司的全部股份，根据公司章程的规定择一采用面额股或者无面额股。采用面额股的，每一股的金额相等。

公司可以根据公司章程的规定将已发行的面额股全部转换为无面额股或者将无面额股全部转换为面额股。

采用无面额股的，应当将发行股份所得股款的二分之一以上计入注册资本。

第二百一十三条　公司以超过股票票面金额的发行价格发行股份所得的溢价款、发行无面额股所得股款未计入注册资本的金额以及国务院财政部门规定列入资本公积金的其他项目，应当列为公司资本公积金。

第二百一十四条　公司的公积金用于弥补公司的亏损、扩大公司生产经营或者转为增加公司注册资本。

公积金弥补公司亏损，应当先使用任意公积金和法定公积金；仍不能弥补的，可以按照规定使用资本公积金。

法定公积金转为增加注册资本时，所留存的该项公积金不得少于转增前公司注册资本的百分之二十五。

（三）公司违法分红的后果

违法分红，也就是没有按照前面介绍的公司法的规定分红，常见的表现形式有公司利用超额分红、提取备用金、虚构人员工资支取等违法违规的方式进行分红。

而针对违法分红的责任，根据《公司法》第二百一十一条可知，公司违规分红的，股东需要承担退还违规分配利润的责任，而如果给公司造成损失的，股东及负有责任的董事、监事、高级管理人员应当承担赔偿责任。

值得关注的是，《公司法》在原有法律规定基础上增加了董事的违规分红赔偿责任，强调了董事确保公司资本充实的责任。因为超额分配利润实质上类似于股东抽逃出资，《公司法》为了保证公司资本充足，加强了董事的监督作用，避免大股东操纵公司违规分红、超额分红的现象产生。而在新《公司法》颁布后，负有责任的董监高同样需要承担相应的责任，这一点责任补充对于公司违法分红的追责具有重要作用。

关联法条

第二百一十一条　公司违反本法规定向股东分配利润的，股东应当将违反规定分配的利润退还公司；给公司造成损失的，股东及负有责任的董事、监事、高级管理人员应当承担赔偿责任。

三、公司聘用审计机构

公司的财务状况能够很大程度上反映其经营状况的好坏，为了保护交易相对方的交易安全，在资本市场中，会计师事务所通过审计活动促进经济信息公开透明、缓解直接融资中投融双方的信息不对称、落实法律法规和监管要求、发挥防线作用，并因此有“经济警察”的美誉。

公司审计分为内审和外审。内审是由公司审计部执行，更侧重依据公司内部规章对公司经济活动审计，服务于公司的经营目标；而外审则聘任独立的第三方会计师事务所，更侧重依据法律法规，对公司财报等资料的合法、合规、真实性进行审计，更多地向社会公众公开。聘用审计机构开展审计活动，主要针对的是外审的情形。

在全面注册制的大背景下，资本市场对信息披露的要求更高，审计机构肩上的核查审计责任更重，需要严格遵循《注册会计师法》等法律法规。目前，《注册会计师法》正在修订过程中，为了呼应全面注册制的实行和审计机构“看门人”责任的强化，征求意见稿细化了注册会计师民事责任的承担机制，区分了不同过错程度下，注册会计师承担不同的责任，更有利于公平合理地界定会计师的责任。比如，会计师事务所出具真实准确审计报告的前提之一是被审计公司提供的基础资料真实、合法且准确[①]。《公司法》第二百一十六条规定，公司应当向聘用的会计师事务所提供真实、完整的会计凭证、会计账簿、财务会计报告及其他会计资料，不得拒绝、隐匿、谎报。根据《最高人民法院关于审理涉及会计师事务所在审计业务活动中民事侵权赔偿案件的若干规定》，会计师事务所能够证明审计业务所必须依赖的金融机构等单位提供虚假或者不实的证明文件，会计师事务所在保持必要的职业谨慎下仍未能发现其虚假或者不实，不承担民事赔偿责任。

《公司法》第二百一十五条增加规定了监事会在聘用、解聘会计师事务所时的表决权。公司聘用、解聘承办公司审计业务的会计师事务所，按照公司章程的规定，由股东会、董事会或者监事会决定。公司股东会、董事会或者监事会就解聘会计师事务所进行表决时，应当允许会计师事务所陈述意见。

另外，上市公司审计机构的聘用和解聘有特别规定。根据《上海证券交易所股票上市规则（2024 年 4 月修订）》的规定，上市公司聘请或者解聘会计师事务所必须由股东会决定，董事会不得在股东会决定前委托会计师事务

① 参见关于《中华人民共和国注册会计师法修订草案（征求意见稿）》向社会公开征求意见的通知，来源财政部官网，http://kjs.mof.gov.cn/gongzuotongzhi/202110/t20211018_3758901.htm，最后访问时间 2024 年 5 月 14 日。

所开展工作。公司解聘或者不再续聘会计师事务所时，应当在董事会决议后及时通知会计师事务所。公司股东会就解聘会计师事务所进行表决时或者会计师事务所提出辞聘的，会计师事务所可以陈述意见。上市公司解聘会计师事务所并不少见，一般都会“好聚好散”，市场经营主体在聘用和解聘审计机构时应严格遵循法定流程，做好各项底稿的留痕工作。

关联法条

第二百一十五条　公司聘用、解聘承办公司审计业务的会计师事务所，按照公司章程的规定，由股东会、董事会或者监事会决定。

公司股东会、董事会或者监事会就解聘会计师事务所进行表决时，应当允许会计师事务所陈述意见。

第二百一十六条　公司应当向聘用的会计师事务所提供真实、完整的会计凭证、会计账簿、财务会计报告及其他会计资料，不得拒绝、隐匿、谎报。

第二节　公司债券

公司融资的方式多种多样，其中最重要的就是发行债券，各国都是如此。我国《公司法》也对公司债券另眼相看，作出了专门的规定。

一、公司债券的基本规则

（一）公司债券的基本概念

公司可以负债，也可以发债，但是负债和发债并不一样。发债是公司融资的一种手段，它所产生的实际上是份额化、标准化的债权，也就是证券化的债权。根据《公司法》第一百九十四条第一款规定，公司债券是指公司发行的约定按期还本付息的有价证券。

信用风险是在债券投资中由于投资公司的原因发生债券违约的风险。市场上的债券，根据是否存在信用风险，可以分为利率债和信用债两大种类。前者如国债、地方政府债、政策性银行债等，这些债券发行主体的信用基本等同于国家信用，通常认为不存在违约的风险。后者则主要是由企业发行的债券，主要包括公司债、企业债、非金融企业债务融资工具等。通常而言，出现违约情形的债券都是信用债。那么在信用债可能存在违约风险的情况下，为什么还有很多投资者选择信用债呢？这是因为风险越大、收益也越大。信用债的利息往往是要比利率债大的。在我国债券市场发展的早期，信用债“刚性兑付”的特点较为突出，债券出现兑付风险后，政府往往会强势干预债券实现兑付。但是，这种情况正在发生改变。

目前实务中公司债券基本是记账式债券，虽然纸质凭证式债券已经比较罕见，但还是需要对纸质形式要求作出明确的法律规定。首先，《公司法》第一百九十六条规定，公司以纸面形式发行公司债券的，应当在债券上载明公司名称、债券票面金额、利率、偿还期限等事项，并由法定代表人签名，公司盖章。此条相较于原《公司法》而言，将以“实物券方式”发行公司债券调整为以“纸面形式”发行。

其次，《公司法》第一百九十七条规定，公司债券应当为记名债券。记名债券是指在券面上需要登记持有人姓名，支取本息需要凭印鉴领取的债券。此条相较于原《公司法》，删除了可以发行无记名债券的规定。过去的无记名债券是指在券面上不注明债券持有人姓名，也不在公司名册上登记的一种债券类型。此次修订将公司债券的发行种类仅限于记名债券，能够确保新增设的"债券持有人会议"顺利召开，保证会议顺利表决，确保决议效力的完整性，有助于实现对债券持有人的利益保护。相比之下，无记名债券在债券持有人会议的召开过程中会带来较大的不确定性。

《公司法》取消了在公司债券发行过程中关于置备债券存根簿的规定，改为设置债券持有人名册。《公司法》第一百九十八条规定，公司发行公司债券应当置备公司债券持有人名册。这也是适应科技发展、公司债券逐渐无纸化的需要，目前纸质的存根簿已无必须保留的必要。改为"公司债券持有人名册"这样中性化的词语，意味着可以由公司自选使用电子版或者纸质版，此种制度设计显然更具包容性。

2023年10月，中国证券监督管理委员会新修订的《公司债券发行与交易管理办法》第七十六条规定："发行公司债券并在证券交易场所交易或转让的，应当由中国证券登记结算有限责任公司依法集中统一办理登记结算业务。非公开发行公司债券并在证券公司柜台转让的，可以由中国证券登记结算有限责任公司或者其他依法从事证券登记、结算业务的机构办理"。登记机构及时掌握债券持有人的信息，使得债券的登记更能起到公示公信作用。《公司法》对登记结算机构也作出了明确要求，第一百九十九条规定，公司债券的登记结算机构应当建立债券登记、存管、付息、兑付等相关制度。我国的登记结算机构主要有三个，分别对证券、债券等不同资产进行登记结算，是我国金融市场的重要基础设施企业。第一个是"中央国债登记结算有限责任公司"，也称"中央结算公司""中债登"。它是财政部唯一授权的国债总托管人，主持建立、运营全国国债托管系统。第二个是"中国证券登记结算有限责任公司"，也称"中国结算""中证登"。自2001年起，上海、深圳证交所承担的全部证券登记结算业务划归"中证登"承担。最后一个是

“银行间市场清算所股份有限公司”，又称“上海清算所”“上清所”。它是我国银行间市场唯一一家专业化集中清算机构。综合来看，三家机构成立时间不同，批准机构不同，监管单位不同，体制上也有差异。股票的登记结算独属于“中证登”，债券的发行、登记、托管则分属于三家机构。

目前，债券的注册、核准和登记等流程基本都在电子化平台上完成。债券信息被保存在电子账户中，投资者可以通过在线平台查看自己的债券持有情况。随着公司债券的电子化趋势，《公司法》也进行了相应的调整，以适应这一新形势。

关联法条

第一百九十六条　公司以纸面形式发行公司债券的，应当在债券上载明公司名称、债券票面金额、利率、偿还期限等事项，并由法定代表人签名，公司盖章。

第一百九十七条　公司债券应当为记名债券。

第一百九十八条　公司发行公司债券应当置备公司债券持有人名册。

发行公司债券的，应当在公司债券持有人名册上载明下列事项：

（一）债券持有人的姓名或者名称及住所；

（二）债券持有人取得债券的日期及债券的编号；

（三）债券总额，债券的票面金额、利率、还本付息的期限和方式；

（四）债券的发行日期。

第一百九十九条　公司债券的登记结算机构应当建立债券登记、存管、付息、兑付等相关制度。

（二）公司债券的交易规则

为了保证债券持有人的资金流通自由，公司债券也可以在法律制度的框架内自由转让。公司债券转让既可以在证券交易所进行，也可以在柜台市场进行。债券转让可以使债券持有人在需要资金时快速流通或者获得收益，同时也为投资者提供了多元化的投资方式。

《公司法》第二百条规定，公司债券可以转让，转让价格由转让人与受让人约定。公司债券的转让应当符合法律、行政法规的规定。《公司法》赋予转让人与受让人自由定价权，因此债券价格通常由市场供求关系决定，也受到市场利率、信用评级等因素的影响。在转让过程中，投资者也会根据市场情况来评估债券的价值和风险。

债券交易要求“净价交易、全价结算”。比如，一张面值100元的债券，票面利率10%，自1月1日发行并开始计息。假设每天的交易价格始终是100元，则买进和卖出的成交价都是100元，这个价格被称为“净价”。债券是每天计息的，一年按365天计，则1月31日收盘后的应计利息是100×10% ÷365×31=0.849元，这天买入时，除了要支付每张债券100元的交易净价，还要加上每张债券应计利息0.849元。具体操作的表现就是填报买单时的价格是100元，结算时会扣除100+0.849=100.849元，100.849元就是结算时的“全价”。

此外，原本不记名公司债券因为无须载明持有人姓名，流通转让仅以债券为凭证即可，无须登记。《公司法》已经删去了无记名公司债券的规定，第二百零一条规定，公司债券由债券持有人以背书方式或者法律、行政法规规定的其他方式转让；转让后由公司将受让人的姓名或者名称及住所记载于公司债券持有人名册。

记名公司债券通过债券持有人的意思表示和债券的实际交付，即完成转让。记名公司债券的持有人转让债券时，必须满足两个条件：第一，由债券持有人以背书方式或者法律、行政法规规定的其他方式转让；第二，由公司在公司债券持有人名册上作变更登记，即办理过户手续。因此，债券受让人未办理过户手续的，其转让只在转让人与受让人之间产生效力，对公司无法律约束力，公司仍然只与转让人产生债权债务关系。换言之，公司债券持有人名册是记名债券转让的对抗要件，也就是说，只要受让人未通知公司、未将其姓名记载于公司债券持有人名册，公司就无须向该债券持有人履行给付义务，其转让行为对公司来说就没有法律约束力。

《公司债券发行与交易管理办法》第六十五条规定："发行人应当在债券募集说明书中约定构成债券违约的情形、违约责任及其承担方式以及公司债券发生违约后的诉讼、仲裁或其他争议解决机制。"基于长期无风险的市场环境，我国债券市场的标准文件相对简单。从 2014 年开始，中国掀起了一波公司债券违约浪潮，这表明无风险的债券市场已经不复存在[①]。

一般公司在债券违约但是企业本身并没有陷入严重的债务危机、自身融资能力没有受到极端影响的情况下，会选择自筹资金，寻求外部资金解决流动性危机。当债务人出现流动性危机、资金链条断裂或严重财务状况危机时，一般会选择债务重组的方法。常见的债务重组有展期、调整利息、新债换旧债等方式。当债务重组无法顺利完成或期限过长时，往往会进入司法程序，满足破产条件时会提起破产诉讼，不满足破产条件时则提起违约求偿诉讼。

① 符望：《国际视野下中国企业债券违约的若干法律问题研究》，载《证券法苑》2021 年第 1 期。

关联法条

第二百条　公司债券可以转让，转让价格由转让人与受让人约定。

公司债券的转让应当符合法律、行政法规的规定。

第二百零一条　公司债券由债券持有人以背书方式或者法律、行政法规规定的其他方式转让；转让后由公司将受让人的姓名或者名称及住所记载于公司债券持有人名册。

（三）可转债

可转债是指一定时间内可以按照约定的转股价格转换成公司股票的债券，是债券和股票期权的结合，通过设定转股、回售、强赎、下修等特殊条款实现发行人与债券持有人间的博弈。可转债属于《证券法》规定的具有股权性质的债券，实际上就是债券、转股权、回售条款、强制赎回条款、下修条款的集合。

可转债是上市公司的一种低成本融资工具，一些上市公司更希望可转债的持有者最终都能够将可转债转换成股票，这样公司作为可转债的发行人，在债务到期后就不需要履行还本付息的义务。转股就相当于是持有人行使自己的看涨期权，即持有人认为该公司的股票价格仍有进一步上涨的空间，转股也意味着持有人的身份由债权人转向股东。不过，可转债到底要不要转换为股票，根据《公司法》第二百零三条规定，是由债券持有人选择和决定的，公司必须按照公司的可转债规则来向债券持有人换发股票。

在可转债中，强赎条款是指当正股价格涨到一定程度后，如果转债持有人不肯转股，转债发行人可以强行按照债券赎回持有人手中的转债，从而扩大股权规模，减少还本付息。下修条款是指在正股价格低于转股价格一定程度时，上市公司可下调转股价，以此来引导转股。回售条款的设置是为了保护可转债投资者利益，当正股价格跌到一定程度后，允许投资者以高于面值的价格把可转债回售给上市公司。

新《公司法》第二百零二条相较于原《公司法》在可转债的规定上改动颇多。一是新《公司法》将发行可转债的公司由上市公司扩大到所有股份有限公司；二是新《公司法》将可转债的发行条件由核准制修改为注册制，与《证券法》规定的证券发行注册制保持一致。主体范围的扩大与实质审核到形式审核的转变，降低了可转债的发行门槛，加强了证券市场的透明度，为公司融资提供更多便利。

可转债可以公开发行也可以不公开发行，区别在于是否向不特定的对象发行。目前来看，大部分公司都是采取向不特定对象发行，也就是公开发行的方式。发行人青睐公开发行的原因在于其更加丰富的投资者结构以及更加多样的资金来源。

关联法条

第二百零二条　股份有限公司经股东会决议，或者经公司章程、股东会授权由董事会决议，可以发行可转换为股票的公司债券，并规定具体的转换办法。上市公司发行可转换为股票的公司债券，应当经国务院证券监督管理机构注册。

发行可转换为股票的公司债券，应当在债券上标明可转换公司债券字样，并在公司债券持有人名册上载明可转换公司债券的数额。

第二百零三条　发行可转换为股票的公司债券的，公司应当按照其转换办法向债券持有人换发股票，但债券持有人对转换股票或者不转换股票有选择权。法律、行政法规另有规定的除外。

二、公开发行公司债券

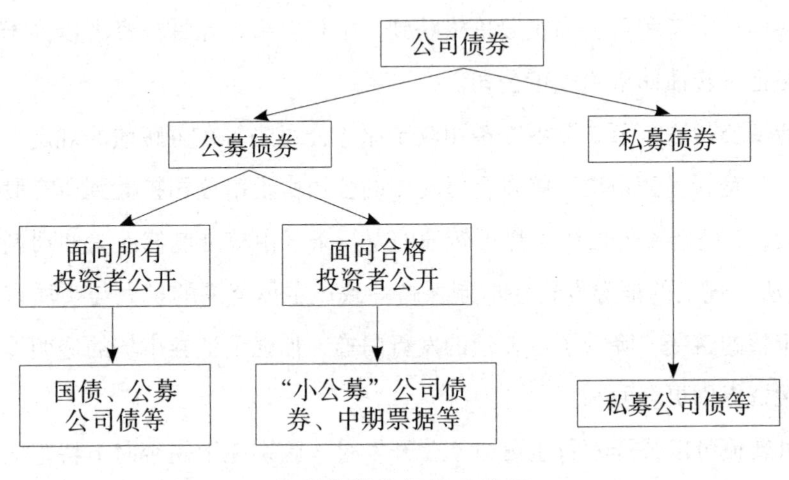

公司债券发行的分类图

根据《公司法》第一百九十四条第二款规定，公司债券可以公开发行，也可以非公开发行。目前，我国市场上的债券，根据债券的发行方式，可以分为公募债券和私募债券。公募债券是面向公众投资者公开发行的债券，债券信息披露文件均公开可查。采取公募发行方式的债券又可以进一步分为面向所有投资者公开发行的债券和面向合格投资者公开发行的债券。面向所有投资者公开发行的债券包括国债、公募公司债等。面向合格投资者公开发行的债券包括“小公募”公司债券、中期票据等。采取私募方式发行的债券主要有私募公司债和非公开定向债务融资工具（PPN）等。根据目前的统计，从违约债券的类型来看，违约债券以中期票据、私募债和“小公募”公司债券为主。

根据《公司法》第一百九十五条，公开发行公司债券，应当经国务院证券监督管理机构注册，公告公司债券募集办法。公司债券募集办法应当载明下列主要事项：（一）公司名称；（二）债券募集资金的用途；（三）债券总额和债券的票面金额；（四）债券利率的确定方式；（五）还本付息的期限和方式；（六）债券担保情况；（七）债券的发行价格、发行的起止日期；（八）公司净资产额；（九）已发行的尚未到期的公司债券总额；（十）公司债券的承销机构。基于债券的注册制改革，该条将公司债券核准制更新为注册制，同时明确了公开发行公司债券统一由国务院证券监督管理机构注册。

公开发行公司债券，需要注册。目前，公司债和企业债统一由证监会注册。而银行间债券市场非金融企业债务融资工具，指的是具有法人资格的非金融企业在银行间债券市场发行的，约定一定期限内还本付息的有价证券。非金融企业债务融资工具由中国银行间市场交易商协会注册。

公开发行公司债券，需要向广大投资者履行信息披露的义务。债券发行文件包括募集办法、法律意见书、最近三年的审计报告及最近一期财务报表等。募集办法是发行文件中最重要的。募集办法在实务中一般称为《募集说明书》。《募集说明书》载明的事项主要包括重要提示、风险提示及说明、发行条款、募集资金用途、发行人基本情况、发行人主要财务情况、发行人资信状况、违约/风险情形及处置、受托管理人机制等。关于公司债券《募集说明书》的法律性质，一直存在争议。根据《民法典》第四百七十三条的规定，招股说明书和债券募集办法为要约邀请。但是由于债券募集办法对于当事人的权利义务的约定已经非常明确具体，实务中通常将募集说明书作为债券交易合同的一部分。

公开发行公司债券，除了上述信息披露注重安全交易的保护之外，还需要兼顾效率，即公平与效率要兼得。为了避免多次发行需要多次注册的烦琐程序，有一种被称为储架发行的模式。储架发行指的是证券发行在实行注册制的基础上，发行人一次注册，多次发行的机制。就资产证券业务而言，是指在向证券交易所提交证券发行的全套备案文件后，在证券交易所出具的上市无异议函的额度和有效期内，连同发行期数和发行规模，持续发行证券募集资金的行为。根据现行的规则，公开发行公司债券，可以申请一次注册，分期发行。中国证监会同意注册的决定自作出之日起两年内有效，发行人应当在注册决定有效期内发行公司债券，并自主选择发行时点。公开发行公司债券的《募集说明书》自最后签署之日起六个月内有效。另外，发行人应当及时更新债券《募集说明书》等公司债券发行文件，并在每期发行前报证券交易所备案。储架发行的规定意味着我国证券市场正在从单纯注重公平与安全转向对效率的兼顾。

关联法条

第一百九十四条　本法所称公司债券，是指公司发行的约定按期还本付息的有价证券。

公司债券可以公开发行，也可以非公开发行。

公司债券的发行和交易应当符合《中华人民共和国证券法》等法律、行政法规的规定。

第一百九十五条　公开发行公司债券，应当经国务院证券监督管理机构注册，公告公司债券募集办法。

公司债券募集办法应当载明下列主要事项：

（一）公司名称；

（二）债券募集资金的用途；

（三）债券总额和债券的票面金额；

（四）债券利率的确定方式；

（五）还本付息的期限和方式；

（六）债券担保情况；

（七）债券的发行价格、发行的起止日期；

（八）公司净资产额；

（九）已发行的尚未到期的公司债券总额；

（十）公司债券的承销机构。

三、债券投资者的保护机制

对于公司来说，提供资本的股东的权利要保护，提供融资的债权人的权利同样需要保护。上述理念在《公司法》中最为典型的体现，就在于针对公司债券持有人权益的保护增设了债券持有人会议的召集以及债券受托管理人的聘任。

《公司法》第二百零四条对债券持有人会议作出了具体规定，债券持有人会议是债券持有人的集体意志形成机构，在公司债券持有人权益的保护中发挥多重作用。其一，债券持有人会议有助于在持有人内部提高集体决策效率，根据《上海证券交易所公司债券存续期业务指南第 1 号——公司债券持有人会议规则（参考文本）》等规定，重大事项须经全体有表决权的债券持有人所持表决权的三分之二以上同意方可生效，多数决的决议规则能够避免各自为政；其二，债券持有人会议可以对与债券持有人有利害关系的事项作出决议，有助于将各自持有人的主张通过债券持有人会议上升为整体意志，与发行人形成抗衡，切实维护自身利益；其三，债券持有人会议为各个成员提供了沟通协商的平台，在面对难以形成统一决断的重大事项时，可以通过债券持有人会议形成决策，避免产生僵局。

债券受托管理人是另一重要的债券投资者保护机制。债券受托管理人的根本价值，是解决多个债券持有人“集体行动困难”的现实维权障碍。《公司法》第二百零五条明确规定了债券受托管理人的聘任规则，《公司法》第二百零六条明确规定，债券受托管理人应当勤勉尽责，公正履行受托管理职责，不得损害债券持有人利益。实践中，几乎所有公司债券受托管理人都由承担尽职调查工作的主承销商担任，虽然二者的主体身份存在高度重合，但不可将二者混为一谈。受托管理人和债券承销商在制度功能、法律基础、规范体系与职责内涵等方面均存在很大差异。《公司法》要求债券受托管理人应当承担类似董事的勤勉义务，但其可能与债券投资者的利益并不完全一致。譬如，债券承销商作为证券市场的“看门人”，却屡屡做出虚假陈述等为了谋取私利而损害投资者利益的行为，当债券承销商兼任债券受托管理人时，《公司法》的“勤勉尽责”四字又会对其产生多大约束？立法者在充分考虑现实情况的基础上，在《公司法》第二百零六条第二款规定，受托管理人与债券持有人存在利益冲突可能损害债券持有人利益的，债券持有人会议可以决议变更债券受托管理人。并在第三款明确债券受托管理人损害投资者利益的，应当承担赔偿责任，以此加强第一款所规定的“勤勉尽责”的拘束力。

关联法条

第二百零四条　公开发行公司债券的，应当为同期债券持有人设立债券持有人会议，并在债券募集办法中对债券持有人会议的召集程序、会议规则和其他重要事项作出规定。债券持有人会议可以对与债券持有人有利害关系的事项作出决议。

除公司债券募集办法另有约定外，债券持有人会议决议对同期全体债券持有人发生效力。

第二百零五条　公开发行公司债券的，发行人应当为债券持有人聘请债券受托管理人，由其为债券持有人办理受领清偿、债权保全、与债券相关的诉讼以及参与债务人破产程序等事项。

第二百零六条　债券受托管理人应当勤勉尽责，公正履行受托管理职责，不得损害债券持有人利益。

受托管理人与债券持有人存在利益冲突可能损害债券持有人利益的，债券持有人会议可以决议变更债券受托管理人。

债券受托管理人违反法律、行政法规或者债券持有人会议决议，损害债券持有人利益的，应当承担赔偿责任。

第七章

公司的责任之网：

公司法上的法律责任

新《公司法》于2024年7月1日正式施行。然而，在实施之前，《公司法》上的相关主体都已经开始调整自己的预期和行动，引起预期变化、指引这些行动的重要因素就是《公司法》中的法律责任。法律责任赋予了《公司法》强制力，确保法律得到有效执行，并平衡了各方利益。责任机制体现了违法行为的成本，在合理和全面设置责任的前提下，各责任主体将面临明确且可预见的违法成本，这激励他们在法律允许的范围内开展活动。了解法律责任及其变化有助于迅速把握《公司法》修改的重点和初衷。在众多修改亮点中，法律责任的重新配置尤为突出。《公司法》确立民事责任、行政责任和刑事责任三位一体的责任体系，具有以下特点：

一是法律责任的渊源多元。除了《公司法》本身规定的法律责任外，《公司法》还通过授权、引致等方式指向了其他法律法规。包括《市场主体登记管理条例》《证券法》《会计法》《资产评估法》《刑法》等。上述法律法规共同构建了公司的法律责任体系。

二是集中规定与分散规定并存。《公司法》中民事责任的规定散落于《公司法》的全篇。而行政责任则是集中规定的，主要规定在《公司法》第十四章法律责任中。刑事责任在《公司法》中只有一条原则性的规定，具体的罪名规定在《刑法》分则第三章“破坏社会主义市场经济秩序罪”的第三节“妨害对公司、企业的管理秩序罪”中。

三是责任主体多样。《公司法》中的责任主体主要包括公司、股东、董监高、控股股东及实际控制人、公司债券受托管理人、清算义务人、清算组成员，承担资产评估、验资或者验证的机构，外国公司，直接负责的主管人员及其他直接责任人员等。值得注意的是，《公司法》第二百五十八条也规定了公司登记机关的责任。根据该条，公司登记机关违反法律、行政法规规定未履行职责或者履行职责不当的，对负有责任的领导人员和直接责任人员依法给予政务处分。

四是法律责任的承担方式各异。在民事责任方面，主要承担形式是财产责任，即通过赔偿来弥补损失，遵循损失填平原则。行政责任同样以财产责任为主，体现为罚款。此外，对公司还可能采取吊销营业执照等措施。刑事责任的承担方式主要是自由刑和财产刑。

五是民事责任优先。根据《民法典》第一百八十七条规定，民事主体因同一行为应当承担民事责任、行政责任和刑事责任的，承担行政责任或者刑事责任不影响承担民事责任；民事主体的财产不足以支付的，优先用于承担民事责任。《公司法》第二百六十三条也体现了这一规则，民事主体应当承担民事赔偿责任和缴纳罚款、罚金的，但财产不足以支付时，优先承担民事赔偿责任。

第一节　公司法上的民事责任

《公司法》属于民商法的范畴，主要规范公司的组织架构和具体行为，保护公司、股东、债权人等的合法权益，因此《公司法》中的责任主要是民事责任。《公司法》中的民事责任属于侵权责任，相应的责任承担方式以损失填平为原则。新《公司法》专门将 2018 年《公司法》第二十八条第二款所规定的违约责任删除，不再在《公司法》中规定本应由《民法典》来规定的违约责任，将《公司法》中的民事责任集中规定为侵权责任。

一、股东的民事责任

股东与公司之间是一种投资与被投资的关系。因此，股东最主要的义务就是对公司的出资义务，相对应地，其主要责任就是基于出资关系产生的财产责任。股东在享有权利的同时，不得滥用该权利，否则也会承担相应的法律责任，甚至直接被"刺破公司的面纱"。此外，公司设立过程中股东也可能承担相应责任。本部分将分别介绍上述几种由股东的行为所引发的责任。

（一）股东出资引发的责任

我国的股东出资制度经历了多阶段的变革：从 1993 年《公司法》要求一次性缴纳注册资本且要求实缴，到 2005 年《公司法》降低了最低资本额，再到 2013 年《公司法》的完全认缴制加个别特殊行业的实缴制，最后到新《公司法》的有限责任公司限期认缴制加股份有限公司实缴制。股东出资制度的变化体现了我国不同时代的市场发展背景，也对未完成出资义务的股东提出了不同的要求。在新《公司法》中，由股东出资所引发的责任主要包括以下几个方面：

1. 未按期足额缴纳出资的股东需要承担对公司的足额补缴责任和赔偿责任。《公司法》第四十九条规定，股东未按期足额缴纳出资的，除应当向公司足额缴纳外，还应当对给公司造成的损失承担赔偿责任。值得注意的是，本次新《公司法》第四十九条第三款相较于 2018 年《公司法》的第二十八条第二款删去了未按规定缴纳出资的股东"向已按期足额缴纳出资的股东承担违约责任"的表述，这是否意味着从此未足额缴纳出资的股东就无须向其他股东承担违约责任呢？其实不然，如前所述，本次修法之所以删去上述表述，是因为股东之间的违约责任属于合同法的调整范围，应从行为法角度理解，《公司法》作为组织法没必要在此强调。

2. 未按期足额缴纳出资的股东可能会被催告失权。按照《公司法》第五十二条第一款的规定，如果股东没有按期缴纳出资，而且在公司书面催缴之后的合理宽限期内还未履行出资义务的，董事会就可以决议让该股东丧失没有完成缴纳出资部分的股权。本次修订相较于之前也有了较大的改进，根据《公司法司法解释（三）》第十七条的规定，股东除名只能适用于完全没有履行出资义务的股东，而对于部分出资、瑕疵出资的股东不能适用，但根据新《公司法》，对于上述股东也可按照股东除权来进行处理。

3. 出资加速到期。根据《公司法》第五十四条规定，在公司不能清偿到期债务的情况下，公司或者是享有到期债权的债权人均有权要求加速到期股东的出资期限让股东承担缴纳出资的责任。

4. 瑕疵股权转让后股东需要承担出资责任。根据《公司法》第八十八条的规定，在股权未届出资期限或者是出资的股权存在瑕疵的情形下，股东可能承担的责任具体而言如下：如果股东转让的是未届出资期限的股权，那么股权的受让人，也就是新股东需要承担该部分股权的出资义务，转让人需要在受让人没有按期足额缴纳出资的情况下，对受让人没有缴纳的部分承担补充责任；如果股东转让的是未按期缴纳出资的股权或者是出资的非货币财产的实际价格显著低于认缴的出资额，那么转让人和受让人就要承担连带责任，但是受让人如果不知道或者不应当知道上述情况的，则无须和转让人一起承担责任。

5. 抽逃出资的股东对公司负有返还抽逃出资的责任。该内容规定于《公司法》第五十三条第二款。根据该款的规定，如果给公司造成损失的，股东还要承担赔偿责任。

（二）股东滥用权利引发的责任

我国《公司法》赋予股东对公司依法享有资产收益、参与重大决策和选择管理者等权利，更是规定了股东仅需承担有限责任，在此情况下如果股东滥用上述权利将大大影响公司以及外部债权人的利益，因此有必要对股东滥用权利的情形进行规制。《公司法》对于股东滥用权利应当承担责任的原则性规定体现在第二十一条，股东滥用股东权利给公司或者其他股东造成损失的，应当承担赔偿责任。

除了上述原则性规定外，《公司法》还特别规定了股东在下述情形中需承担相应的责任：

根据《公司法》第二百一十一条，公司违反《公司法》规定向股东分配利润的，股东应当将违反规定分配的利润退还公司，如果给公司造成损失，股东还应当承担赔偿责任；

根据《公司法》第二百二十六条，股东违反《公司法》规定减少注册资本的，应当退还其收到的资金，减免股东出资的应当恢复原状；给公司造成损失的，股东还应当承担赔偿责任；

根据《公司法》第二百四十条第三款，股东违反了公司在简易注销程序中所作出的承诺的，应当对注销登记前的债务承担连带责任。

（三）股东滥用权利引发的最严重的责任：法人人格否认

股东对公司债务承担有限责任是存在例外情况的，即当公司股东滥用公司法人独立地位和股东有限责任，逃避债务，严重损害公司债权人利益的时候，就应当对公司债务承担连带责任，上述这种情况就是法人人格否认，也叫“刺破公司的面纱”，是防止股东滥用权利的一种有效规制。新《公司法》第二十三条第二款相较于2018年《公司法》新增了“横向的法人人格否认”，即在股东利用其控制的两个以上的公司逃避债务、损害公司债权人利益的情况下，该股东所控制的用以实施上述行为的各家公司互相之间应当对任一公司的债务承担连带责任。而对于只有一个股东的公司，适用举证责任倒置，即如果股东不能证明公司财产独立于股东自己的财产的，应当对公司债务承担连带责任。

（四）公司设立阶段股东特殊民事责任

公司设立是一个特殊的阶段，公司经历了从无到有的过程，在公司正式成立前，实际上还没有股东的概念，发起人之间在事实上是合伙关系，因此需要对涉及该阶段的责任予以明确。《公司法》规定了公司设立时股东之间的民事责任和设立时股东、公司以及第三人之间的责任承担。

有限公司设立时股东之间的责任具体体现在《公司法》第五十条中，公司设立时，如果股东存在出资瑕疵的，设立时的其他股东与该股东在出资不足的范围内承担连带责任。

设立时股东、公司以及第三人之间的责任承担需要遵循以下规则：首先，如果股东是为设立公司而开展民事活动，其法律后果由公司承受，这体现了一种公司设立前后的承继关系。其次，如果最后公司没有成立的，法律后果就由发起人承受，发起人之间承担连带责任，这体现了发起人之间本质上是一种合伙关系。再次，如果股东确实是为了设立公司，却以自己的名义从事民事活动，那么第三人有权选择请求公司或者发起人承担相关责任，需要注意的是，第三人只能选择一方来承担，两者不是连带关系。最后，发起人因履行公司设立职责造成他人损害的，公司以及发起人之间可以互相追偿，由有过错的发起人承担责任。

二、董监高的民事责任

董监高是一个公司得以运行的中坚力量，社会大众对于公司人员的认知很大程度也来源于董监高。尽管学理上对于公司及其董事、监事、高管之间究竟构成何种法律关系众说纷纭，但各种学说的共识是：公司的董监高肩负着经营和管理好公司的使命。然而，公司是否被经营“好”很难衡量，于是

《公司法》以过程导向而非结果导向规定了董监高是否充分履职的最低标准。这就是董监高的信义义务。

2018 年《公司法》第一百四十七条第一款粗略地规定了董监高对公司负有的信义义务包含忠实义务和勤勉义务。新《公司法》第一百八十条前两款则具体规定了忠实义务和勤勉义务的内涵，并对相应义务进行了类型化。信义义务是董监高经营管理公司时的行为底线，如果董监高违背信义义务、突破履职底线，就需要对因此给公司造成的损失承担民事责任。总体而言，董监高在违反信义义务时要承担两类责任，一类是归入责任，一类是赔偿责任。其中归入责任是董监高违反忠实义务所特有的责任，而赔偿责任则同时适用于违反忠实义务和违反勤勉义务的情形。

（一）违反忠实义务的责任

忠实义务本质上是一种消极义务，是指董监高不能将自身利益凌驾于公司利益之上，不得利用职权谋取不正当利益。

《公司法》明确列举了多种董监高不得开展或限制开展的行为。第一百八十一条列举了公司的董监高绝对不得开展的行为，包括侵占公司财产、挪用公司资金、以个人名义开立账户存储公司资金等。第一百八十二条则限制了董监高及其近亲属直接或间接与本公司订立合同或进行交易。第一百八十三条规定了公司董监高一般不得利用职务便利为自己或他人谋取属于公司的商业机会。第一百八十四条还对公司董监高的竞业禁止进行了规定。需要说明的是，第一百八十一条规定的是董监高绝对不得从事的行为，而第一百八十二条至第一百八十四条规定只要董监高将具体利益冲突情况向公司董事会或股东会进行披露，并且相关事项在该董监高回避的情况下获得董事会或股东会表决通过，那么董监高还是可以开展相关行为的。对于这些，本书在第五章进行了详细介绍。

董监高违反《公司法》规定开展上述行为，属于对忠实义务的违反，需要承担相应的责任。具体而言，包括以下两种责任：

1. 归入责任

如果公司董监高违反《公司法》开展了上述禁止或限制从事的行为，违背了忠实义务，并因此获益，那么其需要承担归入责任，也即《公司法》第一百八十六条规定的应将违法所得收入归为公司所有的责任。归入责任是公司董监高违反忠实义务时所应承担的特有责任，董监高违背勤勉义务时则不承担归入责任。《公司法》第一百八十六条规定的这种责任，并不要求董监高赔偿公司的任何损失，只是单纯将其所得的收入返还公司，因此归入责任本质上是一种不当得利返还责任，而非侵权责任。

2. 赔偿责任

归入责任针对的是董监高因违背忠实义务而获得利益的情形。但如果公司董监高违背忠实义务的同时还给公司造成损失，那董监高当然还要承担赔偿责任。《公司法》第二十二条规定了公司董监高利用关联关系损害公司利益时应当向公司承担赔偿责任，在公司董监高利用关联关系为自身谋取利益、违背忠实义务时，即可以适用该条要求董监高承担赔偿责任。

关联法条

第一百八十六条　董事、监事、高级管理人员违反本法第一百八十一条至第一百八十四条规定所得的收入应当归公司所有。

第一百八十八条　董事、监事、高级管理人员执行职务违反法律、行政法规或者公司章程的规定，给公司造成损失的，应当承担赔偿责任。

（二）违反勤勉义务的责任

勤勉义务是一种积极义务，是指公司的董监高在执行职务时，应当为公司的最大利益尽到管理者通常应有的合理注意。新《公司法》同样列举了多项董监高的勤勉义务，而相较于2018年《公司法》，新《公司法》为董事增加了若干勤勉义务。

1. 董监高均负有的勤勉义务及责任

《公司法》中的董监高对公司的赔偿责任主要规定在第一百八十八条，这也是公司董监高违反勤勉义务时需要承担责任的核心依据，违反法律、行政法规或者公司章程可以视为最严重的违反勤勉义务的情形。除此之外，《公司法》第一百六十三条还针对公司为他人取得本公司或母公司股份提供财务资助进行了规定，如果董监高违反该条规定，将财务资助提供给与其有关联的他人，并给公司造成损失的，将构成违反勤勉义务的情形，根据该条，应当对公司承担赔偿责任。

此外，《公司法》尤其强调了董监高对于资本维持的勤勉义务和责任。根据资本维持原则，公司在存续过程中应当保持与资本额相当的财产，这一制度的核心目的在于保护公司债权人的利益。基于此，《公司法》要求股东不得抽逃出资，不能任意减资，也不能通过违法分红的方式变相抽逃出资。一方面，公司董监高作为公司的“看门人”，应当负有监督股东不得抽逃出资的义务；另一方面，公司股东并不能具体经营公司，所以一旦股东抽逃出资、违法减资或分红，一般都有公司内部的董监高协助，配合股东开展上述违法行为，所以往往有些董监高对此也负有过错。因此，《公司法》第五十三条、第二百二十六条和第二百一十一条分别规定了股东抽逃出资、违法减资、违法分红时，负有责任的董监高应承担赔偿责任的制度。

那么如何认定董监高是否负有责任呢？对于抽逃出资而言，《公司法司法解释（三）》第十二条规定了股东抽逃出资的情形，分别为“制作虚假财务会计报表虚增利润进行分配”“通过虚构债权债务关系将出资转出”“利用关联交易将出资转出”和“其他未经法定程序将出资抽回的行为”，因此，在公司经营过程中协助股东办理上述事宜的董监高当然应当认定为负有责任的董监高。对于违法减资和违法分红而言，减资和分红方案一般都要由高管提出，经过董事会审议再由股东会决议，这期间监事或监事会还要进行监督，所以整个过程中，提出方案、进行决议、未能有效监督的董监高都对违法减资和违法分红的行为负有责任。

具体责任形式上，负有责任的董监高要和股东承担连带责任。虽然在法律条文的表述上，只有第五十三条明确了“连带”的语词，但从法理上分析，抽逃出资、违法分红和违法减资都属于股东及董监高共同侵害公司权益的行为，应当承担连带责任。在赔偿范围上，不仅要赔偿抽逃出资、违法减资或分红的这部分资金，还应赔偿对应的资金占用利息。

2. 董事特有的勤勉义务及责任

（1）催缴出资的义务及责任。本次《公司法》修订为董事增加的最重要的一项勤勉义务是催缴出资义务。《公司法》第五十一条规定了有限公司董事会负有具体落实、核查股东是否根据章程约定按期、足额实缴出资的义务，如果股东没有按期缴纳的，应当由公司向股东发出书面的催缴书。如果董事会中具体负责的董事没有核查到未实缴的情况，或者核查到了但没有发送书面催缴书，这名董事都要为公司因此所受的损失承担赔偿责任。

参考《公司法司法解释（三）》第十三条第四款关于公司增资时董事未催缴的规定，在董事未完成《公司法》第五十一条规定的催缴义务时，债权人也可以直接将公司董事列为共同被告，要求其在股东未足额出资的范围内承担责任。

（2）董事对其参与的董事会决议给公司造成的损失承担责任。这一制度延续了 2018 年《公司法》的规定，规定在新《公司法》的第一百二十五条，如果董事会决议违反法律、行政法规或者公司章程、股东会决议，给公司造成严重损失的，那么参与决议的董事对公司负赔偿责任。不过如果董事能够证明其在表决时曾表明异议并记载于会议记录，那么这名董事就可以免除责任。

（3）董事组成清算组、开展清算的相关责任。清算义务人是指在公司出现解散事由、应当解散时，负有按期组成清算组进行清算的义务的民事主体。2018年《公司法》并未规定公司的清算义务人是谁，而新《公司法》第二百三十二条第一款明确规定了董事是公司的清算义务人，这其实顺应了《民法典》第七十条第二款关于法人清算义务人的规定，即法人的董事、理事等执行机构或者决策机构的成员为清算义务人。法律、行政法规另有规定的，依照其规定。根据《公司法》第二百三十二条第三款，如果清算义务人没有按期组成清算组，给公司或者债权人造成损失的，应当承担赔偿责任。

根据《公司法》第二百三十八条，除了未按期组成清算组要承担责任外，如果董事作为清算组成员，在清算过程中怠于履行清算职责，给公司造成损失的，应该向公司承担赔偿责任。更重要的是，如果董事因为故意或重大过失导致债权人损失，还需要直接向债权人承担赔偿责任。这两种赔偿的区别下文会进一步讨论。

（三）董事、高管对股东和其他主体的侵权责任

前文主要介绍的是董监高违反信义义务给公司造成损失时应承担的责任，《公司法》还规定了董事、高管在执行职务过程中给其他主体造成损失的责任。

例如，根据《公司法》第一百九十条规定，董事、高管违法违规违章给公司股东造成损害的，股东可以直接对董事、高管提起诉讼，董事、高管应直接向股东承担赔偿责任。

更为重要的一条是《公司法》第一百九十一条，该条规定了董事、高管在特定情况下对于公司外第三人直接承担责任的情形。一般情况下，董事、

高管作为公司的工作人员，其执行职务的行为给他人造成损害的，应该由公司来对第三人承担责任，公司承担责任后再向有过错的人员追偿，这和《公司法》第一百九十一条前半句的规则一致。但该条后半句则突破了这种规则，专门规定了如果董事、高管在执行职务过程中有故意或重大过失，也应当承担赔偿责任。那么第三人可以绕开公司，直接向董事、高管主张责任，这无疑对董事、高管是非常重的责任，对董事、高管开展工作提出了更高的要求。

整体而言，《公司法》对董事经营、管理公司提出了更高的要求，也整体提高了董事未能勤勉尽职的责任。为了避免董事因害怕担责影响公司经营，《公司法》第一百九十三条倡导公司为董事投保责任保险，尽可能消除董事个人的顾虑。

关联法条

第一百九十条　董事、高级管理人员违反法律、行政法规或者公司章程的规定，损害股东利益的，股东可以向人民法院提起诉讼。

第一百九十一条　董事、高级管理人员执行职务，给他人造成损害的，公司应当承担赔偿责任；董事、高级管理人员存在故意或者重大过失的，也应当承担赔偿责任。

三、控股股东、实际控制人的民事责任

我国公司治理的一大特色在于很多公司的控股股东、实际控制人虽然没有直接担任公司董事，但却可以通过各种方式操纵董事的行为，进而达到控制公司的目的。对此，《公司法》引入“事实董事”制度，在第一百八十条

第三款中规定这些不担任公司董事但实际执行公司事务的控股股东、实际控制人同样对公司负有前文提到的董监高应负有的忠实义务和勤勉义务，如果违反相应义务也应承担对应的民事责任。同时,《公司法》还引入了“影子董事”制度，也就是第一百九十二条规定的，控股股东、实际控制人指示董事、高管损害公司或股东利益时应承担的连带赔偿责任。也就是说，新《公司法》下，控股股东、实际控制人指示董事、高管的成本进一步增加。以前控股股东、实际控制人将公司董事、高管“当枪使”后，在需要承担责任时直接“甩锅”给明面上的董事、高管的情况将得到规范。

除此之外,《公司法》第二十二条专门规定了控股股东、实际控制人利用关联关系损害公司利益的责任，如果给公司造成损失的，应当承担赔偿责任。第八十九条专门规定了公司的控股股东滥用股东权利，严重损害公司或者其他股东利益的，其他股东有权请求公司按照合理的价格收购其股权。

关联法条

第一百八十条　董事、监事、高级管理人员对公司负有忠实义务，应当采取措施避免自身利益与公司利益冲突，不得利用职权牟取不正当利益。

董事、监事、高级管理人员对公司负有勤勉义务，执行职务应当为公司的最大利益尽到管理者通常应有的合理注意。

公司的控股股东、实际控制人不担任公司董事但实际执行公司事务的，适用前两款规定。

第一百九十二条　公司的控股股东、实际控制人指示董事、高级管理人员从事损害公司或者股东利益的行为的，与该董事、高级管理人员承担连带责任。

四、公司自身的民事责任

公司是《公司法》中最主要的一类民事主体。在公司设立、存续、变更、终止的各个阶段，公司要承担各种类型的责任，具体包括为设立人承担责任，为法定代表人、董事、高管的职务行为承担责任，为分公司、子公司承担责任，为合并、分立前的债务承担责任以及对自身行为承担责任。

（一）公司为设立人承担责任

《公司法》第四十四条规定，有限责任公司在设立过程中，公司设立人为设立公司开展的民事活动，法律后果由设立后的公司承受。

（二）公司为法定代表人、董事、高管的职务行为承担责任

基于代表理论和职务代理理论，法定代表人以公司名义开展的活动、公司董事和高管执行公司事务，相应法律行为的后果都应由公司承受。因此，《公司法》第十一条和第一百九十一条规定了法定代表人、董事、高管执行职务给他人造成损害的，由公司来承担民事责任。此外，根据《民法典》第一千一百九十一条第一款，公司对外承担赔偿责任后，可以向有过错的法定代表人、董事、高管进行追偿。

但需要说明的是，如果法定代表人、董事、高管从事公司职务时因为故意或重大过失造成他人损失，第三人是可以直接要求法定代表人、董事、高管一起承担赔偿责任的，一定程度上减轻了公司的责任。

（三）公司为分公司、子公司承担责任

根据《公司法》第十三条第二款，分公司不具有独立的法人资格，其民事责任均由公司承担。这一点是比较易于理解的。

对于子公司而言，因为子公司具有独立的法人资格，原则上除出资之

外，公司是无须对其承担民事责任的。但在《公司法》第二十三条规定的特别情况下，如果存在公司股东滥用公司法人独立地位和股东有限责任，逃避债务，严重损害债权人利益的法人人格否认的情形，公司需要对子公司承担责任。这里需要注意《公司法》除了传统的纵向人格否认，还增加了横向人格否认的规则。

（四）公司为合并、分立前的债务承担责任

根据《公司法》第二百二十一条，如公司经营过程中发生合并，则合并后存续的公司或合并新设的公司应承担合并各方的债务。同样地，根据《公司法》第二百二十三条，如公司经营过程中发生分立，则分立后的公司对分立前的公司债务承担连带责任，除非公司在分立前与债权人达成书面协议另有约定。

（五）公司对自身行为承担责任

《公司法》规定了公司股东会可以解任董事的制度。公司和董事之间构成委托代理关系，公司作为委托人有权单方解除对董事的委托，这种解除行为无须经过董事的同意，因此在股东会作出解任决议时，解任即生效。但一些作为职业经理人的董事，一旦被公司解任，其职业生涯可能受到严重影响，此外，如果放任公司随意解任董事，不管是于公司还是于董事而言，都存在各种负面影响。根据《公司法》第七十一条第二款规定，如果公司无正当理由解任董事，因此给董事造成的损失，公司应当负有赔偿责任，以此限制公司任意解任董事的情况。

公司还负有对异议股东股权 / 股份回购的责任。根据《公司法》第八十九条和第一百六十一条，在部分情形下，在股东会决议中投反对票的股东可以要求公司按照合理价格收购其股权。如果公司没有按期和异议股东就股权、股份收购的事宜达成协议，还有可能被该股东起诉。

此外，公司还负有保障股东知情权等权利的义务，如果违反，也将承担责任。

五、其他主体的民事责任

此外，《公司法》还规定了一些其他主体应承担的民事责任，具体包含债券受托管理人、评估验资机构以及清算组成员的责任。

（一）债券受托管理人的责任

债券受托管理人是指公开发行债券的公司为债券持有人聘请的，协助债券持有人办理受领清偿、债权保全、开展诉讼、参与公司破产程序的事务的一类主体。债券受托管理人负有对债券持有人的信义义务，根据《公司法》第二百零六条第三款规定，如果债券受托管理人违反法律、行政法规或者债券持有人会议决议的，需要对债券持有人承担赔偿责任。

关联法条

第二百零六条　债券受托管理人应当勤勉尽责，公正履行受托管理职责，不得损害债券持有人利益。

受托管理人与债券持有人存在利益冲突可能损害债券持有人利益的，债券持有人会议可以决议变更债券受托管理人。

债券受托管理人违反法律、行政法规或者债券持有人会议决议，损害债券持有人利益的，应当承担赔偿责任。

（二）评估验资机构的责任

《公司法》中还有一类主体，即承担资产评估、验资或者验证的机构。根据《公司法》第一百零一条规定，股份公司向社会公开募集股份的股款缴足后，应当经依法设立的验资机构验资并出具证明。同时，根据《公司法》第四十八条第二款规定，以非货币形式作为出资的财产，应该进行评估作价。目前，《公司法》仅规定了上述两种需要进行评估、验资的情形。而《公司法》第二百五十七条第二款规定，如果评估验资机构因为其出具的评估结果、验资证明不实，给公司债权人造成损失的，除能够证明自己没有过错的外，在其评估或者证明不实的金额范围内承担赔偿责任。这是一种过错推定责任，要求评估验资机构自己证明自身无过错。

关联法条

第一百零一条　向社会公开募集股份的股款缴足后，应当经依法设立的验资机构验资并出具证明。

第二百五十七条第二款　承担资产评估、验资或者验证的机构因其出具的评估结果、验资或者验证证明不实，给公司债权人造成损失的，除能够证明自己没有过错的外，在其评估或者证明不实的金额范围内承担赔偿责任。

（三）清算组成员的责任

清算组成员一般由董事组成，但在实践中非董事成员参与清算也很常见。清算组成员在清算过程中负有忠实义务和勤勉义务，根据《公司法》第二百三十八条，如果清算组成员怠于履行职责并给公司造成损失的，还需要对公司或者直接对债权人承担赔偿责任。

关联法条

第二百三十八条　清算组成员履行清算职责，负有忠实义务和勤勉义务。

清算组成员怠于履行清算职责，给公司造成损失的，应当承担赔偿责任；因故意或者重大过失给债权人造成损失的，应当承担赔偿责任。

六、民事责任的实现路径

前文介绍了《公司法》规定的各类民事责任，但权利主体具体需要通过何种途径行使自己的权利并要求责任人承担民事责任？《公司法》主要规定了直接诉讼和代位诉讼两种实现路径，以便于权利主体将权利落到实处，从实质层面拥有权利并受到《公司法》的规范保护。

（一）直接诉讼

《公司法》第一百九十条规定，股东可以直接对公司董监高提起诉讼，主张赔偿责任。除这一原则性规定外，《公司法》还对若干种具体情形下的向各类主体直接提起诉讼，维护自身权益的方式进行了规定。

例如，根据《公司法》第五十二条第三款，如果公司董事会作出决议，向某股东发送失权通知，该股东对失权有异议的，可以对公司提起诉讼。《公司法》第五十七条第二款，如果公司拒绝股东行使知情权，股东可以直接对公司提起诉讼。根据《公司法》第八十六条，如果公司拒绝为股东转让股权办理股东名册变更或变更登记的，股权转让的转让人或受让人均可以直接对公司提起诉讼。根据《公司法》第八十九条、第一百六十一条，如果公司未能按期与异议股东达成股权收购协议的，异议股东也可以直接对公司提起诉讼。

（二）代位诉讼

代位诉讼是公司股东为避免公司利益遭受损失，维护公司合法权益的一种重要维权路径。其主要适用于公司董监高和他人侵犯公司利益，给公司造成损失的情形。根据《公司法》第一百八十九条，代位诉讼的启动主体为有限责任公司的股东、股份有限公司连续一百八十日以上单独或者合计持有公司百分之一以上股份的股东。而开展代位诉讼的前提是，该股东已经书面请求公司监事会提起诉讼，如果公司监事侵害公司权益，则应该向公司董事会进行书面请求。监事会或董事会接到书面请求后怠于起诉的，代位诉讼的启动主体才能以自己的名义直接对相关人员提起诉讼，但诉讼的结果应该由公司来承受。

在前文代位诉讼的基础上，本次《公司法》修订的重大更新在于，允许公司股东对公司全资子公司的董监高，或者侵害公司全资子公司利益的他人提起代位诉讼，这也被称为“双重股东代位诉讼”。根据《公司法》第一百八十九条第四款，在上述情况下，公司股东只需向全资子公司的监事会或董事会发送书面通知即可，无须再向母公司的监事会或董事会发送。此外，这种双重股东代位诉讼适用的范围仅限于公司的全资子公司，即便是公司持有 99% 股权的子公司，也不能适用。

七、公司法上的连带责任

连带责任是民法原理中的一种责任承担形式，从权利人利益保护的视角来看，连带责任提供了更多追责的可能性，有利于权利人保护。《民法典》第一百七十八条第三款规定，连带责任，由法律规定或者当事人约定。根据这一条的规定，只有法律才能规定连带责任，行政法规、部门规章、司法解释等都无权规定连带责任。基于此，《公司法》规定了若干类连带责任，具体梳理如下：

责任类型	条文序号	责任发生事由	连带责任主体
公司法人人格否认责任	第二十三条第一款	公司股东滥用公司法人独立地位和股东有限责任，逃避债务，严重损害公司债权人利益	公司股东与公司
	第二十三条第二款	股东利用其控制的两个以上公司，滥用公司法人独立地位和股东有限责任，逃避债务，严重损害公司债权人利益	公司股东及被股东利用的公司
	第二十三条第三款	只有一个股东的公司，股东不能证明公司财产独立于股东自己的财产	股东与只有一个股东的公司
公司未成立时设立股东/发起人之间的连带责任	第四十四条、第一百零七条	公司设立过程中开展民事活动，但公司未成立	设立时的股东之间
	第一百零五条	股份公司设立时应发行的股份未募足，或发行股份的股款缴足后，发起人在三十日内未召开成立大会	设立时的发起人之间

续表

责任类型	条文序号	责任发生事由	连带责任主体
公司设立股东/发起人间违反出资义务的连带责任	第五十条	有限责任公司设立时，股东未按照公司章程规定实际缴纳出资，或者实际出资的非货币财产的实际价额显著低于所认缴的出资额	未履行出资义务的股东及设立时的其他股东
	第九十九条	股份公司发起人不按照其认购的股份缴纳股款，或者作为出资的非货币财产的实际价额显著低于所认购的股份	未履行出资义务的发起人及其他发起人
瑕疵股权转让的连带责任	第八十八条	有限公司中未按照公司章程规定的出资日期缴纳出资或者作为出资的非货币财产的实际价额显著低于所认缴的出资额的股东转让股权	转让人及知晓未履行出资义务情形的受让人
董监高的资本维持责任	第五十三条、第一百零七条	股东抽逃出资，给公司造成损失	抽逃出资的股东及负有责任的董监高
	第二百二十六条	公司违法减少注册资本，给公司造成损失	违法减资的股东及负有责任的董监高
	第二百一十一条	公司违法向股东分配利润，给公司造成损失	违法获取分红的股东及负有责任的董监高
双控指示董高侵权的责任	第一百九十二条	公司的控股股东、实际控制人指示董事、高级管理人员从事损害公司或者股东利益的行为	该公司的控股股东、实际控制人及董事、高级管理人员

续表

责任类型	条文序号	责任发生事由	连带责任主体
公司分立后的连带责任	第二百二十三条	公司分立前负有债务，且未在分立前与债权人就债务清偿达成书面协议	分立后的公司
公司简易注销后的连带责任	第二百四十条	公司通过简易程序注销公司登记，但公司仍对外负有债务	公司及公司注销登记前全体股东

第二节　公司法上的行政责任

《公司法》是民法的特别法，在规范上以任意性规范为主，因此在法律责任上主要是民事责任。但《公司法》中也有不少强制性规范，由于一个公司的一生经常与行政机关的管理行为关联到一起，因此，在法律责任的层面上，行政责任也是必不可少的。《公司法》第十四章法律责任章节共有十五个条文，除第二百六十四条外均是关于行政责任的规定，相对集中且成体系。

新《公司法》中关于行政责任的规定有三大变化：第一，行政责任的规定更加规范化。新《公司法》规定了责令改正、罚款、吊销营业执照、予以取缔、政务处分等行政责任种类，相较于原《公司法》，新《公司法》将撤销公司登记在公司登记章节独立规定，章节布局更加合理。第二，罚款金额的上限大幅增加。原《公司法》的罚款金额最高是五十万元，新《公司法》增加至二百万元，体现了新《公司法》与社会经济发展水平相接轨。第三，加大对责任人员的处罚。《公司法》中的行政责任采取双轨制，既处罚法人，也处罚公司直接负责的主管人员和其他直接责任人员。相较于原《公司法》，新《公司法》增加了多条对直接责任人员罚款的条款，加大了对相关责任人员的威慑效果。

因此，本节将展开介绍新《公司法》中公司行政责任的具体类型，包括公司设立登记、公司出资、公司存续与清算阶段以及其他相关的公司行政责任，以此揭示出前文的三大变化。

一、公司设立登记相关的行政责任

（一）弄虚作假取得公司登记的行政责任

《公司法》第二百五十条规定了弄虚作假取得公司登记的行政责任。弄虚作假取得公司登记的行为包括三大类：一是虚报注册资本。这是指申请公司登记使用虚假证明文件或者采取其他欺诈手段虚报注册资本，欺骗公司登记主管部门。具体又有两种表现形式，其一，是明明没达到注册资本，但是骗登记机关达到了；其二，是虽然达到了，但虚报了更高数额的注册资本。二是提交虚假材料。公司设立登记时需要向登记机关申请设立登记，此时，需要按照《市场主体登记管理条例》的要求，提交相关材料，包括申请人的资格文件、自然人的身份证明、公司住所地的相关文件。如提交的材料是虚假的，则涉嫌违反本条的规定。三是采取其他欺诈手段隐瞒重要事实取得公司登记。这是一条兜底条款。其中，第一种行为如果情节严重的话，可能会构成犯罪。

在行政责任上，对于弄虚作假取得公司登记的，登记机关可以作出行政命令，要求公司责令改正。可以对公司作出行政处罚，构成虚报注册资本情形，罚款金额为虚报金额的5%～15%；构成其他情形的，处以五万元至二百万元的罚款；情节严重的，吊销营业执照。此外，登记机关可以对直接负责的主管人员和其他直接责任人员进行罚款，罚款的金额为三万元至三十万元。

相比2018年《公司法》，新《公司法》对虚报注册资本、提交虚假材料或者采取其他欺诈手段隐瞒重要事实取得公司登记的法律责任作出三处修改：一是对公司的罚款金额上限从五十万提高到二百万；二是增加对责任人的罚款；三是删除了撤销公司登记的相关规定。前两处的修改理由显而易见，但最后一处的修改理由值得展开介绍。原《公司法》中，情节严重的法律后果包含撤销公司登记和吊销营业执照，两者处于并列的情形。撤销公司登记的法律后果是公司的法人人格直接丧失；吊销营业执照的法律后果是公司的营业资格丧失，不过法人资格仍然存在。但是，撤销公司登记并非行政处罚的种类，这其实是对违法行为的一种纠正，从体例上看，应不属于公司责任章节。由此，撤销公司登记在新《公司法》公司登记章节的第三十九条中单独规定了。

关联法条

第二百五十条　违反本法规定，虚报注册资本、提交虚假材料或者采取其他欺诈手段隐瞒重要事实取得公司登记的，由公司登记机关责令改正，对虚报注册资本的公司，处以虚报注册资本金额百分之五以上百分之十五以下的罚款；对提交虚假材料或者采取其他欺诈手段隐瞒重要事实的公司，处以五万元以上二百万元以下的罚款；情节严重的，吊销营业执照；对直接负责的主管人员和其他直接责任人员处以三万元以上三十万元以下的罚款。

（二）未依法公示或不如实公示相关信息的行政责任

这一责任规定在《公司法》第二百五十一条。本条属于新增条款，是对违反《公司法》第四十条的行政责任的规定。《公司法》第四十条也是新增条款，规定了公司在国家企业信用信息公示系统的法定自主公示事项。根据《公司法》第四十条的规定，企业需要自主公示的事项有四类：一是有限责任公司股东认缴和实缴的出资额、出资方式和出资日期，股份有限公司发起人认购的股份数；二是有限责任公司股东、股份有限公司发起人的股权、股份变更信息；三是行政许可取得、变更、注销等信息；四是法律、行政法规规定的其他信息。此外，该条第二款还规定了公司应当确保前款公示信息真实、准确、完整。该条规定的意义在于交易相对人可以更高效地获取公司的相关信息，降低交易成本。

在具体行为上，分为两大类，一是未依法公示有关信息，二是不如实公示有关信息。

在行政责任上，公司登记机关可以责令改正，同时可以有三项行政处罚的措施：第一，处以一万元至五万元的罚款；第二，情节严重的，处以五万元至二十万元的罚款；第三，对相关责任人员处以一万元至十万元的罚款。相比弄虚作假取得公司登记，本条的法律后果显然轻很多。

关联法条

第四十条　公司应当按照规定通过国家企业信用信息公示系统公示下列事项：

（一）有限责任公司股东认缴和实缴的出资额、出资方式和出资日期，股份有限公司发起人认购的股份数；

（二）有限责任公司股东、股份有限公司发起人的股权、股份变更信息；

（三）行政许可取得、变更、注销等信息；

（四）法律、行政法规规定的其他信息。

公司应当确保前款公示信息真实、准确、完整。

第二百五十一条　公司未依照本法第四十条规定公示有关信息或者不如实公示有关信息的，由公司登记机关责令改正，可以处以一万元以上五万元以下的罚款。情节严重的，处以五万元以上二十万元以下的罚款；对直接负责的主管人员和其他直接责任人员处以一万元以上十万元以下的罚款。

（三）外国公司擅自设立分支机构的行政责任

《公司法》第十三章为“外国公司的分支机构”，外国公司在中华人民共和国境内设立分支机构，应当向中国主管机关提出申请，并提交其公司章程、所属国的公司登记证书等有关文件，经批准后，向公司登记机关依法办理登记，领取营业执照。根据《公司法》第二百六十一条规定，外国公司违反《公司法》规定，擅自在中华人民共和国境内设立分支机构的，由公司登记机关责令改正或者关闭，可以并处五万元以上二十万元以下的罚款。

关联法条

第二百六十一条　外国公司违反本法规定，擅自在中华人民共和国境内设立分支机构的，由公司登记机关责令改正或者关闭，可以并处五万元以上二十万元以下的罚款。

（四）冒名公司的行政责任

成立公司的前提是公司登记，如果未经依法登记而以公司名义开展活动的，就是冒名公司的行为。《公司法》规定，未依法登记为有限责任公司或者股份有限公司，而冒用有限责任公司或者股份有限公司名义的，或者未依法登记为有限责任公司或者股份有限公司的分公司，而冒用有限责任公司或者股份有限公司的分公司名义的，由公司登记机关责令改正或者予以取缔，可以并处十万元以下的罚款。

关联法条

第二百五十九条　未依法登记为有限责任公司或者股份有限公司，而冒用有限责任公司或者股份有限公司名义的，或者未依法登记为有限责任公司或者股份有限公司的分公司，而冒用有限责任公司或者股份有限公司的分公司名义的，由公司登记机关责令改正或者予以取缔，可以并处十万元以下的罚款。

二、公司出资相关的行政责任

（一）虚假出资的行政责任

虚假出资不仅会让公司缺少资本，还会对交易相对方造成误解，徒增交易风险。因此，《公司法》规定公司的发起人、股东虚假出资，未交付或者未按期交付作为出资的货币或者非货币财产的，公司登记机关可以采取三项行政处罚措施：第一，对公司处以五万元至二十万元的罚款；第二，情节严重的，对公司处以虚假出资或未出资金额 5% ~ 15% 的罚款；第三，对责任人员处以一万元至十万元罚款。其中，第一种和第三种措施属于《公司法》新增的行政处罚措施。

关联法条

第二百五十二条　公司的发起人、股东虚假出资，未交付或者未按期交付作为出资的货币或者非货币财产的，由公司登记机关责令改正，可以处以五万元以上二十万元以下的罚款；情节严重的，处以虚假出资或者未出资金额百分之五以上百分之十五以下的罚款；对直接负责的主管人员和其他直接责任人员处以一万元以上十万元以下的罚款。

（二）抽逃出资的行政责任

《公司法》规定发起人、股东在公司成立后，抽逃其出资的，要承担行政责任。《公司法司法解释（三）》第十二条规定了四种抽逃出资的情形：一是制作虚假财务会计报表虚增利润进行分配；二是通过虚构债权债务关系将其出资转出；三是利用关联交易将出资转出；四是其他未经法定程序将出资抽回的行为。

抽逃出资的，公司登记机关可以采取两项行政处罚措施：第一，对公司处以抽逃出资金额 5% ~ 15% 的罚款；第二，对责任人员处以三万元至三十万元罚款。其中，第二种措施属于《公司法》新增的行政处罚措施。

关联法条

第二百五十三条　公司的发起人、股东在公司成立后，抽逃其出资的，由公司登记机关责令改正，处以所抽逃出资金额百分之五以上百分之十五以下的罚款；对直接负责的主管人员和其他直接责任人员处以三万元以上三十万元以下的罚款。

三、公司存续与清算阶段的行政责任

（一）未及时开业、开业后自行停业、未及时变更登记的行政责任

公司的经营状态需要持续稳定，如果注册登记后不开业或者肆意停业则会造成资源的浪费，也与其注册登记时的根本目的不符，根据《公司法》第二百六十条，公司成立后无正当理由超过六个月未开业的，或者开业后自行停业连续六个月以上的，公司登记机关可以吊销营业执照。《公司法》新增了歇业作为逾期开业、停业行政责任的例外。

歇业制度是2022年实施的《市场主体登记管理条例》新设立的制度，歇业制度相当于给经营困难的企业提供了一个缓冲期，对于因公共卫生事件、自然灾害等原因造成经营困难的市场主体而言，这可以大幅降低公司的维持成本。《公司法》新增了歇业作为本条行政责任的例外。公司登记事项发生变更时，未依照本法规定办理有关变更登记的，由公司登记机关责令限期登记；逾期不登记的，处以一万元至十万元的罚款。公司在发展过程中，登记事项难免会存在变更情形，为了保护第三方因商事外观主义而产生的信任，《公司法》有必要采取此类措施，督促公司及时办理变更登记。

需要注意的是，《公司法》的法律责任章节中，共有九处“责令”，其中八处都是责令改正，只有这一处是责令限期登记。

关联法条

第二百六十条　公司成立后无正当理由超过六个月未开业的，或者开业后自行停业连续六个月以上的，公司登记机关可以吊销营业执照，但公司依法办理歇业的除外。

公司登记事项发生变更时，未依照本法规定办理有关变更登记的，由公司登记机关责令限期登记；逾期不登记的，处以一万元以上十万元以下的罚款。

（二）财务弄虚作假的行政责任

根据《公司法》第二百五十四条，公司财务弄虚作假的情形包括在法定的会计账簿以外另立会计账簿；提供存在虚假记载或者隐瞒重要事实的财务会计报告。根据原《公司法》规定，公司未依法提取法定公积金也会承担行政责任，但新《公司法》删除了这条规定。

财务弄虚作假具体的法律责任转引至《会计法》。根据《会计法》第六章法律责任的规定，私设会计账簿有三个行政处罚的措施：第一，行政机关责令限期改正，对公司处以三千元至五万元的罚款；第二，对其直接负责的主管人员和其他直接责任人员，可以处以两千元至两万元的罚款；第三，情节严重的，相关会计人员五年内不得从事会计工作。需要注意的是，行政处罚的作出机关并非市场监督管理局，而是县级以上人民政府财政部门。

财务会计报告中虚假记载或隐瞒重要事实的，有四个行政处罚的措施：第一，对公司处以五千元至十万元的罚款；第二，对其直接负责的主管人员和其他直接责任人员，可以处三千元至五万元的罚款；第三，属于国家工作人员的，还应当由其所在单位或者有关单位依法给予撤职直至开除的行政处分；第四，其中的会计人员，五年内不得从事会计工作。此外，构成犯罪的，依法追究刑事责任。

关联法条

第二百五十四条　有下列行为之一的，由县级以上人民政府财政部门依照《中华人民共和国会计法》等法律、行政法规的规定处罚：

（一）在法定的会计账簿以外另立会计账簿；

（二）提供存在虚假记载或者隐瞒重要事实的财务会计报告。

（三）合并、分立、减少注册资本或者进行清算时未依法通知或者公告债权人的行政责任

根据《公司法》第二百二十条、第二百二十二条、第二百二十四条以及第二百三十五条的规定，公司在合并、分立、减少注册资本或者进行清算时，应当依法通知债权人，其中，合并、分立、减少注册资本的通知时间的规定是一致的，均是以作出决议之日为起算点，十日内通知债权人，并于三十日内在报纸上或者国家企业信用信息公示系统公告。清算则是以清算组成立之日为起算点，十日内通知债权人，并于六十日内在报纸上或者国家企业信用信息公示系统公告。违反上述规定的，根据《公司法》第二百五十五条，公司登记机关可对公司处以一万元以上十万元以下的罚款。

《公司法》施行五年认缴制的背景下，很多企业采取减资措施，这些企业在减资过程中，需要注意履行通知或公告义务。

关联法条

第二百五十五条　公司在合并、分立、减少注册资本或者进行清算时，不依照本法规定通知或者公告债权人的，由公司登记机关责令改正，对公司处以一万元以上十万元以下的罚款。

（四）违法清算的行政责任

公司清算阶段的违法行为包括三大类，第一，隐匿财产；第二，对资产负债表或者财产清单作虚假记载；第三，在未清偿债务前分配公司财产。根据《公司法》第二百五十六条规定，存在上述违法行为的行政责任是：第一，对公司处以隐匿财产或者未清偿债务前分配公司财产金额 5% ~ 10% 的罚款；第二，对直接负责的主管人员和其他直接责任人员处以一万元至十万元的罚款。

此外，新《公司法》法律责任章节删除了公司在清算期间开展与清算无关的经营活动、清算组违反报告义务以及清算组成员违反忠实义务的行政责任。需要注意的是，虽然删除了行政责任，但《公司法》增加了清算组的民事责任。

关联法条

第二百五十六条　公司在进行清算时，隐匿财产，对资产负债表或者财产清单作虚假记载，或者在未清偿债务前分配公司财产的，由公司登记机关责令改正，对公司处以隐匿财产或者未清偿债务前分配公司财产金额百分之五以上百分之十以下的罚款；对直接负责的主管人员和其他直接责任人员处以一万元以上十万元以下的罚款。

（五）危害国家、社会公共利益的行政责任

公司主要在私法领域进行活动，但不能触及的底线是公法所保护的利益，即国家安全和社会公共利益，根据《公司法》第二百六十二条规定，利用公司名义从事危害国家安全、社会公共利益的严重违法行为的，吊销营业执照。

关联法条

第二百六十二条　利用公司名义从事危害国家安全、社会公共利益的严重违法行为的，吊销营业执照。

四、其他行政责任

（一）中介机构的行政责任

根据《公司法》第二百五十七条规定，中介机构也会涉及行政责任的承担。该条的主体是承担资产评估、验资或者验证的中介机构，违法的行为是提供虚假材料或者提供有重大遗漏的报告，具体行政责任引致《资产评估法》和《注册会计师法》进行规定。

关联法条

第二百五十七条第一款　承担资产评估、验资或者验证的机构提供虚假材料或者提供有重大遗漏的报告的，由有关部门依照《中华人民共和国资产评估法》、《中华人民共和国注册会计师法》等法律、行政法规的规定处罚。

（二）公司登记机关的行政责任

根据《公司法》第二百五十八条规定，公司登记机关违反法律、行政法规规定未履行职责或者履行职责不当的，对负有责任的领导人员和直接责任人员依法给予政务处分。需要注意的是，如果登记机关给公司或股东造成损失的，则相关主体可依照《国家赔偿法》《行政诉讼法》等寻求救济。

关联法条

第二百五十八条　公司登记机关违反法律、行政法规规定未履行职责或者履行职责不当的，对负有责任的领导人员和直接责任人员依法给予政务处分。

第三节　公司法上的刑事责任

开公司有风险，最大的风险当然是可能身陷囹圄的刑事风险。刑事责任相较于民事责任和行政责任具有其特殊之处。首先，刑事责任的惩罚措施相较于民事责任和行政责任往往在程度上较为严重，除会对公司处以罚金外，还可能涉及限制甚至剥夺相关责任人的人身自由。其次，刑事责任除惩罚功能之外还有威慑和教化的功能。因此，公司一旦涉嫌刑事犯罪便会产生严重后果，但是司法机关在利用刑事责任对公司的违法行为进行规制时也较为审慎。公司及其经营管理者应当厘清公司违法行为和犯罪行为的边界，防止在公司生产经营的活动中触犯《刑法》。

《公司法》作为《刑法》的前置法并未在法条中直接规定刑事责任条款，没有列举《刑法》各罪，而是在《公司法》第二百六十四条通过指引性规范规定，违反《公司法》规定，构成犯罪的，依法追究刑事责任。公司具体的刑事责任基本都规定在了《刑法》第二编分则的第三章破坏社会主义市场经济秩序罪的第三节妨害对公司、企业的管理秩序罪中。值得一提的是，《刑法修正案（十二）》与新《公司法》同日出台，其中就包含了对妨害对公司、企业的管理秩序罪的修改，修正案的内容值得特别关注，是立法机关在谨慎考虑后对近几年单位犯罪频发情形的总结。具体来讲有以下两大趋势：一是加大对单位受贿、对单位行贿犯罪行为的惩处力度。二是增加惩治民营企业内部人员腐败相关犯罪条款。比如，《刑法》第一百六十五条、第一百六十六条和第一百六十九条分别规定了国有公司、企业相关人员非法经营同类营业罪、为亲友非法牟利罪和徇私舞弊低价折股、出售公司、企业资产罪。《刑法修正案（十二）》在上述三个罪名中各增加一款，将现行对

“国有公司、企业”等相关人员适用的犯罪扩展到“民营企业”上。实际上，“加强对民营企业的平等保护”精神在《刑法修正案（十一）》中就有所体现，此次在《刑法修正案（十二）》中仍有体现，就说明这一大方向是近几年甚至未来几年企业犯罪领域的一大重点。

在《刑法》分则第三章第三节“妨害对公司、企业的管理秩序罪”这一节中，共涉及十余个罪名，其中，有部分罪名是适用于所有公司的，有部分罪名只适用于上市公司或国有公司（见下表），涉及对公司在日常经营、证券发行、企业破产等诸多领域的行为规制。其中，最值得关注的罪名有六个，包括虚报注册资本罪，虚假出资、抽逃出资罪，妨害清算罪，隐匿、故意销毁会计凭证、会计账簿、财务会计报告罪，虚假破产罪以及非国家工作人员受贿罪。

另外有三个罪名此前是适用于国有公司、企业和事业单位的，但是本次《刑法修正案（十二）》将其适用范围扩大到了所有公司，这三个罪名分别是非法经营同类营业罪，为亲友非法牟利罪，徇私舞弊低价折股、出售公司、企业资产罪。《刑法修正案（十二）》强有力地打击了严重侵害公司利益的违法行为，为公司提供了有力的法律保障，同时体现了对国有企业和非国有企业一视同仁的保护原则，但也大大增加了民营企业管理人员的风险。

本书将针对妨害对公司、企业的管理秩序罪中最典型的罪名进行梳理与介绍，根据实践中的频发程度以及重要程度做了详略安排。需要说明的是，《刑法》第一百六十四条所涉及的罪名并非典型的由公司或公司工作人员作为行为实施主体的犯罪，所以不在此进行介绍。而刑法分则其他章、节所涉及的罪名因绝大多数都不是专属于公司的犯罪，所以也不再展开。总的来看，《公司法》上的刑事责任主体均包括单位和相关人员，行为后果上要求数额巨大、后果严重或者有其他严重情节，主观上有故意也有过失。

序号	刑法条文	罪名	适用的公司
1	第一百五十八条	虚报注册资本罪	所有公司
2	第一百五十九条	虚假出资、抽逃出资罪	所有公司
3	第一百六十条	欺诈发行证券罪	主要为上市公司
4	第一百六十一条	违规披露、不披露重要信息罪	主要为上市公司
5	第一百六十二条	妨害清算罪	所有公司
6	第一百六十二条之一	隐匿、故意销毁会计凭证、会计账簿、财务会计报告罪	所有公司
7	第一百六十二条之二	虚假破产罪	所有公司
8	第一百六十三条	非国家工作人员受贿罪	非国有公司
9	第一百六十五条	非法经营同类营业罪	原为国有公司，现修改为所有公司
10	第一百六十六条	为亲友非法牟利罪	原为国有公司，现修改为所有公司
11	第一百六十七条	签订、履行合同失职被骗罪	国有公司
12	第一百六十八条	国有公司、企业、事业单位人员失职罪；国有公司、企业、事业单位人员滥用职权罪	国有公司
13	第一百六十九条	徇私舞弊低价折股、出售公司、企业资产罪	原为国有公司，现修改为所有公司
14	第一百六十九条之一	背信损害上市公司利益罪	上市公司

关联法条

第二百六十四条　违反本法规定，构成犯罪的，依法追究刑事责任。

一、与公司出资相关的刑事责任

（一）虚报注册资本罪

根据《刑法》第一百五十八条规定，虚报注册资本罪是指申请公司登记使用虚假证明文件或者采取其他欺诈手段虚报注册资本，欺骗公司登记主管部门，取得公司登记，虚报注册资本数额巨大、后果严重或者有其他严重情节的行为。

1. 本罪的构成要件

（1）行为主体包括单位和自然人。

（2）构成本罪的行为是申请公司登记使用虚假证明文件或者采取其他欺诈手段虚报注册资本，欺骗公司登记主管部门，取得公司登记，虚报注册资本数额巨大、后果严重或者有其他严重情节的行为。其中，“证明文件”是指依法设立的注册会计师事务所和审计师事务所等法定验资机构依法对申请公司登记的人的出资所出具的验资报告、资产评估报告、验资证明等材料。“其他诈骗手段”则是指采取贿赂等非法手段收买有关机关和部门的工作人员，恶意串通，虚报注册资本，或者采用其他隐瞒事实真相的方法欺骗公司登记主管部门的行为。在实际申请公司登记中，既可以表现为没有达到登记注册的资本数额，却采取欺诈手段证明达到了法定数额；也可以表现为虽然达到了法定数额却虚报具有更高数额的资本；还可以表现为变更登记时虚报注册资本。

（3）根据2014年4月24日全国人大常委会通过的《关于〈中华人民共和国刑法〉第一百五十八条、第一百五十九条的解释》，本罪只适用于依法实行注册资本实缴登记制的公司。根据《公司法》，注册资本实缴登记制的公司有两大类，一类是股份有限公司，这类公司原先是认缴制，新《公司法》将其调整为实缴制；另一类是属于国务院《注册资本登记制度改革方案》中明确不实行注册资本认缴登记制的行业的公司，包括保险、证券、资管、信托等行业。

（4）虚报注册资本数额巨大、后果严重或者有其他严重情节，具备三者之一，即可成立本罪，但具体虚报了多少的注册资本才算“数额巨大”以及“后果严重”，目前没有统一的规定，需要在实务中结合具体案件来予以认定。

（5）本罪的主观责任要件要求为故意，也就是说，要求申请人必须要有欺骗公司登记主管部门的工作人员的主观故意才能构成本罪。

（6）需要注意的是，取得了公司登记主管部门的登记凭证是构成本罪的必要条件，如果欺诈手段被登记机关发觉而未予以登记的，不成立本罪。

2. 本罪的立案标准

根据2022年4月6日最高人民检察院、公安部印发的《最高人民检察院、公安部关于公安机关管辖的刑事案件立案追诉标准的规定（二）》（以下简称《刑事立案追诉标准（二）》）第三条规定，申请公司登记使用虚假证明文件或者采取其他欺诈手段虚报注册资本，欺骗公司登记主管部门，取得公司登记，涉嫌下列情形之一的，应予立案追诉：（1）法定注册资本最低限额在六百万元以下，虚报数额占其应缴出资数额百分之六十以上的；（2）法定注册资本最低限额超过六百万元，虚报数额占其应缴出资数额百分之三十以上的；（3）造成投资者或者其他债权人直接经济损失累计数额在五十万元以上的；（4）虽未达到上述数额标准，但具有下列情形之一的：二年内因虚报注册资本受过二次以上行政处罚，又虚报注册资本的；向公司登记主管人员行贿的；为进行违法活动而注册的；（5）其他后果严重或者有其他严重情节的情形。

3. 本罪的刑罚

根据《刑法》第一百五十八条的规定，犯本罪的，处三年以下有期徒刑或者拘役，并处或者单处虚报注册资本金额百分之一以上百分之五以下罚金。单位犯本罪的，对单位判处罚金，并对其直接负责的主管人员和其他直接责任人员，处三年以下有期徒刑或者拘役。

（二）虚假出资、抽逃出资罪

根据《刑法》第一百五十九条，虚假出资、抽逃出资罪是指公司发起人、股东违反《公司法》的规定，未交付货币、实物或者未转移财产权，虚假出资，或者在公司成立后又抽逃其出资，数额巨大、后果严重或者有其他严重情节的行为。

1\. 本罪的构成要件

（1）行为主体包括单位和自然人，主观上要求是故意。

（2）本罪名为选择性罪名，即本罪名包括虚假出资罪和抽逃出资罪。行为表现为在公司成立前虚假出资，或者在公司成立后抽逃出资，并要求符合数额巨大、后果严重或有其他严重情节之一。其中，“虚假出资”主要是指非货币出资存在故意过高或过低评估的情况。“公司成立后又抽逃其出资”常见的是两种情形：一是通过过桥借款或过桥贷款等方式筹措资金用于出资，在公司成立后将这些资金抽回；二是在公司设立时真实缴纳了出资，在公司成立后又通过各种方式抽回出资。

（3）根据全国人大常委会通过的《关于〈中华人民共和国刑法〉第一百五十八条、第一百五十九条的解释》，本罪中的公司仅限于依法实行注册资本实缴登记制的公司。

2\. 本罪的立案标准

根据《刑事立案追诉标准（二）》第四条规定，公司发起人、股东违反《公司法》的规定未交付货币、实物或者未转移财产权，虚假出资，或者在公司成立后又抽逃其出资，涉嫌下列情形之一的，应予立案追诉：（1）法定注册资本最低限额在六百万元以下，虚假出资、抽逃出资数额占其应缴出资数额百分之六十以上的；（2）法定注册资本最低限额超过六百万元，虚假出资、抽逃出资数额占其应缴出资数额百分之三十以上的；（3）造成公司、股东、债权人的直接经济损失累计数额在五十万元以上的；（4）虽未达到上述数额标准，但具有下列情形之一的：致使公司资不抵债或者无法正常经营的；公司发起人、股东合谋虚假出资、抽逃出资的；二年内因虚假出资、抽逃出资受过二次以上行政处罚，又虚假出资、抽逃出资的；利用虚假出资、抽逃出资所得资金进行违法活动的；（5）其他后果严重或者有其他严重情节的情形。

3. 本罪的刑罚

根据《刑法》第一百五十九条的规定，犯本罪的，处五年以下有期徒刑或者拘役，并处或者单处虚假出资金额或者抽逃出资金额百分之二以上百分之十以下罚金。单位犯本罪的，对单位判处罚金，并对其直接负责的主管人员和其他直接责任人员，处五年以下有期徒刑或者拘役。

二、与公司证券发行、信息披露相关的刑事责任

（一）欺诈发行证券罪

根据《刑法》第一百六十条，欺诈发行证券罪是指自然人或者单位在招股说明书、认股书、公司、企业债券募集办法等发行文件中隐瞒重要事实或者编造重大虚假内容，发行股票或者公司、企业债券、存托凭证或者国务院依法认定的其他证券，数额巨大、后果严重或者有其他严重情节的行为。

1. 本罪的构成要件

（1）行为主体包括单位和自然人，主观上要求是故意。

（2）构成本罪的行为是招股说明书、认股书、公司、企业债券募集办法等发行文件中隐瞒重要事实或者编造重大虚假内容，发行股票或者公司、企业债券、存托凭证或者国务院依法认定的其他证券，并且达到数额巨大、后

果严重或者有其他严重情节的行为。其中的股票和债券都是较为常见的术语，但是犯罪行为中包含的存托凭证是什么呢？存托凭证也称存券收据或存股证，是指在一国证券市场流通的代表外国公司有价证券的可转让凭证，由存托人签发，以境外证券为基础在境内发行，代表境外基础证券权益的证券。

2. 本罪的立案标准

根据《刑事立案追诉标准（二）》第五条，具有下列情形之一的，应当追诉：（1）非法募集资金金额在一千万元以上的；（2）虚增或者虚减资产达到当期资产总额百分之三十以上的；（3）虚增或者虚减营业收入达到当期营业收入总额百分之三十以上的；（4）虚增或者虚减利润达到当期利润总额百分之三十以上的；（5）隐瞒或者编造的重大诉讼、仲裁、担保、关联交易或者其他重大事项所涉及的数额或者连续十二个月的累计数额达到最近一期披露的净资产百分之五十以上的；（6）造成投资者直接经济损失数额累计在一百万元以上的；（7）为欺诈发行证券而伪造、变造国家机关公文、有效证明文件或者相关凭证、单据的；（8）为欺诈发行证券向负有金融监督管理职责的单位或者人员行贿的；（9）募集的资金全部或者主要用于违法犯罪活动的；（10）其他后果严重或者有其他严重情节的情形。

3. 本罪的刑罚

根据《刑法》第一百六十条的规定，自然人犯本罪的，处五年以下有期徒刑或者拘役，并处或者单处罚金；数额特别巨大、后果特别严重或者有其他特别严重情节的，处五年以上有期徒刑，并处罚金。控股股东、实际控制人组织、指使他人实施本罪行为的，处五年以下有期徒刑或者拘役，并处或者单处非法募集资金金额百分之二十以上一倍以下罚金；数额特别巨大、后果特别严重或者有其他特别严重情节的，处五年以上有期徒刑，并处非法募集资金金额百分之二十以上一倍以下罚金。单位犯本罪或者组织、指使他人实施本罪的，对单位判处非法募集资金金额百分之二十以上一倍以下罚金，并对其直接负责的主管人员和其他直接责任人员依照对自然人犯本罪的规定处罚。

(二)违规披露、不披露重要信息罪

根据《刑法》第一百六十一条，违规披露、不披露重要信息罪，是指依法负有信息披露义务的公司、企业，向股东和社会公众提供虚假的或者隐瞒重要事实的财务会计报告，或者对依法应当披露的其他重要信息不按照规定披露，严重损害股东或者其他人利益，或者有其他严重情节的行为。

1. 本罪的构成要件

(1)行为主体是公司、企业，但承担责任的主体主要是直接负责的主管人员和其他直接责任人员。如果“双控人”有参与组织、指使的，也要承担刑事责任。

(2)构成本罪的行为是负有信息披露义务的公司、企业，向股东和社会公众提供虚假的或者隐瞒重要事实的财务会计报告，或者对依法应当披露的其他重要信息不按照规定披露，严重损害股东或者其他人利益，或者有其他严重情节的行为。其中，“不按照规定披露”包括不披露、披露不真实、不全面、不及时以及披露程序不妥当这几种实践中频发的情形。

(3)本罪法条第二款是一项注意规定。根据《刑法》第一百六十一条第二款的规定，依法负有信息披露义务的公司、企业的控股股东、实际控制人实施或者组织、指使实施本罪行为，或者隐瞒相关事项导致第一百六十一条第一款规定的情形发生的，依照第一百六十一条第一款的规定处罚。应当认为，控股股东、实际控制人亲自实施本罪行为的，当然是本罪的正犯；但如果指使他人实施本罪行为的，就是支配型共谋共同正犯；如果隐瞒相关事项导致本罪的情形发生的，也属于本罪的不作为的正犯。之所以是注意规定，是因为在《公司法》的实践中，“双控人”通过这几种行为类型违规披露或者不披露重要信息的情形十分常见，《刑法》通过注意规定提示裁判者不要

忽略这种情形的存在。

2. 本罪的立案标准

根据《刑事立案追诉标准（二）》第六条，具有下列情形之一的，应当追诉：（1）造成股东、债权人或者其他人直接经济损失数额累计在一百万元以上的；（2）虚增或者虚减资产达到当期披露的资产总额百分之三十以上的；（3）虚增或者虚减营业收入达到当期披露的营业收入总额百分之三十以上的；（4）虚增或者虚减利润达到当期披露的利润总额百分之三十以上的；（5）未按照规定披露的重大诉讼、仲裁、担保、关联交易或者其他重大事项所涉及的数额或者连续十二个月的累计数额达到最近一期披露的净资产百分之五十以上的；（6）致使不符合发行条件的公司、企业骗取发行核准或者注册并且上市交易的；（7）致使公司、企业发行的股票或者公司、企业债券、存托凭证或者国务院依法认定的其他证券被终止上市交易的；（8）在公司财务会计报告中将亏损披露为盈利，或者将盈利披露为亏损的；（9）多次提供虚假的或者隐瞒重要事实的财务会计报告，或者多次对依法应当披露的其他重要信息不按照规定披露的；（10）其他严重损害股东、债权人或者其他人利益，或者有其他严重情节的情形。

3. 本罪的刑罚

根据《刑法》第一百六十一条第一款的规定，犯本罪的，对其直接负责的主管人员和其他直接责任人员，处五年以下有期徒刑或者拘役，并处或者单处罚金；情节特别严重的，处五年以上十年以下有期徒刑，并处罚金。根据《刑法》第一百六十一条第三款的规定，实施或者组织、指使实施本罪行为，或者隐瞒相关事项导致前款规定的情形发生的控股股东、实际控制人是单位的，对单位判处罚金，并对其直接负责的主管人员和其他直接责任人员，依照第一款的规定处罚。

三、与公司财务管理、破产清算相关的刑事责任

（一）妨害清算罪

根据《刑法》第一百六十二条规定，妨害清算罪是指公司、企业的相关人员在进行清算时，隐匿财产，对资产负债表或者财产清单作虚伪记载或者在未清偿债务前分配公司、企业财产，严重损害债权人或者其他人利益的行为。

1. 本罪的构成要件

（1）行为主体必须是直接负责的主管人员与其他直接责任人员，公司、企业本身不能成为本罪主体。

（2）行为主体实施了以下四种行为之一：隐匿财产；对资产负债表作虚伪记载，如夸大负债数额，作实际上并不存在的负债记载，对特定债权人作不符合事实的负债记载等；对财产清单作虚伪记载，如减少公司、企业的收入，降低固定资产的价格等；在清偿债务前分配公司、企业财产，但如果行为同时触犯私分国有资产罪的，应从一重罪处罚。并且，上述行为应当是发生在公司、企业清算财产时。

（3）要求该行为严重损害债权人或者其他人的利益，且要求行为人的主观心态是故意。

2. 本罪的立案标准

根据《刑事立案追诉标准（二）》第七条的规定，公司、企业进行清算时，隐匿财产，对资产负债表或者财产清单作虚伪记载或者在未清偿债务前分配公司、企业财产，涉嫌下列情形之一的，应予立案追诉：（1）隐匿财产价值在五十万元以上的；（2）对资产负债表或者财产清单作虚伪记载涉及金额在五十万元以上的；（3）在未清偿债务前分配公司、企业财产价值在五十万元以上的；（4）造成债权人或者其他人直接经济损失数额累计在十万

元以上的；（5）虽未达到上述数额标准，但应清偿的职工的工资、社会保险费用和法定补偿金得不到及时清偿，造成恶劣社会影响的；（6）其他严重损害债权人或者其他人利益的情形。

3. 本罪的刑罚

根据《刑法》第一百六十二条的规定，对其直接负责的主管人员和其他直接责任人员，处五年以下有期徒刑或者拘役，并处或者单处二万元以上二十万元以下罚金。

（二）隐匿、故意销毁会计凭证、会计账簿、财务会计报告罪

根据《刑法》第一百六十二条之一的规定，隐匿、故意销毁会计凭证、会计账簿、财务会计报告罪是指故意隐匿、销毁依法应当保存的会计凭证、会计账簿、财务会计报告，情节严重的行为。

1. 本罪的构成要件

（1）行为主体包括单位和自然人。

（2）本罪的行为对象是依法应当保存的会计凭证、会计账簿、财务会计报告。行为方式表现为隐匿与销毁。其中的隐匿，是指妨害他人依法发现会计凭证、会计账簿、财务会计报告的一切行为；而销毁，则是指妨害会计凭证、会计账簿、财务会计报告的本来效用的一切行为。但需要特别注意的是，在同时存在电子版和纸质版会计凭证、会计账簿和财务会计报告的情况下，如果符合《会计档案管理办法》所规定的可以仅保存电子版的各项条件，而又加以隐匿、销毁纸质版的，不应以本罪论处。同样，在保存了纸质版的情况下，隐匿、销毁电子版的，也不应以本罪论处，要从实质角度去看本罪的保护法益，利用各种刑法解释方法综合解释，不能过分地扩大刑事处罚权。

（3）本罪的主观要件为故意。法条中的表述为："隐匿或者故意销毁"，"故意"一词看似只修饰销毁行为，但结合生活常识进行理解，隐匿行为也

必须出于故意，该词语本身也包含故意隐藏或者躲起来的含义；由于隐匿行为在汉语的通常语境下解释为包含故意的意思，实践中极少出现过失隐匿行为，过失隐匿也容易与生活常理相悖，《刑法》条文便没有必要予以强调；但实践中可能存在过失销毁行为，于是，《刑法》条文作出了注意规定，提示司法机关只处罚故意销毁行为，在处理销毁行为时要比处理隐匿行为时更加谨慎、细致。至于行为人为掩盖自己的贪污、职务侵占等罪行而实施本罪行为的，因为缺乏期待可能性，作为一种手段的隐匿销毁行为就不能以本罪论处，对销毁隐匿行为的惩戒会体现在贪污犯罪更重的刑事处罚上。但如果行为人为掩盖他人罪行而实施本罪行为的，是本罪与帮助毁灭证据罪的想象竞合，需要从一重罪处罚。

2. 本罪的立案标准

根据《刑事立案追诉标准（二）》第八条的规定，隐匿或者故意销毁依法应当保存的会计凭证、会计账簿、财务会计报告，涉嫌下列情形之一的，应予立案追诉：（1）隐匿、故意销毁的会计凭证、会计账簿、财务会计报告涉及金额在五十万元以上的；（2）依法应当向监察机关、司法机关、行政机关、有关主管部门等提供而隐匿、故意销毁或者拒不交出会计凭证、会计账簿、财务会计报告的；（3）其他情节严重的情形。

3. 本罪的刑罚

犯本罪的，根据《刑法》第一百六十二条之一的规定处罚，情节严重的，处五年以下有期徒刑或者拘役，并处或者单处二万元以上二十万元以下罚金。单位犯本罪的，对单位判处罚金，并对其直接负责的主管人员和其他直接责任人员，依照第一百六十二条之一第一款的规定处罚。

（三）虚假破产罪

根据《刑法》第一百六十二条之二的规定，虚假破产罪是指公司、企业通过隐匿财产、承担虚构的债务或者以其他方法转移、处分财产，实施虚假破产，严重损害债权人或者其他人利益的行为。

1. 本罪的构成要件

（1）本罪的行为主体是一般主体，可以是任何公司、企业，没有具体类型的限制。但需要特别注意的是，与本节其他罪名不同，虽然从法条表述上看，本罪主体似乎是任何公司、企业，但《刑法》仅处罚直接负责的主管人员与其他直接责任人员，所以，从实质角度上本罪不应被认定为单位犯罪。

（2）本罪行为具体表现为以下方面：第一，实施了隐匿财产、承担虚构的债务或其他转移、处分财产的行为。第二，行为目的为虚假破产，犯罪行为人通过伪造破产原因，申请宣告破产，以逃避债权人的追索，侵占他人财产。第三，严重损害了债权人或者其他人的利益。债权人系指与该公司形成债权债务关系的其他主体，其他人则指公司职工、国家税收部门等。以上三个客观要件须同时具备，缺一不可。

（3）前文中的行为类型还需要细化，避免在实务裁判中引起争议。其中的“虚假破产”一般包括两种情形：一是没有真正破产，但是以假破产的方式严重损害债权人或者其他人的利益；二是虽然真正破产，但在破产前或者破产程序中实施了严重损害债权人或者其他人利益的行为。其中的“处分”并不限于民法上的物权法中的处分行为，而是指广义的处分财产（包括处分债权）的行为。故意在破产前以设立子公司或者其他新公司的方式，将财产转移或者处分给新公司，然后申请旧公司破产，损害他人利益的，成立本罪。

（4）本罪在主观方面必须为故意，行为人必须具有损害债权人利益的直接故意，过失损害债权人利益的不构成本罪。

2. 本罪的立案标准

根据《刑事立案追诉标准（二）》第九条的规定，公司、企业通过隐匿财产、承担虚构的债务或者以其他方法转移、处分财产，实施虚假破产，涉嫌下列情形之一的，应予立案追诉：（1）隐匿财产价值在五十万元以上的；（2）承担虚构的债务涉及金额在五十万元以上的；（3）以其他方法转移、处分财产价值在五十万元以上的；（4）造成债权人或者其他人直接经济损失数额累计在十万元以上的；（5）虽未达到上述数额标准，但应清偿的职工的工资、社会保险费用和法定补偿金得不到及时清偿，造成恶劣社会影响的；（6）其他严重损害债权人或者其他人利益的情形。

3. 本罪的刑罚

犯本罪的，根据《刑法》第一百六十二条之二的规定处罚，对其直接负责的主管人员和其他直接责任人员，处五年以下有期徒刑或者拘役，并处或者单处二万元以上二十万元以下罚金。

四、与公司经营管理人员相关的刑事责任

（一）非国家工作人员受贿罪

根据《刑法》第一百六十三条的规定，非国家工作人员受贿罪是指公司、企业或者其他单位的工作人员，利用职务上的便利，索取他人财物或者非法收受他人财物，为他人谋取利益并且数额较大的行为。

1. 本罪的构成要件

（1）本罪是身份犯，具有特定身份才能触犯本罪。本罪的行为主体包括公司、企业或者其他单位的工作人员，其中“其他单位”，既包括事业单位、社会团体、村委会、居委会这些常设性组织，也包括为组织大型文艺活动、体育赛事而临时成立的非常设性组织。如果是国有单位中从事公务、利用职务便利受贿的工作人员，则应该成立受贿罪。如果是公司、企业或者其他单

位的工作人员在经济往来中，利用职务上的便利，违反国家规定，收受各种名义的回扣、手续费，归个人所有的，依旧成立本罪。

（2）本罪行为表现为利用职务上的便利，索取他人财物或非法收受他人财物，为他人谋取利益并且数额较大的行为。需要注意的是，行为主体需要利用其职务上的便利，因为本罪保护的是职务行为的不可收买性，否则不构成本罪。这里的财物不仅包括金钱和实物，而且包括可以用金钱衡量价值的财产性利益，如提供服务、给予消费卡等。此外，不管是索取他人财物，还是收受他人财物，都必须为他人谋取利益，谋取利益不一定非要实际实现，只要承诺为他人谋取利益即可。

（3）本罪在实务认定中有一些容易产生争议的问题，具体来说：回扣和手续费应当与正常业务行为区分开，如正常业务中的折扣、佣金行为，折扣是指以明示并如实入账的方式给予对方的价格优惠，而佣金则是指经营者在市场交易中给予为其提供服务的具有合法经营资格的中间人的劳动报酬。合法接受折扣、佣金不违反国家规定，但利用职务上的便利，违反国家规定收受归个人所有的回扣、手续费，就属于受贿了。

（4）本罪主观方面表现为故意，即公司、企业、其他单位人员明知自己索取、收受贿赂的行为会侵犯职务行为的不可收买性，却依然希望或者放任这种结果发生。

2. 本罪的立案标准

根据《刑事立案追诉标准（二）》第十条的规定，公司、企业或者其他单位的工作人员利用职务上的便利，索取他人财物或者非法收受他人财物，为他人谋取利益，或者在经济往来中，利用职务上的便利，违反国家规定，收受各种名义的回扣、手续费，归个人所有，数额在三万元以上的，应予立案追诉。

3. 本罪的刑罚

根据《刑法》第一百六十三条的规定，犯本罪数额较大的，处三年以下有期徒刑或者拘役，并处罚金；数额巨大或者有其他严重情节的，处三年以上十年以下有期徒刑，并处罚金；数额特别巨大或者有其他特别严重情节的，处十年以上有期徒刑或者无期徒刑，并处罚金。针对收受他人银行卡这一种情形的数额计算，卡内的存款数额一般应全额认定为受贿数额，不论是否被取出或者消费。使用银行卡透支的，如果由给予银行卡的一方承担还款责任，透支数额也应当被认定为受贿数额。

（二）非法经营同类营业罪

根据《刑法》第一百六十五条规定，非法经营同类营业罪是指国有公司、企业的董事、监事、高级管理人员利用职务便利，自己经营或者为他人经营与其所任职公司、企业同类的营业，获取非法利益，数额巨大的行为。

1.《刑法修正案（十二）》对本罪的修改

《刑法》（2020年修正）	《刑法》（2023年修正）
第一百六十五条　国有公司、企业的董事、经理利用职务便利，自己经营或者为他人经营与其所任职公司、企业同类的营业，获取非法利益，数额巨大的，处三年以下有期徒刑或者拘役，并处或者单处罚金；数额特别巨大的，处三年以上七年以下有期徒刑，并处罚金。	第一百六十五条　国有公司、企业的董事、监事、高级管理人员，利用职务便利，自己经营或者为他人经营与其所任职公司、企业同类的营业，获取非法利益，数额巨大的，处三年以下有期徒刑或者拘役，并处或者单处罚金；数额特别巨大的,处三年以上七年以下有期徒刑,并处罚金。 其他公司、企业的董事、监事、高级管理人员违反法律、行政法规规定，实施前款行为，致使公司、企业利益遭受重大损失的，依照前款的规定处罚。

第一，将非法经营同类营业罪的主体由原来只适用于国有企业人员扩展

到民营企业人员。《刑法修正案（十二）》将第一百六十五条增加了一款作为第二款。该款规定，其他公司、企业的董事、监事、高级管理人员违反法律、行政法规规定，实施前款行为，致使公司、企业利益遭受重大损失的，依照前款的规定处罚。

第二，进一步扩大本罪主体范围，将高级管理人员、监事纳入主体范围。第一百六十五条第二款中非法经营同类营业罪的犯罪主体是公司、企业的“董事、监事、高级管理人员”，第一款关于国有公司、企业中非法经营同类营业罪的主体也由原来的“董事、经理”修改为“董事、监事、高级管理人员”，两款犯罪主体保持一致，该修改与《公司法》等法律规定总体上衔接得当。

2. 本罪的构成要件

（1）本罪的行为主体是一般主体，原本仅限于国有公司、企业的人员，但经由《刑法修正案（十二）》扩大了。这也与本次《刑法》修正继续加大民营企业保护力度的政策息息相关。

（2）本罪行为具体表现为三方面内容：一是自己经营或为他人经营业务；二是自己经营或为他人经营的营业与自己所任职的公司、企业的营业属于同一种类；三是自己经营或为他人经营与自己所任职公司、企业同类营业的过程中利用了职务便利。只有满足上述三个要件，才能认定实施了本罪的犯罪行为。其中的同类营业，是指经营项目属于同一类别的营业，如果只是行为人自己的公司和其所在的公司存在交易关系的，不一定是同一类别的营业，在实践中还需要进行实质判断。

（3）之所以要禁止非法同类营业的行为，是因为企业的董事、监事以及高管，对企业有忠实义务，应当尽力维护企业的合法权益。不能滥用自己的管理权和知情权谋取私利，从而损害企业利益。因此，不仅《公司法》禁止这一类人员非法经营同类营业，《刑法》甚至进一步将其中的严重行为规定为非法经营同类营业罪。

（4）本罪在主观方面必须出于故意，并且具有获取非法利益的目的，即明知自己或为他人所经营的业务与自己所任职公司、企业经营的业务属于同类业务，出于非法谋取利益的目的，仍决意进行经营的，构成本罪。

3. 本罪的立案标准

《刑事立案追诉标准（二）》暂未明确本罪名的立案标准。根据最高人民检察院、公安部于 2010 年 5 月 7 日发布的《最高人民检察院、公安部关于公安机关管辖的刑事案件立案追诉标准的规定（二）》（已失效）第十二条规定，国有公司、企业的董事、经理利用职务便利，自己经营或者为他人经营与其所任职公司、企业同类的营业，获取非法利益，数额在十万元以上的，应予立案追诉。该规定现已失效，但在相关新标准出台之前，上述立案标准可作参考，期待法律法规对本罪名的立案标准进一步予以明确。

4. 本案的刑罚

根据《刑法》第一百六十五条的规定，本罪的刑罚是处三年以下有期徒刑或者拘役，并处或者单处罚金；数额特别巨大的，处三年以上七年以下有期徒刑，并处罚金。

（三）为亲友非法牟利罪

根据《刑法》第一百六十六条规定，为亲友非法牟利罪是指国有公司、企业、事业单位的工作人员，利用职务便利，将本单位的盈利业务交由自己的亲友进行经营，或者以明显高于市场的价格从自己的亲友经营管理的单位采购商品、接受服务或者以明显低于市场的价格向自己的亲友经营管理的单位销售商品、提供服务，或者从自己的亲友经营管理的单位采购、接受不合格商品、服务，使国家利益遭受重大损失的行为。

1.《刑法修正案（十二）》对本罪的修改

《刑法》（2020 年修正）	《刑法》（2023 年修正）
第一百六十六条　国有公司、企业、事业单位的工作人员，利用职务便利，有下列情形之一，使国家利益遭受重大损失的，处三年以下有期徒刑或者拘役，并处或者单处罚金；致使国家利益遭受特别重大损失的，处三年以上七年以下有期徒刑，并处罚金： （一）将本单位的盈利业务交由自己的亲友进行经营的； （二）以明显高于市场的价格向自己的亲友经营管理的单位采购商品或者以明显低于市场的价格向自己的亲友经营管理的单位销售商品的； （三）向自己的亲友经营管理的单位采购不合格商品的。	第一百六十六条　国有公司、企业、事业单位的工作人员，利用职务便利，有下列情形之一，致使国家利益遭受重大损失的，处三年以下有期徒刑或者拘役，并处或者单处罚金；致使国家利益遭受特别重大损失的，处三年以上七年以下有期徒刑，并处罚金： （一）将本单位的盈利业务交由自己的亲友进行经营的； （二）以明显高于市场的价格从自己的亲友经营管理的单位采购商品、接受服务或者以明显低于市场的价格向自己的亲友经营管理的单位销售商品、提供服务的； （三）从自己的亲友经营管理的单位采购、接受不合格商品、服务的。 其他公司、企业的工作人员违反法律、行政法规规定，实施前款行为，致使公司、企业利益遭受重大损失的，依照前款的规定处罚。

《刑法修正案（十二）》中将该条的犯罪主体由原来的国有企业人员扩展到包括民营企业人员，同样是为了加大对民营企业的保护力度。

《刑法修正案（十二）》对本条的修改主要体现在由原来只适用于国有企业人员扩展到包括民营企业人员。全国人大常委会法工委刑法室处长张义健发表的《〈刑法修正案（十二）〉的理解与适用》对此解释如下：1997 年《刑法》第一百六十六条规定了国有公司、企业、事业单位的工作人员为亲友非法牟利罪，列举了非法牟利的三种具体行为方式，包括将本单位的盈利业务交由亲友经营；通过明显高价采购或者明显低价销售商品的方式为亲友牟利；从亲友经营管理的单位采购不合格商品。调研中了解到，这类犯罪是典型的背信行为，是实践中反映突出的损害公司、企业利益的行为手段，民营企业中时有发生。据此，《刑法修正案（十二）》第二条对本条作了修改，主要是增加第二款，规定了民营企业工作人员为亲友非法牟利犯罪，即“其他公司、企业的工作人员违反法律、行政法规规定，实施前款行为，致使公司、企业利益遭受重大损失的，依照前款的规定处罚”。这样的规定也从一定程度上解决了我国《刑法》不存在背信罪的潜在弊端。

2. 本罪的构成要件

（1）本罪的行为主体是公司、企业的“工作人员”。该主体范围比非法经营同类营业罪的“董事、监事、高级管理人员”要宽一些，甚至与《公司法》规定的禁止关联交易的义务主体也不同。公司、企业中的任何人员实施为亲友非法牟利的行为，都将会直接损害企业财产，因此第二款与第一款国有公司、企业工作人员的主体范围保持一致。

（2）本罪的行为方式表现为利用职务上的便利为亲友非法牟利，致使国家利益或者公司、企业遭受重大损失，并且二者之间应当具有《刑法》上的因果关系。

（3）本罪的主观方面为故意，即行为人明知其行为会使亲友非法牟利，而积极追求该结果的发生。

3. 本罪的立案标准

《刑事立案追诉标准（二）》暂未明确本罪名的立案标准。根据最高人民检察院、公安部于2010年5月7日发布的《最高人民检察院、公安部关于公安机关管辖的刑事案件立案追诉标准的规定（二）》（已失效）第十三条规定，国有公司、企业、事业单位的工作人员，利用职务便利，为亲友非法牟利，涉嫌下列情形之一的，应予立案追诉：（1）造成国家直接经济损失数额在十万元以上的；（2）使其亲友非法获利数额在二十万元以上的；（3）造成有关单位破产，停业、停产六个月以上，或者被吊销许可证和营业执照、责令关闭、撤销、解散的；（4）其他致使国家利益遭受重大损失的情形。该规定现已失效，但在相关新标准出台之前，上述立案标准可作参考，期待法律法规对本罪名的立案标准进一步予以明确。

4. 本罪的刑罚

根据《刑法》第一百六十六条的规定，本罪的刑罚是，致使国家利益遭受重大损失的，处三年以下有期徒刑或者拘役，并处或者单处罚金；致使国家利益遭受特别重大损失的，处三年以上七年以下有期徒刑，并处罚金。

（四）签订、履行合同失职被骗罪

签订、履行合同失职被骗罪，是指国有公司、企业、事业单位的直接负责的主管人员在签订、履行合同过程中，因严重不负责任被诈骗，致使国家利益遭受重大损失的行为。

1. 本罪的构成要件

（1）本罪的行为主体只限于国有公司、企业、事业单位的直接负责的主管人员。《刑法修正案（十二）》没有对此条文进行修改。

（2）本罪的客观行为是：在签订、履行合同的过程中，因严重不负责任被诈骗，致使国家利益遭受重大损失。需要特别注意的是，并非在签订、履行合同过程中一切的严重不负责任的行为都成立本罪。比如，因严重不负责任而不能履行合同，即使导致国家利益遭受重大损失的，也不成立本罪。只有因严重不负责任被诈骗，从而致使国家利益遭受重大损失的，才成立本罪。此外，其中的“被诈骗”，不仅包括《刑法》意义上的诈骗，还包含民事欺诈。

（3）不同于前文的其他犯罪，本罪的责任形式为过失。

2. 本罪的立案标准

《刑事立案追诉标准（二）》暂未明确本罪名的立案标准。根据最高人民检察院、公安部于2010年5月7日发布的《最高人民检察院、公安部关于公安机关管辖的刑事案件立案追诉标准的规定（二）》（已失效）第十四条规定，具有下列情形之一的，应当追诉：（1）造成国家直接经济损失数额在五十万元以上的；（2）造成有关单位破产，停业、停产六个月以上，或者被吊销许可证和营业执照、责令关闭、撤销、解散的；（3）其他致使国家利益遭受重大损失的情形。金融机构、从事对外贸易经营活动的公司、企业的工作人员严重不负责任，造成一百万美元以上外汇被骗购或者逃汇一千万美元以上的，应予追诉。该规定现已失效，但在相关新标准出台之前，上述立案标准可作参考，期待法律法规对本罪名的立案标准进一步予以明确。

3. 本罪的刑罚

根据《刑法》第一百六十七条的规定，本罪的刑罚是，致使国家利益遭受重大损失的，处三年以下有期徒刑或者拘役；致使国家利益遭受特别重大损失的，处三年以上七年以下有期徒刑。

（五）国有公司、企业、事业单位人员失职罪

国有公司、企业、事业单位人员失职罪，是指国有公司、企业、事业单位的工作人员，由于严重不负责任，造成国有公司、企业、事业单位破产或者严重损失，致使国家利益遭受重大损失的行为。

1. 本罪的构成要件

（1）本罪的主体是国有公司、企业、事业单位的工作人员。

（2）本罪的行为是由于严重不负责任，造成国有公司、企业、事业单位破产或者严重损失，致使国家利益遭受重大损失，需要注意的是，这种损失只包括经济损失。

（3）本罪的责任形式是过失。

2. 本罪的立案标准

《刑事立案追诉标准（二）》暂未明确本罪名的立案标准。根据最高人民检察院、公安部于 2010 年 5 月 7 日发布的《最高人民检察院、公安部关于

公安机关管辖的刑事案件立案追诉标准的规定（二）》（已失效）第十五条规定，具有下列情形之一的，应当追诉：（1）造成国家直接经济损失数额在五十万元以上的；（2）造成有关单位破产，停业、停产一年以上，或者被吊销许可证和营业执照、责令关闭、撤销、解散的；（3）其他致使国家利益遭受重大损失的情形。该规定现已失效，但在相关新标准出台之前，上述立案标准可作参考，期待法律法规对本罪名的立案标准进一步予以明确。

3. 本罪的刑罚

根据《刑法》第一百六十八条的规定，触犯本罪的，处三年以下有期徒刑或者拘役；致使国家利益遭受特别重大损失的，处三年以上七年以下有期徒刑。徇私舞弊犯上述罪的，从重处罚。

（六）国有公司、企业、事业单位人员滥用职权罪

国有公司、企业、事业单位人员滥用职权罪，是指国有公司、企业、事业单位的工作人员滥用职权，造成国有公司、企业、事业单位破产或者严重亏损，致使国家利益遭受重大损失的行为。

1. 本罪的构成要件

（1）本罪的主体是国有公司、企业、事业单位的工作人员。

（2）本罪的行为是由于滥用职权，造成国有公司、企业、事业单位破产或者严重损失，致使国家利益遭受重大损失，需要注意的是，这种损失也只包括经济损失。

（3）与上一个罪不同的是，本罪的责任形式是故意而非过失。

2. 本罪的立案标准

《刑事立案追诉标准（二）》暂未明确本罪名的立案标准。根据最高人民检察院、公安部于2010年5月7日发布的《最高人民检察院、公安部关于公安机关管辖的刑事案件立案追诉标准的规定（二）》（已失效）第十六条规定，具有下列情形之一的，应当追诉：（1）造成国家直接经济损失数额在

三十万元以上的；（2）造成有关单位破产，停业、停产六个月以上，或者被吊销许可证和营业执照、责令关闭、撤销、解散的；（3）其他致使国家利益遭受重大损失的情形。本罪的损失也仅限于财产、经济方面的损失。该规定现已失效，但在相关新标准出台之前，上述立案标准可作参考，期待法律法规对本罪名的立案标准进一步予以明确。

3. 本罪的刑罚

根据《刑法》第一百六十八条的规定，触犯本罪的，处三年以下有期徒刑或者拘役；致使国家利益遭受特别重大损失的，处三年以上七年以下有期徒刑。徇私舞弊犯上述罪的，从重处罚。

（七）徇私舞弊低价折股、出售公司、企业资产罪

根据《刑法》第一百六十九条和《最高人民法院、最高人民检察院关于执行〈中华人民共和国刑法〉确定罪名的补充规定（八）》的规定，本罪是指国有公司、企业或者其上级主管部门直接负责的主管人员，徇私舞弊，将国有资产低价折股或者低价出售，致使国家利益遭受重大损失的行为。

1.《刑法修正案（十二）》对本罪的修改

《刑法》（2020年修正）	《刑法》（2023年修正）
第一百六十九条　国有公司、企业或者其上级主管部门直接负责的主管人员，徇私舞弊，将国有资产低价折股或者低价出售，致使国家利益遭受重大损失的，处三年以下有期徒刑或者拘役；致使国家利益遭受特别重大损失的，处三年以上七年以下有期徒刑。	第一百六十九条　国有公司、企业或者其上级主管部门直接负责的主管人员，徇私舞弊，将国有资产低价折股或者低价出售，致使国家利益遭受重大损失的，处三年以下有期徒刑或者拘役；致使国家利益遭受特别重大损失的，处三年以上七年以下有期徒刑。 其他公司、企业直接负责的主管人员，徇私舞弊，将公司、企业资产低价折股或者低价出售，致使公司、企业利益遭受重大损失的，依照前款的规定处罚。

《刑法修正案（十二）》对本条的修改主要体现在由原来只适用于国有企业人员扩展到民营企业人员。全国人大常委会法工委刑法室处长张义健发表的《〈刑法修正案（十二）〉的理解与适用》对本次修改解释如下：1997年《刑法》第一百六十九条规定了徇私舞弊低价折股、出售国有资产罪，犯罪主体是国有公司、企业或者其上级主管部门直接负责的主管人员。1997年《刑法》规定该罪，当时针对的主要是“在国有企业改革，建立现代企业制度的过程中，如在承包租赁、合营、合资、股份制转让产权转化中，一些国有公司、企业或者其上级主管部门直接负责的主管人员，违反国家规定，将国有资产低价折股或者低价出售，致使国有资产严重流失，给国家利益造成重大损失”。随着实践的发展变化，民营企业相关人员也出现了类似的犯罪行为，《刑法修正案（十二）》第三条对第一百六十九条作了修改，增加第二款，规定了民营企业直接负责的主管人员徇私舞弊，低价折股、出售企业资产犯罪，主要是考虑到实践中对以这种方式损害民营企业财产的情况反映也较为强烈，有的民营企业主管人员在企业资产折股、重组、收购等工作中，徇私舞弊，压低企业资产价格、作虚假评估等。这类故意背信犯罪给公司、企业造成了重大损失，在危害性上与第一百六十五条、第一百六十六条的规定没有差别，甚至更大。

2. 本罪的构成要件

（1）行为主体是一般主体，原本仅限于国有公司、企业的人员，同样由《刑法修正案（十二）》扩大了。

（2）本罪的行为方式表现为徇私舞弊，将公司、企业资产低价折股或低价出售。其中，“徇私舞弊”是指行为人为了谋取私利而做出违反法律法规的行为。本罪是结果犯，只有致使公司、企业利益遭受重大损失的，才能构成本罪。针对国有企业，如果行为人实施的将国有资产低价折股或低价出售的行为被国家有关主管部门发现，予以及时制止或纠正，客观上未发生致使国家利益遭受重大损失的危害结果，则不能认定为本罪。

（3）本罪在主观方面必须是故意，而且有徇私的动机。

3. 本罪的立案标准

《刑事立案追诉标准（二）》暂未明确本罪名的立案标准。根据最高人民检察院、公安部于2010年5月7日发布的《最高人民检察院、公安部关于公安机关管辖的刑事案件立案追诉标准的规定（二）》（已失效）第十七条规定，国有公司、企业或者其上级主管部门直接负责的主管人员，徇私舞弊，将国有资产低价折股或者低价出售，涉嫌下列情形之一的，应予立案追诉：（1）造成国家直接经济损失数额在三十万元以上的；（2）造成有关单位破产，停业、停产六个月以上，或者被吊销许可证和营业执照、责令关闭、撤销、解散的；（3）其他致使国家利益遭受重大损失的情形。该规定现已失效，但在相关新标准出台之前，上述立案标准可作参考，期待法律法规对本罪名的立案标准进一步予以明确。

4. 本罪的刑罚

根据《刑法》第一百六十九条的规定，本罪的法律后果是处三年以下有期徒刑或者拘役；致使国家利益遭受特别重大损失的，处三年以上七年以下有期徒刑。

现将前述“（二）、（三）、（七）”三个罪名的法律后果汇总如下：

序号	罪名	个人徒刑	个人罚金	单位
1	非法经营同类营业罪	七年以下	罚金	/
2	为亲友非法牟利罪	七年以下	罚金	/
3	徇私舞弊低价折股、出售公司、企业资产罪	七年以下	/	/

（八）背信损害上市公司利益罪

背信损害上市公司利益罪，是指上市公司的董事、监事、高级管理人员，违背对公司的忠实义务，利用职务便利，操纵上市公司从事损害上市公司利益的活动，致使上市公司利益遭受重大损失的行为，以及上市公司的控股股东或者实际控制人，指使上市公司的董事、监事、高级管理人员从事损害上市公司利益的活动，致使上市公司利益遭受重大损失的行为。

1. 本罪的构成要件

（1）本罪的主体是上市公司的董事、监事、高级管理人员，如前文所述，由于他们在公司中的特殊地位，《公司法》和《刑法》都要对其有更加严格的规制手段。

（2）本罪的行为是上市公司的董事、监事、高级管理人员，违背对公司的忠实义务，利用职务便利，操纵上市公司从事损害上市公司利益的活动，致使上市公司利益遭受重大损失的行为。具体又分为两种类型：一是董监高本人实施上述行为，二是控股股东或者实际控制人指使董监高实施上述行为。

（3）实施的行为又可以继续细化为：无偿向其他单位或者个人提供资金、商品、服务或者其他资产；以明显不公平的条件，提供或者接受资金、商品、服务或者其他资产；向明显不具有清偿能力的单位或者个人提供资金、商品、服务或者其他资产；为明显不具有清偿能力的单位或者个人提供担保，或者无正当理由为其他单位或者个人提供担保；无正当理由放弃债权、承担债务；采用其他方式损害上市公司利益。

（4）本罪的责任形式为故意，过失不成立本罪。但需要特别注意的是，“致使上市公司利益遭受重大损失”是本罪的客观的超过要素，换言之，成立本罪不需要对“致使上市公司利益遭受重大损失”具备故意。

2. 本罪的立案标准

根据《刑事立案追诉标准（二）》第十三条的规定，具有下列情形之一，应当追诉：（1）实施本罪行为，致使上市公司直接经济损失数额在一百五十万元以上的；（2）致使公司、企业发行的股票或者公司、企业债券、存托凭证或者国务院依法认定的其他证券被终止上市交易的；（3）其他致使上市公司利益遭受重大损失的情形。

3. 本罪的刑罚

依照《刑法》第一百六十九条之一第一款的规定，犯本罪的，处三年以下有期徒刑或者拘役，并处或者单处罚金；致使上市公司利益遭受特别重大损失的，处三年以上七年以下有期徒刑，并处罚金。指使上市公司董事、监事、高级管理人员从事损害上市公司利益的活动，致使上市公司利益遭受重大损失的行为的上市公司的控股股东或者实际控制人是单位的，对单位判处罚金，并对其直接负责的主管人员和其他直接责任人员，依照《刑法》第一百六十九条之一第一款的规定处罚。

小结

本次《公司法》修订，是《公司法》实施三十年来最大规模的一次修订。新《公司法》以及与其同日通过的《刑法修正案（十二）》，共同宣告了一个新时期的到来。新《公司法》所编织的法律之网最能代表新时期的精神特质，疏密松紧所传递出来的冷暖，每一个《公司法》的主体都将深切感知。冷冰冰的《公司法》法条不仅将在法律责任的不断碰撞中焕发生命力，还可能衍生出超出《公司法》文本本身的意义。《公司法》上的各类主体都应当更加强化责任意识，否则将可能身陷法网。公司法律师和公司法务更应当具备责任思维，否则就是失职。责任之网的加密，对股东、董监高、双控人，甚至对公司自身来说，在许多情况下未必是一件幸事，因为这直接意味着守法成本的增加；但是对于法律人来说，却未必不是一件幸事——防范法律风险，追究法律责任，正是法律人的用武之地。在《公司法》的责任之网中理解新《公司法》，是所有公司的投资者和经营者的必修课，更是法律人的必修课。

在最后，还需要再次强调的是，《刑法》分则第三章第三节中的第一百六十四条还包括对非国家工作人员行贿罪与对外国公职人员、国际公共组织官员行贿罪，由于其只是针对国内外公司中的工作人员所实施的犯罪，并非典型的公司或公司工作人员作为行为实施主体的犯罪，故本书不予展开。此外，《刑法》除了在分则第三章第三节集中规定了单位犯罪，还在其他章、节以注意规定的方式提示裁判者。由于其几乎都不是专属于公司的犯罪，是原则上由自然人构成的犯罪，因此构成要件的要素都是围绕自然人犯罪所展开的，故本书也不再展开叙述。企业和企业家要时刻保持清醒，千万要避免因为经营企业而陷入刑网。

后记

从毕业到现在竟不知不觉已经来到了第五个年头，那年在海边定下的十年之约已然过半。有些愕然，有些感慨，又有些期待，时间往往在人驻足回望的时候才会显现其珍贵之处，回首过去，就像走过一条长廊，墙上浮动闪烁着一幅幅动态壁画，每幅壁画都是一个故事，值得庆幸的是，这段长廊里的故事，还算得上精彩。正巧碰到本书出版，心中觉得不如趁此机会对这一幅幅壁画加以记录，以免在未来的人生道路上模糊了印象。当然，我想强调的是这和做传是有本质区别的，自认为我的人生厚度还不足以做一部传，还需要漫长时间的积累与沉淀，但是，记录本身也是一件有趣且美好的事情。

一、关于 offer 的缘起

五年前，得益于一个特别的 offer，我以一种相较于其他毕业生而言更加特殊的方式开启了我的法律从业之路。还记得 2019 年临近毕业那会儿，我一边在律所实习，一边准备毕业论文。每天早起坐地铁从知春路站上车，到金台夕照站下车，要是运气好的话还能碰到一个空座，如此一来就能抓紧时间再眯一会儿，可以等到团结湖站的时候再睁眼。心中一边嘀咕每天通勤时间太长，一边又觉得短，甚至还不够我补个觉。当时，为了争取毕业后被律所留用的机会我也是付出了十二分的努力，每天工作到半夜然后回寝室继续挑灯改论文，临近实习结束的时候还精心制作了一份工作总结，想要与团队老板汇报，结果由于合伙人太忙了，总是在外地出差，因此都没能真正见上一面。毕业与就业就好像两座大山，压得绝大多数学生喘不过气，我自然也不例外。不是所有的努力都能换来回报，受限于某些客观条件，我最终还是没能争取到毕业留用的机会，由于实习占据了大部分时间，论文的准备时间不足，也是写得不尽如人意。那时候我整晚整晚地睡不着觉，也不是有事儿，但就是不想睡觉，好像这样熬着，不知该如何面对的明天就不会到来。想来熬大夜的毛病，也就是那个时候养成的。

随着压力积攒到了一个临界点，我忽然有种“破罐破摔”的释然。人一定要刚毕业就工作吗？找不到心仪的工作就不配活着了吗？一些很简单的道理，却往往只有在亲身经历之后才能领悟。于是我稍稍松了口气，强打着精神开始恢复社交，关注一些从前觉得“无用”的消息。当时同学之间流传着一个小道消息，说是有节目组在招募法学专业的学生录制一档综艺，这档综艺也就是后来大家所看到的《令人心动的offer》。当时的我更多是抱着一种看热闹的心态关注这件事儿，心想这样的事儿之前也没有过，甚至还可能是什么新型的诈骗手法？虽然也有些零星的念头闪过，想要报名试试看，但毕竟我一直以律师为未来的职业发展方向，录节目这件事儿，和我“八竿子打不着”，而且听起来多少有些“不务正业”的意思。最后之所以还是选择报名参加，其实还要感谢我的一位朋友，那天我们吃完晚饭后走路回寝室，正在一个路口等红绿灯，绿灯亮起往前走的时候他对我说，他一直以来都认为，如果有机会出现就要尽全力去争取，如果有想要尝试的念头就大胆地行动，起码这样自己会少些遗憾。虽然这只是他随口说的一句话，但我却听进了心里。于是我一改自己优柔寡断的常态，第二天就着手准备简历、生活照和一段自我介绍的VCR，点击发送的按钮，将报名资料发送给了导演组的邮箱，命运的齿轮也在那一刻开始转动。

后来发生的事情大家就比较清楚了，经历一轮轮面试之后，我正式参与到了《令人心动的offer》的录制当中。我还记得其中有一轮面试是需要记录我在学校的一天，如果要说绝对真实的一天，那大概率是在宿舍里宅一天了，最多去趟图书馆，但是为了展现当代大学生积极向上的精神面貌和丰富多彩的课外生活，我特意预约了学校的体育馆，给导演们展现了一场酣畅淋漓的羽毛球对决，结果就是第二天右胳膊直接抬不起来了，那也是我研究生期间唯一一次去那个体育馆。除了打羽毛球，我还把暑假在图书馆备考的同学请了出来，原因是导演们想要了解下同学眼中的我是个什么样子，为此我付出了一人一杯奶茶的代价。诸如此类别开生面的面试还有很多，现在想起来，也是十分有趣。真要细说这次经历带给我的收获，几千字也是不够我写的，真要写完的话，后记估计也能单独出本书了，但简言之，这次经历让我真真切切地意识到，人生真的有很多的可能性，关键在于你有没有作出选择的勇气。如果将人生比作逛街，比起直挺挺的宽阔大马路，我也享受在曲折神秘、充满未知的小巷里探险，也许某个转角处就藏着一处秘密花园。也是通过这次经历，我拿到了律所的 offer，毕业论文也顺利通过了答辩，之前压在我身上的两座大山一瞬间就都消失了，我一身轻松，准备向人生的下一个站点出发。

二、工作是一场修行

工作之后才发现，人生就是关关难过关关过，一山更比一山高。2020 年 6 月 1 日，我正式办理入职手续准备入职，本想着第一天也许就是熟悉下工作环境，简单认识下未来的同事们，但没有想到大家都纷纷来亲切地和我问候，问候的方式就是给我布置一个小任务用来填充那片空白的聊天框，以此来缓解彼此打完招呼之后不知道说点啥的尴尬。因为问候的人不少，所以不一会儿我的手上便积攒了许多的小任务，导致上班的第一天就加班到凌晨，但当时毕竟还是刚刚毕业的状态，无论是身体还是精神都还比较能抗打，但我没想到的是，这仅仅是个开胃菜罢了。基于我当时所从事的业务领域，经常需要出差，有一次是参与一家上市公司的重大资产重组，因此需要到公司的各个项目公司进行实地走访尽调，确认公司的经营管理和资产权属等情况。其中有一家公司建在了山沟沟里，等我们驾车赶到的时候已经是半夜了，而那天恰巧又是我的生日，在一个连小卖部都找不到的情况下，我选择独自在房间里吹电子蜡烛，以此稍微营造点仪式感出来。当时其实觉得还是挺别致的一次生日经历，也不觉得凄惨，毕竟只是个生日，我也没有生日一定要吃到蛋糕的执念。但是后来出差回来和朋友“炫耀”的时候，看着他们关爱的眼神，我是越想越觉得自己可怜。诸如此类的事情还有很多，如背着电脑爬山、KTV 里改文件、与客户觥筹交错之后回房间开另一个项目的会，以上种种汇成了一个青年律师的日常。以我的经验，光靠所谓的责任心其实很难熬过这个阶段的高山，之前曾与一位前辈闲聊，他说当你用上“熬”这个字的时候，说明你或许早或许晚，但迟早会“熬”不住的。听完他的这句话，我也陷入了沉思。

我尝试在工作当中寻找所谓的意义，来化解这种“熬”的状态，但是否需要在工作当中寻找意义，这也是一个问题。我曾经多次在采访中被问到同样的两个问题：“你为什么会选择学习法律？”“你坚持律师这个职业是因为热爱吗？”前一个问题我可以解释为兴趣使然或者一时冲动，但后面这个问题真的不好回答，你说不爱吧，那至少也应该是爱过，你说爱吧，工作又这般虐我。于是我曾经尝试在工作当中寻找意义，想要支撑起对这份工作的热爱。完成一个项目似乎是一个收获成就感和意义的好节点，比如，当我完成对一家公司的尽职调查工作并将尽调报告交给客户作为其投资参考依据的时候，又比如，当我撰写律师工作报告并协助公司成功上市的时候。但上述的这些工作其实并不能让我感受到一种真切的“参与感”，所以硬是要把上述的这些工作节点作为自己工作的意义，可能多少还是有些为赋新词强说愁的意思了。为了热爱而去专门寻找意义这件事，本身就挺没意义的。但我也确实见过那些能够时刻充满激情的工作狂人，虽然不清楚他们的热情究竟来自哪里，但他们身上那股精气神是做不得假的。由此可见，工作本身也一定是有其可取之处的，关键还是在于以怎样的角度来看待它。渐渐地，我发现与其在工作中寻找意义，不如先在工作中寻找“甜头”，可以是经济上的回报，也可以是客户的认同。

就我而言，工作是我接触社会和认知世界的桥梁。当然，工作的第一属性我认为还是在于能够满足个人的物质需求，是我们追求美好生活的经济基础，所以我有一部分朋友严格地将工作与生活划分开来，工作中只谈薪，不谈心。但是想要真正区分工作与生活真的很难，一方面，就律师这份职业而言，无法真正区分上班和下班的状态，客户的急事也不会专门挑在上班时间才发生，如果是必须及时处理的工作那还是得以工作优先。另一方面，我也确实在工作当中遇到了很多值得深交的小伙伴，与他们一起吐槽工作是我熬过一些苦闷项目的良药，即使现在换了一家律所，他们也依然经常在我的聊天列表里闪烁红点。因此，严格区分工作与生活，只将工作作为获取经济报酬的手段其实很难做到，既然如此，我偶尔会思考，除了经济回报，工作还带给了我什么很难从其他途径获取的东西。经过一段还不成熟的思考后，我得出了一个暂时性的结论，工作就像窗，通过观察它，可以窥见不一样的世界。只有多观察、多体验、多思考，我们的心智体才会不断成长，生理年龄会随着时间自然增长，而心智体的成长，需要经历和思考作为养料，成长是人生的重要课题，只有不断成长，我们才算是一个严格意义上的大人。而工作恰恰能给予我成长的土壤，每一次挑战和每一次压迫都能让我在心灵层面更加强大，也得以见识到一个更加广阔的世界。

前几年在资本市场领域摸爬滚打的经历让我逐渐了解到市场经济以及公司究竟是什么样的存在。公司的本质似乎是为了盈利，是人们为了更高效、更安全地交易而逐渐发展出来的一种组织形态，而在商人逐利的过程中可能会侵害到相关方甚至社会公众的利益，因此需要法律等规则加以约束。与此同时，公司也是一种载体，承载着我们日常的衣食住行，承载着无数人的财富梦想，承载着一个国家的兴衰成败。我国《公司法》发展的历程就是我国经济市场发展和演变的历程，从这个角度去理解社会是一件十分有趣的事情。我国第一部《公司法》出台的时间是在 1993 年，那个时候我甚至还没有出生，无法以亲身经历去感知当时的社会，但是这部《公司法》出台时的背景却能让我在脑海中勾画出当时私营企业像雨后春笋一般冒出的场景，心一横纷纷下海创业的那批人，反倒是闯出了一片属于自己的小天地，这些故事是真实发生过的，主人公就是我身边的一些叔叔、阿姨。《公司法》的修订映射着时代的变化和市场环境的变迁，从 2014 年的“大众创业、万众创新”，人人都可能去开公司创业，到如今收紧注册资本认缴，加强董监高的责任义务，每个时代都有每个时代的故事，而属于我们这代人的故事正在慢慢展开。我则希望能以一名专业人员的角色参与到这个故事当中，感受时代的浪潮，获得体验与成长，专业的诉讼律师是一个不错的切入点。

当一名诉讼律师能带给我更加真切的参与感和成就感。相较于帮助客户防患于未然的非诉业务，诉讼业务更多的是为已经产生纠纷的客户提供服务，如果以医疗行业来比喻，非诉业务更像是日常给当事人做体检，然后针对一些稍显异常的指标给出后续调理身体的建议，避免身体出现更大的病症，但诉讼业务更像是检查后发现当事人已经患病，需要对症下药甚至是直接动手术。因此，诉讼业务中当事人的心理状态往往更加急迫，与律师之间的联系会变得更加密切和深入，在这个过程中除要给到对方一个专业的解决方案之外，更需要的是一颗为当事人设身处地着想的心。在转行从事诉讼业务的这段时间里我接待了不少当事人，我发现与当事人的第一次会面尤为重要，基本上决定了后续能否接到这个委托。如何耐心倾听当事人陈述诉求，如何适当发问引导对方完善案件事实，如何根据对方的描述给出一个初步的服务方案，这些都是律师在第一次会面当中需要做的。有些律师在与当事人会面的时候往往表现得十分强势，认为自己才是懂法律的那一个，所以往往会打断当事人，并让其只说所谓的“重点”，在我看来这其实是一种傲慢。律师倾听当事人陈述的不只是事实，还有当事人的心情。我觉得这个过程其实特别有价值，一个人毫无保留地向你诉说他那段跌宕起伏的人生经历，这本身就是一个增长见闻的好机会，而我则可以从法律的角度尝试给他一些建议，拉他一把。以上这些体验是我在从事非诉业务时不曾获得的，许多非诉业务还是会偏向于提供制式化的法律服务，而且对接的往往也是公司的工作人员，我们之间的关系更像合作完成一个任务，但是在诉讼业务当中我能够直接与纠纷的当事人进行密切沟通，为其提供定制化的服务方案，与对方建立信任甚至是友谊，这是我认为有趣的事儿。当年之所以会选择律师这个行业，某种程度上也是为了增加人生的体验，而增加体验最好的方式之一就是与不同经历的人交朋友。当然，与客户交朋友是一种非常理想的状态，这一切其实是建立在我具有足够的专业能力，能够帮助对方实实在在解决问题的基础上的，因此，专业度对于一名律师而言是最基础的也是最核心的要求，无论是非诉业务律师还是诉讼业务律师。

三、坚持专业主义

坚持专业主义就是坚持长期主义，这也是我对抗加速变化的社会所带来的焦虑的主要手段。不断加速变化的社会时常给人一种只要停下脚步就会被社会抛弃的恐慌感。为了不被这种铺天盖地的压力击溃，偶尔选择性地躺平或摆烂是一种无声的抗议，也是一种有效缓冲，但这终究不是长久之计，如果没有本钱一辈子躺平，那就迟早有起身的那一天，躺得越久，起身的压力也就越大。于是我选择的道路是小步慢走，只要我在继续往前走，我的心里就踏实。律师恰巧是一种需要长期积累的，以专业经验为立业之本的职业，俗话说就是越老越吃香。律师需要在一个个案件的办理过程当中学习和成长，用专业与客户建立互相信赖的关系。今年是我进入法律行业的第五年，据我观察，律师行业获取客户的方式有很多种，其中凭借专业能力实实在在帮助客户来获取客户的方式是我想要努力的方向。我曾听过很多看似荒谬但真实发生过的故事，据说有个老板曾经聘用一个律师，那个律师强调自己有所谓的关系，只要客户愿意多出一些费用来打点，就能取得自己期望的诉讼结果。故事的结果是客户彻彻底底输掉了官司，因为那个律师本质上就是个大忽悠，所谓的关系大概率是胡诌的。通过各种关系来获取客户，客户多半也会对所谓的关系存有期待，如此一来彼此的关系就变得不对等，也就比较容易变成所谓“卑躬屈膝”的乙方。而以专业来获取客户，那是实实在在能够获得客户信任甚至尊重的，作为专业服务者的腰杆子也就能挺一挺了。

建立自己的专业体系是专业道路的开始。律师的成长路线有点像本科生到硕士再到博士的过程，开始的两三年可能各个类型的案子都会接触到一些，但到了第四年就差不多得挑选具体领域进行深耕了，像基金债券、投资并购、知识产权、婚姻家事、争议解决等领域都是较为常见的执业领域。而经过前几年在资本市场领域的执业经历，我发现作为一名争议解决律师参与到商事活动中是件很有挑战且有趣的事儿，因此我也将目光投向了商事争议解决领域。相较于在商事活动的前期向客户提示法律风险以及草拟程序性文件，我还是更喜欢在冲突发生后为客户解决争议。但在这个过程中我发现，原来对于法律的认知还是太粗浅了，仅仅是理解法律条文的含义以及简单的法律适用，并不足以让我去巧妙解决客户所遇到的种种难题，如果我只能提出所有律师都能提出的解决方案，那么说明，起码在这个领域，我还是不够专业。为此，如何提升自己在执业领域的专业度是我面临的一个大考验。

最好的学习方式之一就是输出式学习。但在此之前，我从未想过自己会以编写一本书的方式来进行学习，虽然在我的资本市场律师阶段，我就主动或被动积累了不少公司法和证券法方面的学习体会和素材。专业领域的书可能以后会写，但好像不应该是这个阶段。我一直认为编写一本书，尤其是编写一本专业有关的书，应当是我在某个执业领域已经颇有建树，有着自己许许多多的独到见解和奇思妙想急需一本书来承载的时候才会有的想法。但事实证明，虽然我是在没有完全准备好的时候磕磕绊绊地开启了这条路，但事到如今，这本书竟也真的诞生了。虽然我觉得届时也一定会有质疑的声音出现，毕竟我从事律师行业到现在也不过是第五个年头，但选择编写这本书没有与任何人争长较短的意思，我的初衷还是希望能借此机会记录一些我与我背后那群法律小伙伴们的学习体悟，也希望能为对法律感兴趣的或者对法律感到陌生的朋友们提供一些了解法律知识的机会，即使这本书的读者并不从事法律这一行。编写一本书的过程就是最好的学习过程，可能会有质疑的声音说这是为了流量变现，对我来说，以这样的方式变现可能真的是最苦、最笨、最得不偿失的一种方式了。每一个人都可以有对法律的理解，每一个人也有了解和学习法律的权利，在我看来，只要有一个人因为这本书去读了一遍公司法，甚至是多了解了公司法的一个制度或一个概念，这本书就没有白费。当然，我也相信这些声音里也有心怀善意的，我感谢他们。除了感谢他们，我还要感谢那些闭门写稿和无止境改稿的日子，更要感谢的是在一个特别的时机遇见了一群特别的人。

去年是变化的一年。我将职业赛道从原本的非诉业务调整到了诉讼业务，为此我经历了一次从南到北的迁徙，从一个城市到另一个城市。到北京安顿好的第二天，团队的小伙伴们约着一起聚餐，欢迎我的正式到来。团队的合伙人何海锋律师带了一瓶他珍藏多年的红酒，这瓶酒是当年他转行时一位前辈赠给他的，红酒配着烤串，开启了我在北京的职业生涯。其间，我们畅谈未来，颇有几分中国合伙人的味道。我们谈论到正在大修的公司法，大家一致认可进一步深化学习公司法对于未来的执业是有极大助益的。也就是从那天开始，大家贯彻了“输出式学习”的共识，决定一起筹划一个“共读新公司法”的栏目。没想到的是，我们在烧烤店里的这次头脑风暴竟然真的迅速落地了，2023 年 12 月 1 日，第一期“共读新公司法”在各个平台上登陆。栏目推出后，我就在网络上收到了很多伙伴们的反馈，除了大家日常的笔记打卡激励着我不断学习、不断更新，还有很多小伙伴们会在评论区内提出问题，互相交流，这也促使我从更多的角度去思考和吸收。“日更”的口号也给了我更大的学习动力，在日常的工作之外，我们团队所有人会一起在夜里打开投影仪学习公司法的理论知识，一起报名公司法的学习课程，不断汲取知识以补充完善自身知识体系，紧接着我们会再将学到的内容转化为每期节目的脚本。就是在这样一遍遍“学习 – 吸收 – 落笔 – 输出”的过程中，不知不觉，手头就积累了一篇又一篇的稿件。为了达到“日更”的目的，我们还邀请了几位在校读研的同学参与了稿件素材的整理和撰写，我们开始做这件事的时候《公司法（修订草案三次审议稿）》刚征求完意见，我们特别担心出错，这些同学的加入给了我们很多信心。那段疯狂输出式学习的日子里，甚至有几天我们已经魔怔了，打招呼的第一句话也是，今天学公司法了吗？2023 年 12 月 29 日，伴随着十四届全国人大常委会审议通过新《公司法》，我也发布了一期“十二月的故事”的特别节目，记录了和公司法共度的这一个特别的月份，为“共读新公司法”活动画上了一个逗号，同时也为它迎来了一个全新的开始。

公司法的学习与输出其实是个大挑战。首先需要解决的问题是确定产出的内容和方式，如果仅仅是自己学习，我完全可以选择挑选一门优秀课程从头跟到尾即可，或者是根据自己的知识体系有选择地进行学习，但如果最后需要产出成果的话，那就必须先梳理出一套具有逻辑体系的架构，不能东说一点西讲一点，让听众找不到北。于是，我和我现在所在团队的小伙伴们经过数次头脑风暴后决定以公司法条文本身的体系为基础，结合这次公司法修订的几个特色亮点进行分享，这才初步解决了第一个难题。其次，在什么平台以什么形式输出我们的成果也是一个值得探讨的话题。经过讨论后我们还是决定以视频的方式来进行输出，一方面能够训练专业领域的表达能力，另一方面也能让受众在接受知识时更加轻松。当时为了倒逼自己一把，一咬牙，把更新频率定在了每天一更，我一个连文字微博都无法做到日更的人现在竟然要每天出一个视频，还是专业领域的视频，天晓得当时是怎么坚持下来的。所以视频前期的设备、灯光甚至是妆造其实都没怎么跟上，在保证内容的准确度以及更新频率的前提下，这已经是我在兼顾平时工作的情况下所能够做到的极限了。原本我的行事原则一直是做好充足的准备再开始，但这次尝试是彻彻底底打破了我的原则，原因是团队讨论时这样的一句感慨——很多事情如果都想准备充足再去做，那这件事很有可能就被永远搁置了，想起那些一个个被我搁置的想法，我决定这次莽一次，说干就干。每天打卡是输出式学习的一种方式，也是一种行为艺术，不管怎么样，结果好歹算是坚持了下来。感谢跟我们一起打磨视频素材的所有人，也感谢那些一起打卡学习的朋友们，感谢大家对这些不太成熟的视频的包容，也感谢大家与我一同坚持，这种感觉真的很棒。到我写下这段文字的时候，微博平台内“共读新公司法”话题的阅读量早已突破了2亿，讨论量也接近10万，看来这个栏目确实也带动了很多伙伴一起同公司法相遇、相识、相知，希望这个栏目也能在某一个时点为你提供不论是专业领域还是实务领域中的帮助。这个栏目孕育了《公司法的offer》这本书，我此前学习积累下来的体会和素材都有了用武之地。无论是做视频还是出书，我们的目标是一致的，就是让更多的人读点儿公司法。

这里还要提到“十八相讼”平台，这是我和团队共同开展专业研究，进行输出式学习的法律自媒体，也是我们律师团队的官方自媒体。“十八相讼”的本意是“切磋诉讼的十八般武艺”，同时也是取自越剧名段《十八相送》的谐音，因为团队成员大多是浙江人，对这种浙江传统的艺术形式也有着独特的情感。仔细观察“十八相讼”的logo也会发现，这个繁体的“讼”字中包含了“十八”二字，一切都有种“缘，妙不可言”的感觉。我们是一个公然标榜高研值的团队，除“案比天大”外，何海锋律师最常说的一句话就是“研值就是生产力”，他鼓励和要求大家选择自己的专业领域，坚持研究，坚持输出。为此，他还拉着我们一起策划了“高研值法律书系”，希望更多志同道合的法律人一起做专业输出。未来我们还会继续为大家呈现更多的专业内容，和大家分享我们的工作日常，与大家一起学习进步。作为一个初创的平台，很感谢每一位关注者对“十八相讼”的包容以及提出的意见建议，未来团队也会不断打磨，致力于为大家提供和商事、公司、金融争议解决相关的内容。

我一直认为，法律不该只被当成一种工具。法律绝不仅仅是简单地套用三段论公式来解决问题，这是我在系统性回顾学习公司法时的一些感悟。在前三年的律师执业生涯中，我可以说是娴熟地在各种法律、法规和规章制度中穿梭，预设一个期望论证的结果，然后寻找合适的法律依据并加以论证。诚然，这就是日常解决法律问题的常规思路，但长此以往，法律就逐渐沦为了一种类似工具的存在，我对于法律最初的期待与向往好像在这个过程中渐渐发生了某种偏移。我好像下意识地忽略了法律制定之初是为了定分止争，在实体与程序层面实现每个人对于公平和正义的向往，它应当被赋予更多的价值。例如，在了解公司法的历史沿革过程中我得以窥见改革开放以来我国市场的一些变化，从一开始的实缴制到后续逐渐放开到全面注册制，再到如今的阶段性收紧，借由法律的视角来理解这个世界并学习如何与之相处，也是法律的魅力所在，只把法律作为“谋生”的工具，未免有些可惜。

如何平衡法律的“工具”属性和“职业”属性是个值得长久探讨和自省总结的问题。春节期间除了闭门写稿，我为数不多的消遣活动就是和朋友走进电影院看了一部贺岁档电影《第二十条》，第二十条说的是《刑法》中的第二十条，是涉及正当防卫的条款。故事围绕如何认定一起刑事案件展开，犯罪嫌疑人长期遭受被害人霸凌，在某次被害人强奸犯罪嫌疑人的妻子后离开的途中，犯罪嫌疑人抄起家中的剪刀追上去连刺被害人二十多刀，最后导致被害人死亡。在这个故事中，有一把刀，一把检察官一直苦苦追寻的刀。这把刀一开始只存在于个别检察官的推理和想象中，并不真实存在，有很多的声音说放弃吧，别找了，就和其他很多案子一样，这把刀不一定存在，犯罪嫌疑人成立故意伤害致死，虽然他的遭遇值得同情，但我们作为法律从业者，要严格遵守法律的底线，依据现有事实作出专业的判断。但所幸，作为一个春节档电影中的故事，这把刀最后被找到了，依据现有事实足以证明当时不法侵害仍在进行中，犯罪嫌疑人成立正当防卫！此刻观众们长舒一口气，以上帝视角亲眼见证了被害人对犯罪嫌疑人一家的施暴，但凡是个人都恨不得冲进荧幕手撕了这个人渣，好在最后通过少数人的坚守，公平与正义还是得到了实现。

故事结束了，但一个熟悉的疑问又悄然在我心中升起，同样作为一名法律工作者，我能否在工作中又或者说是职业道路上持之以恒地追寻这把不一定真实存在于每一个案件中的“刀”？我相信绝大多数从事法律的同胞在学生时代都有一种“热情”，觉得未来能依靠自己的所学帮助他人实现公平正义，但现实往往比想象中的复杂，法律业务的类型千千万万，不是所有涉及法律的工作都能像刑事法律业务那样直接关乎一个人的人生，能够相对直观地感受到公平与正义得以彰显的瞬间。而且工作本身一定是有一部分无意义的成分在的，在这种情况下，很容易陷入只追求高利益回报的怪圈或者是某种即使偶尔偷懒也是人之常情的自我懈怠中。如何能在长期的职业生涯中持续保持追寻一把可能并不存在的“刀”？我将目光投向了“专业主义”，试图在其中寻找答案。

积攒勇气与力量行走在“专业主义”的道路上，就是走在寻找那把“刀”的道路上。我对自己有这样的期许，希望自己在未来的职业道路上将每一个案件做到极致，结合我对法律的见解给予当事人专业而独到的建议。为此，除了在办理案件的过程中学习成长，其余时间我也需要找机会将自己浸泡在法律当中，编写这本书就是这样的机会。我知道上述这些事，早已有同行的前辈在身体力行，也是成为一名专业律师的必经之路。对此，我不但没有任何“怎么我才开始”的悔恨，反倒只有“我终于也加入其中”的庆幸，一旦踏上这条道路，身边就没有竞争对手了，大家都是朝着一个共同目标前行的旅人。我自认为不是一个足够聪明的人，没有办法在每个分岔路口都做最正确的选择，但我可以选择一条一定能长久走下去的路，那就是专业主义的道路，即使这条路走起来并不轻松，但胜在心安。

四、致谢

当写到后记，也就意味着这本书的撰写之旅即将结束。很感谢团队的同事何海锋、陈豪鑫、朱泽硕、訾姝瑶和实习小伙伴王秋沣、甘宇平、王梓霖、杨涵、关震、李卓然等，他们在工作中对我十分关照，与他们一起学习和讨论使得我对公司法的理解日渐加深，他们在这本书的撰写过程中向我提供了许多支持和帮助，他们是这本书的第一批试读员，也是我写作过程中随时可以交流讨论的朋友。我们的律师团队是一个专注于公司与金融争议解决的律师团队，但我们又不只是一个律师团队。我们代理的很多案件，不仅关系到一个企业的兴衰、个人的成败，也常常能够改变一类案件的裁判规则。我们的客户，不仅把我们当做一个案件的代理律师，他们也常常在介绍我们时说："这是我的律师朋友。"更重要的是，我们在团队内部把专业研究摆在最高的位置，旗帜鲜明地追求高研值，我们十分乐意把我们的研究成果向全社会分享。

特别感谢团队的合伙人何海锋律师。他一次次跟我分享他自己从国家公务员到大公司法务，再到诉讼律师的追求自由和专业的心路历程，毫无保留地告诉我如何找到值得自己深耕细作的专业领域，以及如何让一部法律跟我们自己产生关联。他写出第一本证券法专著的经历更是鼓舞了我，让我有信心在自己的专业化道路上坚定前进并且努力达到一个又一个里程碑。他是一个冷静而执着的诉讼律师和仲裁员，总是能洞察案件的关键，但同时也充满热情与理想主义，时常仰望星空，每次与他聊天都能让我有种被点燃的感觉，虽然也曾怀疑过是不是被"PUA"了，但事实上，我也是乐在其中的。

感谢楼秋然教授和刘安琪老师，在写作过程中我跟两位在公司法领域有着高深造诣的学者请教和交流了很多，他们的勤奋和睿智也是我坚持的动力。我们还一起申报了中国上市公司协会的课题，探索公司法实务中的前沿领域。感谢陈华舒、王格风、朱虹颖、缪青珂、马延如、尹东勇、李政龙、李晔、张馨心等同学和师兄、师姐。在视频持续更新的过程中，特别是最初试图视频"日更"的阶段，这些同学以各种方式参与到了视频脚本素材的搜集和整理过程中。没有他们的帮助，我很难想象最终可以积累出足以出书的素材。这也是我最终将这本书的写作方式确定为“编著”的原因。我不敢贪功，这本书绝不是我个人之力能够完成的，我铭记所有参与其中的人的贡献。编著之名，不只意味着文责自负和更多的精力投入，也意味着在这个喧嚣的时代，通过我的微薄影响力邀请更多的人了解公司法和商业规则，是我发自内心的愿望，也是我愿意牵头编这本书的原因。当然，这也是我们团队坚持做“共读新公司法”视频和法律自媒体的初衷。在我们看来，在这个时代，应当让法治的微光照进更多的角落和人心。

感谢中国法制出版社，特别是袁笋冰和赵燕两位老师，是他们给了我这个“第一次”的机会，并且在我蹒跚学步的写书过程中不断鼓励和帮助我。

最后，我要感谢所有关注“共读新公司法”活动和视频的朋友，特别是参与学习打卡的每一位朋友，你们给了我源源不断的勇气和力量。这本书不是权威的法律解释，不是厚重的理论著作。我写这本书的时候，心里想象的读者更多是从来没有读过，甚至没有听说过公司法的人们。书最终的模样，吸收了大家对每一期视频的反馈。希望这本书能真正做到邀请更多的人来读点儿公司法。

敲下这些字，意味着时隔多年我终于完成了一次自己给自己布置的“家庭作业”，我想多年以后的我，也会感谢此刻的自己。这本书是我的一份作业，能力有限，加上写作的周期跨越原公司法、本次公司法修订的历次征求意见稿和新公司法，错误和疏漏是必然的，希望大家能够多多包涵和指正，我也会不断去修改完善。

2024 年，我三十岁，我所在的北京国枫律师事务所也刚好成立三十周年。国枫是一家专业、低调、务实的老牌律师事务所，我有幸与她同龄、同行，我愿意把这本书献给她，祝她基业长青。

何运晨

2024 年 5 月于北京洋溢胡同

图书在版编目（CIP）数据

公司法的offer / 何运晨编著. -- 北京 : 中国法制出版社, 2024.5
ISBN 978-7-5216-4380-0

Ⅰ. ①公… Ⅱ. ①何… Ⅲ. ①公司法－基本知识 Ⅳ. ①D913.991

中国国家版本馆CIP数据核字(2024)第056315号

责任编辑：赵　燕　　封面设计：周黎明

公司法的offer
GONGSIFA DE OFFER

著者 / 何运晨
经销 / 新华书店
印刷 / 三河市紫恒印装有限公司
开本 / 710毫米×1000毫米　16开　　印张 / 27.25　字数 / 374千
版次 / 2024年5月第1版　　2024年5月第1次印刷

中国法制出版社出版
书号ISBN 978-7-5216-4380-0　　定价：78.00元

北京市西城区西便门西里甲16号西便门办公区
邮政编码：100053　　传真：010-63141600
网址：http://www.zgfzs.com　　编辑部电话：010-63141669
市场营销部电话：010-63141612　　印务部电话：010-63141606
（如有印装质量问题，请与本社印务部联系。）